O Tripé da Independência Financeira

1ª edição, agosto de 2019

Rafael Lima Joia

Dedicatória

Dedico esta obra à minha mãe (*in memoriam*), Sra. Maria de Lourdes Lima Joia, cuja dedicação à família foi fundamental na minha formação como ser humano; à minha esposa, Paula Ferraz de Oliveira, minha alma gêmea inseparável desde os tempos de escola e minha parceira na caminhada rumo à conquista da independência financeira; à nossa filha, Beatriz de Oliveira Lima Joia, nossa joia rara; ao meu pai, Gelson Teixeira Joia, pela forma espontânea de viver a vida e lidar com as adversidades; à minha irmã, Daniele Lima Joia, pela alegria e pela força de vontade em encarar os desafios; aos meus sogros, por terem criado uma esposa maravilhosa e me tratado como um filho; aos primos(as), tios(as), sobrinhos(as) e demais membros da família Lima e família Joia, que sempre me deram muitos motivos para me orgulhar por carregar estes sobrenomes; aos demais familiares das famílias Ferraz e Oliveira, pessoas de índole inquestionável; aos amigos que fiz ao longo da vida, obrigado por terem feito parte da minha história.

Prefácio

O hábito da leitura é algo que é valioso, porém pouco valorizado e incentivado em nosso país. A cultura da educação financeira também.

Esta obra reúne estes dois desafios. São poucos os que leem, e menos ainda os que se dispõe a seguir os caminhos preconizados pela educação financeira.

No nosso país, mais de 90% dos brasileiros não poupam. Menos de 1% da população investe em ações.

Dificilmente sairemos do nosso atraso em termos de desenvolvimento econômico com estes números.

Precisamos agir. E a leitura desta obra é um início.

Tenho certeza que aqueles que seguirem os caminhos preconizados nesta obra alcançarão os seus objetivos financeiros.

Tiago Reis
Fundador e CEO da Suno Research

Introdução	11
I - GANHAR DINHEIRO	**15**
Uma História para se Inspirar	17
Empregado	21
Autônomo	24
Dono (Sócio)	26
Investidor	32
Quadrante de Fluxo de Caixa	34
II - GUARDAR DINHEIRO	**37**
Guardar Dinheiro ou ser Feliz?	39
Propaganda e Consumismo	44
Hábitos	50
Habitação	54
Carro Próprio	57
Reorganizando as Finanças	66
III - INVESTIR DINHEIRO	**81**
O Poder dos Juros Compostos	83
Rentabilidade	90
Visão Clássica da Relação Risco / Retorno	94
Diversificação de Investimentos	100
Risco	102
Princípio da Dominância	107
Princípio da Mínima Variância e Fronteira Eficiente	109
Matriz de Tipos de Investimentos	112
Retorno Histórico de Diferentes Tipos de Ativos	119
Correlação entre Ativos	125
Rebalanceamento de Portfólio	130
Títulos Públicos	143
Imóveis	153
Fundos Imobiliários	163
Critérios para se Avaliar FII's	176
Real Estate Investment Trust (REITs)	185

AÇÕES	196
ESTRATÉGIAS DE INVESTIMENTO EM AÇÕES	231
ETFs	260

IV - CARTEIRA DE INVESTIMENTOS — 265

PASSOS INICIAIS	267
SUGESTÕES DE RAY DALIO	268
MONTANDO A SUA CARTEIRA	273
TOLERÂNCIA AO RISCO	278
SUGESTÕES DE CARTEIRAS	280

V – COMO MANTER O TRIPÉ EM PÉ — 293

O ESPECTRO DA DEPENDÊNCIA E DA INDEPENDÊNCIA FINANCEIRA	295
CONSIDERAÇÕES FINAIS	301
SOBRE O AUTOR	303

Introdução

Um dos principais objetivos de todo o ser humano é conquistar a liberdade de escolher os rumos da sua vida. Nem todos a conseguem, por motivos diversos. Um destes motivos, senão o mais relevante, é o da dependência financeira.

Ao contrário do que possa parecer, as estatísticas nos levam a crer que existe um caminho para conquistar essa liberdade: mais de 80% dos considerados "independentes financeiramente" são ricos de primeira geração, ou seja, não herdaram nenhum tipo de fortuna, nem bens ou influência que os colocassem nessa condição. Mas como essas pessoas conseguiram isto? Quais decisões elas tomaram para atingir esta conquista?

Um dos propósitos deste livro é ajudar a enumerar essas decisões, traçando um caminho que leve o cidadão comum à independência financeira, independentemente de sua profissão ou de sua origem. E, principalmente, tornar claro que este ponto de partida pode começar a partir de hoje.

Para começar, é necessário entender quais são e quais as diferenças entre os fundamentos básicos da acumulação de riqueza financeira, que são basicamente três:

1 - Ganhar dinheiro;
2 - Guardar dinheiro;
3 - Investir dinheiro;

Cada um destes fundamentos exige um aprendizado inicial, que não é imediato e nem é fácil. Dada a tamanha dificuldade, a absoluta maioria das pessoas não consegue praticar estes três fundamentos: pior do que isso, a grande maioria só consegue praticar o primeiro, e há quem não consiga praticar algum.

Indo mais adiante, os três fundamentos da acumulação de riqueza podem nos revelar muitas coisas: é comum conhecermos pessoas que praticam muito bem um dos fundamentos isoladamente. Estas pessoas se tornam notáveis nas suas áreas de atuação, mas não se tornam independentes financeiramente.

Os que são notáveis no primeiro fundamento, mas falham nos outros, entendem que o que realizam profissionalmente é o que há de mais importante para conquistar a sua independência financeira, e o resto será consequência. Geralmente, este grupo "trabalha bastante", mas vive com a sensação de "não estar saindo do lugar", em termos financeiros.

Os que são notáveis no segundo fundamento, mas falham nos outros, conseguem levar uma vida controlada, mas vivem com o sentimento de medo de perder o que conquistaram. Muitas vezes, para serem bons no que fazem, abrem exageradamente mão do conforto, do lazer e do desejo pessoal.

Os que são notáveis no terceiro fundamento, mas falham nos outros, levam uma vida de idas e vindas, pois sabem como fazer o dinheiro crescer, mas nunca têm dinheiro suficiente para conseguir a tranquilidade financeira.

Os fundamentos nos revelam mais uma informação valiosa: é melhor ser mediano nos três fundamentos do que notável em dois fundamentos e ausente no outro. Os três fundamentos funcionam como um tripé que precisa ficar em pé: é melhor um que seja baixo e completo do que um grande, mas sem uma perna, que não se sustenta em pé.

Podemos dizer também que o primeiro fundamento é o originário, o segundo fundamento é o de amadurecimento, e o terceiro fundamento é o evolucionário.

Por ser evolucionário, o terceiro fundamento é o mais poderoso, pois nos permite ir mais além de onde nos encontramos. É o "elevador" da escala de riqueza.

Dada a importância dos três fundamentos, o livro se divide em três grandes partes: ganhar dinheiro, guardar dinheiro e investir dinheiro.

Ao final da leitura deste livro, espero que o pequeno investimento feito nele traga a você, leitor, mudanças significativas na forma de pensar em relação ao dinheiro!

14

I - Ganhar dinheiro

"O dinheiro é uma das coisas mais importantes do mundo. Representa: saúde, força, honra, generosidade e beleza, do mesmo modo que a falta dele representa: doença, fraqueza, desgraça, maldade e fealdade."

Arthur Schopenhauer
Filósofo e professor universitário alemão

Uma história para se inspirar

Certa vez, perguntei a uma pessoa especial e que me serviu de inspiração, qual a melhor forma de se ganhar dinheiro. Ele me disse: *"em qualquer lugar, a qualquer tempo, existem oportunidades inexploradas de se ganhar dinheiro; o que importa é a sua capacidade de enxergar estas oportunidades e pôr em prática as ações necessárias para que elas aconteçam"*. Esta pessoa, que chamarei neste livro de Sr. José, foi um autêntico rico de primeira geração.

O Sr. José nasceu em Portugal e foi para o Brasil com 17 anos, nos anos 1960. O único dinheiro que possuía naquela altura foi totalmente gasto na passagem de ida, de navio. Sua educação formal se limitou ao que hoje é conhecido como ensino fundamental.

Ao chegar de navio no Rio de Janeiro, deparou-se com os primeiros obstáculos: não sabia para onde ir, nem onde dormir. A oportunidade que lhe apareceu naquele primeiro momento foi apenas uma: se ofereceu para trabalhar como estivador do cais do porto. Com isso, o local onde havia desembarcado se transformou em seu lar e local de trabalho.

Passados alguns dias naquela intensa rotina inicial, logo percebeu que aquela profissão não o remuneraria satisfatoriamente, ainda mais que naquela época esta era uma atividade intensamente braçal. A sua preocupação então foi juntar o mínimo suficiente e arriscar-se em abrir um negócio próprio. Decidiu então montar uma barraca de feira itinerante, estabelecendo-se inicialmente nos principais bairros da Zona Norte do Rio de Janeiro e, posteriormente, indo para São Paulo.

O fato de ter trabalhado como feirante não lhe proporcionou automaticamente uma alta renda, mas um outro fator contribuiu, e muito, para que ele conseguisse progredir um pouco mais nos negócios: ele sabia viver com muito pouco. Naquela época, principalmente na Europa (posterior à segunda guerra mundial), os recursos eram muito escassos. Raramente o Sr. José se alimentava mais do que duas vezes por dia enquanto vivia por lá. Mais raro ainda era ver carne em suas refeições.

Em São Paulo, Sr. José vivia em um pequeno apartamento alugado e possuía apenas algumas mudas de roupas e um sapato. Graças a esse estilo de vida frugal, acabou conseguindo juntar grande parte dos lucros que a barraca de feira proporcionava.

Oito anos após a sua chegada no Brasil e já com vinte e cinco anos de idade, Sr. José decidiu encerrar a barraca de feira em São Paulo e realizar outra atitude empreendedora. Voltou para o Rio de Janeiro, onde alugou uma loja comercial para montar um abatedouro em uma área de alta densidade populacional formada por pessoas de baixa renda. Nesta altura, já casado, havia percebido que este tipo de estabelecimento poderia lhe proporcionar lucros vultosos. Ele conseguia isso comprando uma grande quantidade de aves, frangos, suínos e caprinos e estocando-os para vender nas semanas seguintes. Não havia supermercado nas redondezas, e nessa época as pessoas costumavam comprar animais vivos para serem abatidos na hora.

A renda do abatedouro, junto com o estilo frugal de sua família, possibilitou que ele guardasse dinheiro suficiente para abrir, três anos depois, uma casa lotérica, mantendo em paralelo os dois negócios, junto com a esposa. A partir deste ponto, seu patrimônio financeiro deu uma grande guinada. Os lucros da casa lotérica, junto com os lucros do abatedouro permitiram a ele explorar ótimas oportunidades no mercado imobiliário. O Rio de Janeiro dos anos 1970 era um terreno fértil para este tipo de investimento, uma vez que a população residente crescia acentuadamente. Nos dez anos seguintes, José comprou terrenos, casas, construiu prédios, lojas comerciais, postos de combustível, casas de praia, etc. Depois de 30 anos desde que havia se estabelecido no Brasil, ele tinha conseguido até ser sócio-proprietário de um *shopping center*. Aos 60 anos de idade, os negócios e investimentos do Sr. José davam-lhe uma renda mensal dez vezes maior do que o salário mensal do Presidente da República do Brasil.

Mas o dia a dia de José escondia alguns outros detalhes, por mais paradoxais que fossem: ele e sua família viveram durante mais de duas décadas em um apartamento alugado, mesmo muito depois de possuírem possibilidades de comprar um próprio e de já possuírem vários imóveis alugados para geração de fonte de renda. Além disso, os carros que adquiriam nunca eram caros. Eles, na verdade, permaneciam com um mesmo automóvel durante muitos anos. Uma outra característica notável é que José não comprava produtos em função da sua marca, mas em função da sua utilidade. Portanto, as roupas, os sapatos e os eletrodomésticos que a família comprava normalmente eram de marcas populares e de lojas de departamento.

Ainda que apresentasse este comportamento, o Sr. José era uma pessoa que se divertia bastante: viajava com frequência para outros países e para a sua terra natal, patrocinava eventos culturais, investia na educação dos filhos e cultivava o hábito de assistir a corridas de Fórmula 1, jogar cartas e tomar vinho do Porto com os amigos.

Todas essas características fizeram do Sr. José uma pessoa notável nos três fundamentos da riqueza. Ainda assim, em diversas épocas de sua vida, Sr. José passou por medos, aflições, insegurança e tropeços. Todas estas partes foram superadas pela sua capacidade de conseguir minimizar os efeitos de tudo que lhe atrapalhasse a alcançar os seus objetivos finais: viver a vida com a família, cultivar a independência financeira e batalhar pelo seu reconhecimento.

Ninguém, nos anos 1960, imaginava que um dia o Sr. José chegaria onde chegou. Ele contava que quando ia visitar os amigos de sua terra natal, todos ficavam admirados com a prosperidade que havia alcançado. Toda esta história está resumida no quadro a seguir:

Tabela 1 - Resumo da história de vida do Sr. José.

Anos 1960	Anos 1960	Anos 1960
17 anos de idade.	19 anos de idade.	25 anos de idade.
Imigrante português recém-chegado no Rio de Janeiro.	Vai para São Paulo.	Volta para o Rio de Janeiro.
Assalariado como estivador de cais do porto.	Empreende como feirante itinerante.	Empreende como dono de abatedouro.
Morava no local de trabalho.	Morava em um pequeno apartamento alugado.	Morava em um apartamento alugado com a sua família.
		Adquire um carro simples.

Anos 1970	Anos 1980	Anos 1990
28 anos de idade.	40 anos de idade.	50 anos de idade.
Empreende como dono de casas lotéricas.	Adquire terrenos, imóveis, constrói casas e lojas para alugar.	Multimilionário, sócio-proprietário de shopping center.
Morava em um apartamento alugado com a família.	Morava em um apartamento próprio.	Morava em um apartamento próprio, de frente para o mar.
Mantém o mesmo carro adquirido.	Troca de carro depois de 15 anos.	Filantropo.

É desnecessário dizer que ter conhecido pessoalmente o Sr. José foi um grande privilégio, mas ele não foi o único que conheci que conseguiu ter conquistado a independência financeira: muitos outros, brasileiros, portugueses, imigrantes das mais diversas origens, traçaram caminhos semelhantes. Todos eles foram, em algum momento, empregados, autônomos, donos/sócios e investidores.

Empregado

A forma mais comum de se ganhar dinheiro é como empregado, já que 60% da população mundial se encontra nesta categoria. Como empregado, a pessoa estará trabalhando para alguém, para alguma empresa ou para o Estado. Dependendo da qualificação do empregado e da carência do serviço relacionado à profissão, pode-se ganhar desde menos de um salário mínimo até algumas centenas de salários mínimos.

Como empregado, o nível de educação e experiência profissional possuem quase que uma relação com o salário recebido. É importante ressaltar, contudo, que já não é mais comum o simples fato de ser formado em um curso de nível superior ser garantia de níveis salariais maiores. Apesar de em alguns cargos públicos ou carreiras tradicionais isto ainda acontecer, o que acaba determinando um salário diferenciado é a carência do serviço relacionado à profissão e a capacidade profissional do empregado.

Empresas como Apple, Google e Microsoft não exigem diploma universitário para contratar profissionais. A formação acadêmica continua sendo importante para estas e muitas outras empresas de tecnologia, mas não é um requisito obrigatório. Estas empresas priorizam a capacidade cognitiva do candidato, analisando aspectos como capacidade de aprender, processar informações na hora e reunir e correlacionar diferentes tipos de informações e *insights*.

De modo geral, o empregado busca a segurança, trocando tempo e esforço por salário. Como consequência, se não trabalhar, não recebe salário, o que limita consideravelmente a receita, já que o tempo e o esforço para trabalhar são limitados e os ganhos salariais costumam ser lineares. Isto vale mesmo para gerentes, diretores e presidentes de empresas, que recebem salários ou comissões apenas enquanto estão nos seus cargos.

A sina do empregado é sempre estar em busca de um emprego melhor, que lhe ofereça comodidades e ótimos benefícios. Em função disso, o sonho do brasileiro médio é passar em um concurso público que lhe ofereça estabilidade de emprego e um salário acima da média. A verdade é que, entre os empregados públicos com mais de 15 anos de carreira que conheço, o nível de satisfação é bem baixo, sendo que poucos têm energia e capacidade para provocar mudanças. No longo prazo, é provável que todo o conforto e estabilidade sonhados se transformem em obstáculos que travem as possibilidades de se movimentar em outras direções na vida. Ainda que exista a progressão salarial conforme tempo de serviço, novas experiências, novos desafios, inovação, flexibilidade e autonomia ainda são termos raros e quase desconhecidos no serviço público.

Um comportamento muito comum aos empregados públicos é não dar a devida importância às finanças, pois subentende-se que os seus ganhos salariais serão previsíveis e estáveis. Em função disso, é mais comum do que se imagina encontrar empregados públicos com altos salários, mas também altamente endividados.

Independentemente se o empregado for de empresa privada ou de empresa pública (ou servidor público), não é uma escolha vantajosa a longo prazo ter como principal fonte de renda o salário de um emprego, já que ela só existe enquanto se trabalha. É fundamental que ao longo da carreira profissional se desenvolvam outras fontes através do empreendedorismo ou de investimentos, de modo que estas outras fontes um dia ultrapassem a fonte de renda do salário.

Um erro comumente cometido por quem é empregado é confiar única e exclusivamente na previdência pública, privada ou nos fundos de pensão. Como alerta, vale citar os diversos casos de fundos de pensão que operam com déficits gigantescos, ocasionados principalmente por má administração dos recursos e por corrupção, que já geraram rombos de bilhões de reais.

Podemos citar alguns casos, como o do Aerus (fundo de pensão da extinta Varig), do Postalis (fundo de pensão dos Correios), do Petros (fundo de pensão da Petrobras), do Funcef (fundo de pensão da Caixa Econômica Federal) e do Previ (fundo de pensão do Banco do Brasil) ou mesmo do INSS (previdência pública), que juntos apresentaram desvios superiores a dezenas de bilhões de reais nos últimos anos, prejudicando tanto os aposentados quanto os empregados na ativa. Eu conheço pessoalmente muitas pessoas que foram seriamente lesadas pelos fundos de pensão e pela previdência pública.

O grande problema de confiar a aposentadoria a estes mecanismos é que, quando se chega na época de usufrui-los e em caso de problemas, já não haverá disposição, força e tempo suficientes para gerar novas fontes de receita para reverter o quadro de escassez.

Com os argumentos apresentados, fica claro que quando o empregado delega a gestão do seu dinheiro a terceiros, está cedendo também a responsabilidade sobre o seu futuro. Da mesma forma, quando o empregado passa por um processo de transição visando fazer o dinheiro trabalhar para ele, está mantendo e controlando o poder sobre a sua própria vida.

Autônomo

A segunda forma mais comum de se ganhar dinheiro é como profissional autônomo, com 35% da população mundial economicamente ativa se encontrando nesta categoria. O trabalho autônomo é toda atividade exercida por profissionais de forma liberal (ainda que seja um pouco diferente do profissional liberal), prestando serviços para empresas ou pessoas por um tempo específico, sem vínculo empregatício. Esta categoria costuma ser favorecida por questões tributárias quando comparada com os empregados.

Pelo fato de o profissional autônomo não possuir vínculo empregatício com nenhuma empresa, ele possui total autonomia financeira e profissional, não assumindo o papel de um funcionário efetivo. Trata-se, portanto, de um profissional que desenvolve sua atividade com organização própria, iniciativa e discricionariedade, além da escolha do lugar, do modo, do tempo e da forma de execução.

Podem se encontrar na categoria de profissionais autônomos os arquitetos, designers, programadores, despachantes, corretores, advogados, professores particulares, cantores, escritores etc. Muitas profissões permitem se trabalhar tanto como autônomo quanto como empregado. A principal diferença entre um ou outro tipo é a ausência de vínculo empregatício.

Podemos enumerar a seguinte lista de vantagens e desvantagens do profissional autônomo quando comparado com o empregado:

Tabela 2 - Vantagens e desvantagens de se trabalhar como autônomo quando comparado com empregado

Vantagens	Desvantagens
Vantagem fiscal (menor carga tributária)	Não tem direito a verbas rescisórias
Liberdade para definição de tempo para o trabalho	Não tem direito aos benefícios empregatícios (férias remuneradas, 13° salário, etc.)
Liberdade de escolher os clientes e serviços	Não recebe um salário fixo
Não está subordinado a uma cadeia hierárquica	
Liberdade de escolher o modo como conduzir o trabalho	
O lucro do trabalho é exclusivamente seu	

O empregado tem direito a alguma verba trabalhista rescisória, mas o mesmo não ocorre com o profissional autônomo. Dessa forma, um profissional autônomo necessariamente precisa aprender a fazer uma gestão financeira visando se proteger das flutuações de receitas em função do volume de clientes.

Enquanto que o empregado vende o seu tempo para o seu empregador, o profissional autônomo vende o seu tempo para o seu trabalho. O seu trabalho envolve a venda de produtos e serviços para outras pessoas ou empresas, e as receitas advindas do trabalho somente surgirão enquanto se estiver trabalhando. Dessa forma, tanto o empregado quanto o autônomo dependem da venda do seu tempo, seja para os empregadores, seja para o seu trabalho, para gerarem receita.

Em função da limitação do tempo, o profissional autônomo sofre das mesmas limitações de ganhos que o empregado, conseguindo no máximo, aumento de ganhos lineares em função do aumento do valor/hora cobrado pelos seus serviços ou dos produtos vendidos.

Dono (Sócio)

A terceira forma mais comum de se ganhar dinheiro é se tornando dono de uma empresa. Apenas 4% da população mundial economicamente ativa se encontra nesta categoria. Como dono de uma empresa, a habilidade de empreender e a experiência prática são fatores determinantes para ser bem-sucedido. Ninguém nasce ou se torna conhecedor de um negócio de uma hora para outra, donde se conclui que a experiência é adquirida após muitos erros, acertos, atitudes ousadas, persistência e coragem.

Há ainda os que se tornam donos de um negócio por que pura e simplesmente o herdaram, mas mesmo os herdeiros necessitam entender e estarem envolvidos com o negócio, pois caso contrário correm o grande de risco de serem os responsáveis por levarem o mesmo à falência.

Nem todos conseguem superar os desafios de se abrir ou manter um negócio e acabam "quebrando". As estatísticas[1] nos mostram que nos primeiros cinco anos de vida, menos de 50% das empresas sobrevivem (isso vale tanto quem empreende no Brasil quanto nos Estados Unidos, país que notoriamente valoriza o empreendedorismo).

Um empreendedor de sucesso costuma enxergar as derrotas como uma forma de aprendizado. Logicamente, fatores externos podem possuir relação direta com a quebra do negócio em si. Os negócios são voláteis. Determinados tipos de produtos e serviços deixam de existir de uma hora pra outra. Lembram do Sr. José? Ele foi dono de abatedouro, um negócio que quase não existe mais. Esse negócio específico do Sr. José quebrou? Sim, mas ele se adaptou aos novos tempos. Em outras palavras: surfou a onda enquanto ela existiu.

Ainda que sejamos otimistas com os empreendedores, é impossível imaginar um mundo onde todos são donos de empresas. De fato, por mais que se incentive as

---

[1] Pesquisa sobre a demografia das empresas, divulgada em 2015 pelo Instituto Brasileiro de Geografia e Estatística (IBGE).

pessoas a serem micro ou pequenos empreendedores, o percentual de pessoas que se encontram na categoria de donos de empresas será sempre menor que o de empregados e autônomos. Trata-se, portanto, de uma situação onde os mais persistentes ou competentes sobrevivem.

Por outro lado, é perfeitamente possível imaginar um mundo onde a grande maioria das pessoas é sócia de empresas. Isso já acontece nos Estados Unidos, onde mais de 60% da população do país possui ações de empresas listadas em bolsa de valores. No Brasil, infelizmente, menos de 1% da população investe em ações.

Uma pergunta comum é: o que dá mais dinheiro, ser empregado, autônomo ou dono? A resposta é: depende. Podem existir empregados e autônomos que ganham mais do que donos, mas na grande maioria dos casos qualquer empregado ganha menos que o dono da empresa ou instituição para o qual ele trabalha.

Ainda que não exista nenhum empregado ou autônomo na lista das 100 pessoas mais ricas do mundo, a grande maioria destas pessoas foi empregada ou autônoma em algum momento da vida. Também é verdade que existem pessoas que sempre foram empregadas e que hoje são multimilionárias. Nota: não se engane ao achar que a lista das 100 pessoas mais ricas do mundo é formada em sua maioria por herdeiros. De acordo com a Forbes, em pesquisa realizada em 2010 e em estudos realizados por Thomas Stanley e William Danko, economistas e escritores do Livro "O milionário mora ao lado", 80% deles são ricos de primeira geração.

Na maioria das vezes é necessário um capital inicial para empreender. Pode-se conseguir este capital de três formas: com um empréstimo, com um investidor que divide os riscos do negócio ou com recursos próprios.

O maior problema de se obter um empréstimo é que, caso o negócio não dê certo, a dívida relativa ao empréstimo continua existindo. Por outro lado, a obtenção de um empréstimo pode ser a única alternativa quando uma ótima oportunidade aparece. Mesmo assim, é importante analisar diversas outras variáveis, como o custo do empréstimo (prazo, taxa de juros, contrapartida) e os riscos envolvidos na não materialização da oportunidade.

Encontrar um investidor ou um sócio tende a ser uma forma inteligente de se conseguir capital, ajudando também a dividir os demais riscos. Para pequenos negócios, a própria necessidade do negócio em si requer a atuação de outras pessoas. Administrar uma atividade comercial sozinho pode ser inviável. De certa forma, um franqueador, ao abrir o seu negócio para novos franqueados, está dividindo os riscos do seu negócio com outra pessoa. Para negócios de médio porte, é possível obter recursos através de investidores-anjo, e existem plataformas na internet que fazem o papel de intermediação entre o empreendedor e o investidor/sócio.

A escolha mais sensata de se obter capital, não necessariamente a mais rentável, é através do uso de recursos próprios. Isto não quer dizer que você não possa pegar um empréstimo para começar um novo negócio, mas que deva considerar esta alternativa apenas se a oportunidade e as condições se tornarem tão evidentes e favoráveis que o seu grau de confiança sobre o negócio esteja bem alto.

O uso de recursos próprios para empreender é a escolha mais sensata por que dá ao empreendedor um maior controle sobre as consequências dos riscos do negócio. Se você tem um patrimônio de X, pode alocar Y deste capital para empreender. A diferença (X – Y) será o quanto você deixará seguro caso tudo dê errado. Quem recorre a empréstimos nunca terá este controle de riscos.

Exemplo: *Gustavo trabalhou durante 10 anos como chefe de cozinha em um restaurante conceituado e está interessado em ser dono do próprio negócio. Ele decide investir em um restaurante próprio, servindo pratos equivalentes aos do restaurante conceituado, só que em uma localidade mais popular. O investimento necessário é de R$200.000,00. Precavido, Gustavo acumulou nestes 10 anos o valor de R$300.000,00. Dessa forma, os R$100.000,00 restantes após o investimento no restaurante próprio serviriam para sustentá-lo durante 3 anos, caso o negócio não venha a dar certo.*

Ainda assim, é possível abrir um negócio próprio sem a necessidade de um capital inicial significativo. A afirmação de que para se ganhar dinheiro é preciso ter dinheiro é incorretamente interpretada. Na verdade, ter dinheiro ajuda, mas não é fundamental. Através do uso da *internet*, por exemplo, vemos vários casos de pessoas que foram extremamente bem-sucedidas alocando pouco ou nenhum capital.

Exemplo: *Pedro trabalhava como técnico de eletrônica perto de uma grande central de vendas de produtos de informática. Perspicaz, ele havia observado que os preços dos produtos na central de vendas eram, em geral, 15% menores que os praticados em sites de compra e venda de produtos. Observando ali uma oportunidade, Pedro montou uma pequena empresa e passou a anunciar diversos produtos neste tipo de site. Cada vez que alguém solicitava uma compra, Pedro, na hora do seu almoço, comprava o produto na central de produtos eletrônicos e enviava-o para o comprador no mesmo dia. O lucro líquido em cada produto vendido era de cerca de 7%. Depois de 3 meses no negócio, Pedro já lucrava mais do que o seu salário como empregado. Pedro continua trabalhando como assalariado e mantendo o seu negócio, que está rendendo, depois de 1 ano e meio, em média, duas vezes o que ganha com o salário por mês.*

No exemplo citado, Pedro conseguiu obter uma renda extra abrindo mão de alguns minutos do seu horário de almoço. Seu objetivo maior é acumular dinheiro suficiente para abrir um portal de vendas *online* de produtos de informática.

Nesta mesma oportunidade, Pedro também desenvolveu habilidades empreendedoras, que não nasceram com ele. Os empreendedores costumam dizer que o universo costuma conspirar a seu favor quando assumem uma postura proativa. O exemplo abaixo retrata bem isso.

Exemplo: *Marcos trabalhava como Analista de Sistemas e estava à procura de um imóvel próprio. Observando que na internet não havia um bom serviço de anúncio de imóveis, resolveu desenvolver um site que facilitasse a divulgação para quem quisesse vender e comprar imóveis. Dedicado, Marcos* *visitou as principais corretoras da cidade e propôs a elas o anúncio dos imóveis de forma gratuita através do seu site. O cadastramento dos dados seria por sua conta. Depois de 2 meses com o site no ar, Marcos é contatado pelo dono de uma grande imobiliária, que depois de visitar o site, decidiu colocar todos os seus anúncios lá. O volume de acessos cresceu tanto depois disso que Marcos passou a faturar com publicidade na internet um valor maior do que o próprio salário como Analista de Sistemas.*

Nestes dois exemplos reais observamos:

- Ao empreender, Pedro e Marcos escolheram negócios que eram compatíveis com a sua profissão, ou seja, com o seu círculo de conhecimento;
- Pedro e Marcos começaram como empregados;
- Pedro e Marcos não precisaram de um grande capital inicial;
- Pedro e Marcos enxergaram oportunidades ao seu redor.

Observem também que o pontapé inicial para que Pedro e Marcos pudessem abrir o próprio negócio foi dado com o uso de recursos tecnológicos. No século XX era mais comum existirem milionários com baixo nível de ensino formal, mas hoje as maiores exigências para os negócios próprios fazem com que isto se torne cada vez mais raro.

O investimento em educação, no uso de recursos tecnológicos e no aperfeiçoamento de técnicas nunca devem ser negligenciados. Estes aspectos podem ser desenvolvidos através de escolas ou cursos, na leitura de livros e principalmente no uso correto da internet. É possível a qualquer um ter acesso aos melhores conteúdos, ministrado pelos melhores professores, da tela do seu computador ou dispositivo móvel, na maior parte das vezes de forma gratuita. Existem portais de ensino à distância que agregam conteúdos de diversos autores, que permitem uma busca facilitada pelo assunto que você deseja aprender. Se dominas um assunto, você mesmo pode ministrar um curso e ganhar reconhecimento ou dinheiro por isso. Como já disse o escritor e empreendedor norte-americano Jim Rohn, *"A educação formal irá te mostrar os caminhos para se sustentar, mas ser um autodidata lhe fará acumular fortunas"*.

Em sua essência, um dono investe e administra um negócio que gera receita, ou seja, a receita não está necessariamente atrelada à sua pessoa e ao seu tempo, mas sim ao negócio. O dono possui mais flexibilidade de horário, mas também mais responsabilidades. Pelo fato do seu tempo não ser um limitador para os seus ganhos, o seu negócio pode lhe trazer retornos exponenciais, e não lineares, como no caso dos empregados e autônomos.

Investidor

Chegamos à quarta e última forma mais comum de se ganhar dinheiro, que é a de investidor. Apenas 1% da população mundial economicamente ativa vive exclusivamente de investimentos, ainda que nada impeça que este percentual aumente, a não ser a própria falta de conhecimento da população sobre o tema investimento.

Os investidores buscam ativos que geram retornos acima da inflação, podendo, indiretamente, serem sócios de empresas, através do investimento em ações de companhias de capital aberto, ou até mesmo de empresas de capital fechado. Os investidores também investem em imóveis para geração de renda por meio de alugueis, títulos públicos, fundos de investimento, ou todo tipo de produto financeiro que gere renda.

Um investidor também pode ser um comprador de obras de arte, de safras de vinho, de objetos colecionáveis, de metais preciosos, ou de tudo aquilo que mantenha ou aumente de valor ao longo do tempo.

O investidor trabalha com o capital excedente gerado pelas atividades remuneradas que ele exerceu no passado ou exerce no presente. O investimento da primeira sobra de capital guardada já pode tornar uma pessoa um investidor, mesmo que iniciante e ainda sem a possibilidade de viver exclusivamente de investimentos.

Toda pessoa que almeja atingir uma independência financeira precisa necessariamente ser investidora, pois ser independente financeiramente significa:

- não ter que depender de renda gerada pelo trabalho ou de aposentadoria pública;
- ser capaz de pagar todas as despesas do padrão de vida a que está acostumada;

- manter ou aumentar o patrimônio acumulado, já descontando as perdas ocasionadas pela inflação e as despesas do seu padrão de vida;
- não depender do tempo dedicado ao trabalho, podendo ganhar dinheiro mesmo enquanto se está dormindo.

Quando se é um investidor, ao invés de vender tempo, como ocorre com os empregados e autônomos, você na verdade compra tempo, que é o ativo mais precioso que existe. É nesta categoria em que se encontra a verdadeira liberdade, pois o dinheiro estará o tempo todo trabalhando para você, e não você trabalhando pelo dinheiro. Esta liberdade lhe proporcionará flexibilidade, seja para trabalhar com o que quiser, para morar onde quiser, para ajudar a quem quiser e, principalmente, para não fazer o que não quiser.

Para que o primeiro fundamento do tripé da riqueza (**ganhar dinheiro** x guardar dinheiro x investir dinheiro) se sustente e permita que um dia você viva exclusivamente de investimentos, é necessário que as suas atividades remuneradas lhe proporcionem uma renda que permita você pagar todas as suas despesas fixas e variáveis e ainda sobrar **pelo menos 20% do valor** para que sejam investidos. Caso você não tenha atingido este patamar, analise se é possível:

- conseguir ganhar mais com outra atividade no seu círculo de competência;
- investir no aperfeiçoamento da sua educação formal;
- exercer outra atividade remunerada paralela à que exerce para que seja possível ao menos atingir este patamar.

Quadrante de fluxo de caixa

O empreendedor, investidor e escritor Robert Kiyosaki é considerado por muitos o maior educador financeiro da atualidade. Suas ideias servem de inspiração não somente para os seus leitores e ouvintes, mas também para entidades governamentais que desejam implantar o tema educação financeira como disciplina obrigatória do ciclo básico de ensino. Kiyosaki é convidado com frequência para atuar como consultor especial do Departamento de Educação dos Estados Unidos e também nos departamentos de ensino de outros países.

Em um dos seus livros, Kiyosaki criou o quadrante de fluxo de caixa, que é uma representação gráfica resumida das ideias apresentadas até aqui. Abaixo apresento uma versão com pequenas adaptações:

Figura 1 - Fluxo de Caixa de Robert Kiyosaki, com adaptações.

As pessoas cujas atividades profissionais se encontram no lado esquerdo do quadrante (Empregado, Autônomo) priorizam a Segurança ao invés da Liberdade. Cerca de 95% da população mundial economicamente ativa tem como sua principal fonte de renda as atividades destes dois quadrantes.

Os que se encontram no lado direito do quadrante (Dono, Investidor) priorizam a Liberdade ao invés da Segurança. Cerca de 5% da população mundial economicamente ativa tem como sua principal fonte de renda as atividades destes dois quadrantes.

A verdade é que a Segurança é conquistada com mais facilidade que a Liberdade, mas os benefícios de se conquistar a Liberdade são maiores do que os da Segurança.

Muitos estão do lado esquerdo do quadrante por que preferem que seja dessa forma. A sua profissão pode representar um propósito forte para a sua vida e para as pessoas à sua volta, tais como é comum encontrar na enfermagem, medicina, magistratura etc., mas mesmo estas profissões permitem que se atue nos quadrantes do lado direito.

Muitos estão no lado esquerdo do quadrante não por que querem, mas por que falharam em conseguir se deslocar para o lado direito. Para a expressiva maioria, a falha está em simplesmente não tentar.

As pessoas podem atuar em um, dois, três ou até nos quatro quadrantes. Os profissionais do quadrante esquerdo, se assim o desejarem, não são obrigados abandonar as suas carreiras profissionais, mas a independência financeira só é alcançada por quem atua nos quadrantes do lado direito. A verdadeira liberdade financeira, que é aquela que compra o tempo, só é alcançada plenamente por quem atua no quadrante de Investidor, que é acessível para quem exerce qualquer atividade profissional.

Robert Kiyosaki afirmou no livro "Pai Rico, Pai Pobre": *"Enquanto que os pobres e a classe média trabalham pelo dinheiro, os ricos fazem o dinheiro trabalhar para eles".* Existe uma mudança de mentalidade que toda pessoa precisa passar para entender o conceito de fazer o dinheiro trabalhar para ela. Isto acontece por que o ensino formal falha em educar as pessoas a pensarem que o dinheiro pode trabalhar para elas, dando mais ênfase em preparar os jovens para obter as maiores notas nos processos seletivos para as universidades e concursos públicos.

II – Guardar dinheiro

"Um homem é rico na proporção do número de coisas de que ele é capaz de abrir mão."

Henry David Thoreau
Escritor e Filósofo americano

Guardar dinheiro ou ser feliz?

Guardar dinheiro é um hábito contraditório para grande parte da população. Isto acontece em parte por que os indivíduos, no âmbito das suas relações sociais, não querem ser rotulados como sovinas ou avarentos. Tal percepção é alimentada pela ideia de que para se viver a vida plenamente, é necessário renunciar ao hábito de guardar dinheiro. Esta contradição fica explícita neste ponto de vista acerca do dinheiro, expressado no texto abaixo:

VIVER OU JUNTAR DINHEIRO?

Max Gehringer
Empresário, Consultor de gestão de carreira e escritor brasileiro

Há determinadas mensagens que, de tão interessante, não precisam nem sequer de comentários. Como esta que recebi recentemente.

Li em uma revista um artigo no qual jovens executivos davam receitas simples e práticas para qualquer um ficar rico. Aprendi, por exemplo, que se tivesse simplesmente deixado de tomar um cafezinho por dia, nos últimos quarenta anos, teria economizado 30 mil reais. Se tivesse deixado de comer uma pizza por mês, 12 mil reais.

E assim por diante.

Impressionado, peguei um papel e comecei a fazer contas. Para minha surpresa, descobri que hoje poderia estar milionário. Bastaria não ter tomado as caipirinhas que tomei, não ter feito muitas viagens que fiz, não ter comprado algumas das roupas caras que comprei.

Principalmente, não ter desperdiçado meu dinheiro em itens supérfluos e descartáveis.

Ao concluir os cálculos, percebi que hoje poderia ter quase 500 mil reais na minha conta bancária. É claro que não tenho este dinheiro. Mas, se tivesse, sabe o que este dinheiro me permitiria fazer?

Viajar, comprar roupas caras, me esbaldar em itens supérfluos e descartáveis, comer todas as pizzas que quisesse e tomar cafezinhos à vontade.

Por isso, me sinto muito feliz em ser pobre. Gastei meu dinheiro por prazer e com prazer. E recomendo aos jovens e brilhantes executivos que façam a mesma coisa que fiz. Caso contrário, chegarão aos 61 anos com uma montanha de dinheiro, mas sem ter vivido a vida.

"Não eduque seu filho para ser rico, eduque-o para ser feliz. Assim ele saberá o VALOR das coisas e não o seu PREÇO"

Que tal um cafezinho?

O texto leva o leitor a fazer uma reflexão sobre a efemeridade da vida, passando a mensagem clara de que não se deve priorizar o hábito de guardar dinheiro, mas sim, viver a vida. É um belo texto, mas cria uma falsa oposição entre viver a vida e guardar dinheiro, não analisando em nenhum momento a possibilidade de se fazer ambas as coisas ao mesmo tempo.

A recomendação para poupar não tem o objetivo de gerar uma riqueza estéril, sem significado. Nem serve para o poupador viver tal como um Tio Patinhas sentado em cima de suas moedas, enclausurado em um cofre forte. Em resumo, "viver bem" não significa necessariamente "consumir bem".

Vamos agora ao texto de Robert Kiyosaki, extraído do livro "O Guia de Investimentos":

RICO OU FELIZ?

Robert Kiyosaki
Escritor americano

Muitas vezes ouço as pessoas dizerem "prefiro ser feliz a ser rico". Sempre achei estranho esse comentário porque sou rico e feliz ao mesmo tempo. E em qualquer das situações financeiras já fui feliz e infeliz. Fico imaginando por que as pessoas pensam que precisam escolher entre felicidade e riqueza.

Quando reflito sobre essa lição, penso que o que as pessoas estão dizendo na verdade é "prefiro a segurança e o conforto à riqueza". Isso porque se lhes falta a segurança e o conforto elas se sentem infelizes. Eu já estava disposto a me sentir inseguro e sem conforto para poder enriquecer. Já fui rico e pobre; já fui feliz e infeliz. Mas garanto que quando era pobre e infeliz, estava muito mais infeliz do que nos momentos em que era rico e infeliz.

Também nunca entendi a afirmação "o dinheiro não traz felicidade". Embora tenha algum fundo de verdade, sempre observei que quando tenho dinheiro me sinto muito bem. No outro dia achei uma nota de US$10 no bolso do meu jeans. Mesmo sendo apenas US$10, achei ótimo. Receber dinheiro é sempre melhor do que receber uma conta para pagar. Pelo menos essa é a minha experiência com dinheiro. Fico feliz quando vem, e triste quando vai embora.

...

> *Antes de começar a investir é importante decidir quais são as suas prioridades, dentre os três diferentes aspectos: ser rico; ter conforto; ter segurança.*

Os pequenos prazeres diários contribuem para o bem-estar, e não se deve obrigatoriamente abrir mão deles, mas é muito complicado associar dinheiro com felicidade. Não é difícil encontrar pessoas ricas que são infelizes, mas a sociedade de modo geral comenta mais sobre as pessoas que são ricas e infelizes do que sobre as pessoas que são pobres e infelizes, o que pode gerar a falsa impressão de que ou se é rico ou se é feliz.

Me sinto realizado e feliz por ter guardado dinheiro até aqui. Paradoxalmente, os maiores ativos que o dinheiro me proporcionou até aqui são intangíveis. O dinheiro me comprou tempo livre, liberdade de escolha, mudança de estilo de vida. Por exemplo, neste momento, o dinheiro está me permitindo ter tempo livre para escrever este livro de forma prazerosa, vivendo em uma bela cidade com a minha jovem família.

Se almeja ser independente financeiramente, é imprescindível pensar em guardar dinheiro assim como pensa em ganhar dinheiro, buscando atingir o equilíbrio ideal entre gastar dinheiro e guardar dinheiro. Segundo estudo da Anbima (Associação de Empresas do Mercado financeiro), somente 8% dos brasileiros conseguiram guardar dinheiro em 2018. Este mesmo estudo aponta que a população entende como investimento a compra de carro e de bens duráveis.

Estes dados sinalizam o quanto o mercado financeiro ainda está distante do dia a dia do brasileiro. E isso acontece por dois motivos: falta de educação financeira e uma dificuldade real em conseguir guardar dinheiro. Isto é claramente percebido quando um entrevistado diz que investiu na compra de um carro. Isso acontece porque, para ele, tudo aquilo que pode se transformar em um bem-estar no futuro é identificado como investimento.

Além de não saber ainda onde investir o dinheiro, o brasileiro não quer guardar dinheiro. Entre poupar ou consumir, o brasileiro prefere consumir. O brasileiro trabalha o mês inteiro e não vê valor em colocar o que resta do dinheiro em uma aplicação, preferindo comprar alguma coisa.

A verdade é que o equilíbrio necessário para guardar dinheiro somente é atingido pelas pessoas que conseguem controlar as emoções e os hábitos de consumo, independentemente do salário que ganham. No meu primeiro estágio formal, eu ganhava o equivalente a R$320,00 por mês. Eu vivia com os meus pais, é verdade, mas a pequena quantia ganha não me impedia de guardar cerca de 30% do que ganhava, e já não recebia nenhuma mesada financeira dos meus pais.

Propaganda e Consumismo

A propaganda é um modo sistemático de persuadir pessoas visando influenciar seus desejos, emoções, atitudes, opiniões ou ações. É implícito observar o poder da propaganda no nosso dia a dia. A propaganda tem como objetivo final estimular o consumo e fazer das pessoas "patrocinadoras" de marcas. O consumo de marcas atinge todas as classes sociais, não sendo um privilégio dos mais ricos e nem dos mais pobres. Vejamos alguns pequenos exemplos reais do poder da propaganda:

- *"Advogado recém-formado adquire ternos de marcas conceituadas para impressionar conhecidos."*
- *"Estudante universitário adquire, com a renda do seu primeiro estágio remunerado, um carro financiado 0 Km para impressionar conhecidos e namoradas."*
- *"Consumidor liga para a operadora de cartão de crédito e solicita a troca da modalidade de Platinum (a princípio, isento de custos de anuidade) para Black/Infinite (com custos de anuidade), para impressionar conhecidos."*
- *"Consumidor adquire o hábito de fumar cigarros de marca conceituada que representem o seu estilo de vida e para impressionar conhecidos."*
- *"Jovem tecnófilo (amante da tecnologia) sempre adquire o smartphone que representa o "estado de arte" em termos tecnológicos, visando impressionar conhecidos."*

Observe que, para todos os exemplos acima, aparece a palavra impressionar. E, ao contrário do que possa parecer, esta é a principal razão para o comportamento anômalo das pessoas com relação à capacidade de guardar dinheiro. Existe uma frase impactante do ator americano Will Rogers que resume a questão: *"Muitas pessoas compram o que não precisam, com o dinheiro que não tem, para impressionar pessoas que não conhecem ou não se importam com elas, a fim de tentarem ser pessoas que não são."*

Se uma pessoa não poupa, e consequentemente, não investe, na expressiva maioria das vezes isto não é em função do nível de renda ou do salário que possui, mas em função de um comportamento consumista, que em casos mais graves leva ao endividamento.

De acordo com estudos acadêmicos realizados por Bauman (2008)[2], mesmo que não haja a real utilidade de um bem, as pessoas se deixam levar pelo desejo de comprar, seja pela necessidade de acompanhar a tendência da moda, para se sentirem mais integradas socialmente, ou para se sentirem mais felizes e satisfeitas. O problema é que a felicidade por comprar um bem supérfluo dura algumas horas, quem sabe alguns dias.

O consumismo exacerbado está se materializando como uma doença da vida moderna e que afeta seriamente a vida social de uma família, já que muitas vezes, para se pagar dívidas realizadas, as pessoas se sujeitam à alienação no trabalho, o que consequentemente diminui o seu convívio familiar.

O consumismo tem origens emocionais e psicológicas, sociais e financeiras, que juntas levam as pessoas a gastarem o que podem e o que não podem como forma de suprir a indiferença social, a baixa autoestima e a perturbação emocional. Estas causas (emocionais e psicológicas; sociais e financeiras) se inter-relacionam.

O impulso de comprar é fonte de um prazer semelhante ao da dependência química, agindo no organismo como uma espécie de droga leve. Quando o produto desejado é adquirido, uma sensação imediata de satisfação toma conta do indivíduo. Rapidamente, porém, esse sentimento dá lugar à angústia, pois o objeto tem um papel simbólico que se esgota logo após a compra. Muitas vezes essa compulsão sinaliza desconfortos existenciais profundos que envolvem dificuldades de relacionamento.

Todos os dias nós somos induzidos a comprar. Somos levados a acreditar no "*status quo*" que os bens ou serviços dizem oferecer. A partir da propaganda, a

---

[2] Bauman, Z. (2008) Vida para o consumo: a transformação das pessoas em mercadoria. (C.A. Medeiros, Trad.) Rio de Janeiro: Jorge Zahar.

marca procura passar ao consumidor um estilo de vida de quem a usa. A ideia é passar exclusividade, fazer você se sentir especial. Quanto mais exclusiva é a marca, mais caro são os seus produtos. Parte do fato de determinados produtos serem muito caros é alto valor pago em propaganda para divulgá-los. Isto é claro no vestuário. Muitas vezes, camisas feitas do mesmo material, vindas até da mesma fábrica, possuem preços completamente diferentes por causa da etiqueta da marca.

Com relação ao gênero, homens e mulheres costumam agir de maneira diferente com relação ao consumismo. Geralmente o homem realiza poucas compras, mas de grandes valores. As mulheres costumam ser o contrário: muitas compras de pequenos valores (bolsas, sapatos, roupas, cosméticos, etc.).

Não raro, compra-se um bem ou serviço por que os amigos e familiares já compraram. A noção que fica é que, caso não se acompanhe a tendência, fica-se de fora das novidades.

> **Exemplo:** *Celso e Marcelo são primos. Um dia, estando na casa de Celso, Marcelo ficou deslumbrado com a nova TV do Celso. Marcelo, não querendo se sentir menos privilegiado, também comprou uma TV de maneira parcelada e assinou o mesmo pacote de canais do Celso. O que Marcelo não percebeu foi que ele estava gastando 20% do seu salário com a prestação da TV e com o pacote de canais.*

No exemplo anterior, Marcelo certamente não levou em consideração sua saúde financeira ao comprar uma nova TV e assinar um novo pacote de canais. É comum encontrar pessoas cometendo erros deste tipo, e mesmo assim, se questionarem por que estão endividadas. Diminuir os gastos fixos é uma poderosa forma de fazer o dinheiro sobrar, pois são despesas que ocorrem todo mês.

O consumismo também tem origem na falta de conhecimento sobre finanças. O leigo financeiro é o principal alvo das técnicas de vendas. Veja alguns exemplos destas técnicas:

- *Compre à vista ou em 5 vezes sem juros;*

- *Compre agora e só pague a primeira parcela daqui a 60 dias;*
- *Compre um apartamento e ganhe a cozinha mobiliada com apenas R$100,00 a mais por mês na parcela. Financie diretamente com a construtora;*

Os três exemplos envolvem a noção de compra parcelada. Isto foi proporcionado pela facilidade do crédito e pela estabilidade econômica. Raramente uma compra parcelada vale a pena para o cliente. Não é à toa que cada vez mais as grandes redes varejistas dão enfoque na compra parcelada. É de lá que ela tira grande parte do lucro com os juros embutidos nas prestações, funcionando quase que como uma financeira cujo pretexto é vender produtos.

Vamos ao primeiro exemplo: *compre à vista ou em 5 vezes sem juros*. Há consumidores que só se importam com o valor da prestação. Quando a loja enfatiza a juros zero, na verdade ela está embutindo o valor dos juros no preço à vista. Ela também induz o cliente a pensar que é melhor comprar parcelado, já que o valor do bem não será alterado. Quando vejo propagandas deste tipo, lembro do ditado popular que diz: *"Malandro é aquele que faz você pensar que está tirando alguma vantagem em cima dele, quando na verdade ele está tirando vantagem em cima de você"*.

De regra, sempre quando vimos um anúncio deste tipo, é possível negociar um desconto à vista. Por isso, dê preferência para o pagamento em dinheiro ou débito direto e negocie um valor inferior. Provavelmente lhe será concedido um desconto, que é o percentual aproximado de quanto se costuma pagar para a operadora de cartão de crédito caso a venda seja por cartão. Se a loja não concordar com o desconto, seja rígido na negociação e diga que vai comprar em outra loja. Posso garantir que em 90% dos casos consegue-se um desconto de pelo menos 5%. Adquira o hábito de negociar descontos. A maioria dos ricos faz isso. Infelizmente, o hábito do pobre é não pedir descontos. No final de um ano, este tipo de economia pode representar algumas centenas, e quem sabe, milhares de reais.

Para não cair na armadilha de comprar parcelado, é fundamental possuir uma reserva financeira imediata. Vamos a um exemplo:

Exemplo: *Uma rede varejista está anunciando uma geladeira no valor de R$890,00 à vista ou em 24x de R$50,00, mas Pedro não possui o valor para o pagamento à vista e decide comprar à prestação. No final de 24 meses, Pedro terá pago o equivalente a R$1200,00, ou seja, R$310,00 a mais do que o valor do bem à vista. Se Pedro tivesse optado por juntar a quantia e só depois comprar o bem, aplicando o valor que fosse acumulando, Pedro teria demorado apenas 17 meses para ter os R$890,00 reais necessários.*

Podemos supor que Pedro realmente precisou comprar a geladeira de maneira parcelada, pois a sua antiga quebrou de uma maneira que não valia a pena consertar e ele não tinha dinheiro suficiente para comprar uma nova. Isto de fato pode acontecer, mas só com quem não formou o que chamamos de "reserva de emergência". Durante a vida produtiva, não faltarão oportunidades para se formar esta reserva. Evitar o quanto antes parcelar fará você criar esta condição mais rapidamente. E ela te dará a vantagem de não precisar parcelar, e mais ainda, te dará poder de barganha para negociar descontos nas compras à vista.

Como regra pessoal, guardo na minha reserva de emergência o equivalente a quatro meses de gastos mensais. O ideal é que este dinheiro seja de fácil acesso, e por isso uma conta com liquidez diária é uma boa alternativa. Este não é um dinheiro de investimento, e sim uma reserva de emergência.

Para identificar se você é um consumidor compulsivo, verifique se as características abaixo se encaixam no seu perfil:

- Possui vários cartões de crédito;
- Possui roupas e sapatos que comprou e nunca usou ou usou apenas uma vez depois de um ano;
- Parcela as compras enquanto "couber" no salário;
- Está constantemente em dívida com o cartão de crédito ou o cheque especial;
- Vai ao shopping center pelo menos uma vez por semana para consumir;
- Frequentemente come fora de casa, em restaurantes caros, mesmo com o saldo negativo na conta corrente.

Se você se encaixa no perfil consumista, uma boa dica é a regra dos 3 SIM's. Ela funciona da seguinte forma: quando você estiver passeando em frente a uma loja e sentir uma grande vontade de comprar algum bem ou serviço, faça a si mesmo as três perguntas abaixo:

1. Estou precisando?
2. Preciso disso agora?
3. Tenho dinheiro?

Se você respondeu SIM a todas as perguntas, então vale a pena comprar o produto. Caso algum NÃO aparecer, cancele a compra. Esta regra irá ajuda-lo a combater o hábito do consumismo.

Combata o consumismo para evitar combater o endividamento. É interessante perceber que os bancos sempre se preocupam mais com a carteira de clientes endividados do que a carteira de clientes investidores, pois são os clientes endividados que mais remuneram os bancos, em função dos altos juros cobrados por dívidas. Sob este aspecto, sempre observei que quando uma pessoa fala com frequência sobre o seu gerente de banco ou assessor, ou é por que esta pessoa já é um excelente "cliente-devedor", ou está em vias de se tornar um.

Hábitos

Um hábito é algo resultante de uma prática reiterada que ocorre de forma generalizada e prolongada, e que resulta numa certa convicção de obrigatoriedade. É normalmente vinculado a cada sociedade e cultura. Bons hábitos fazem parte do dia a dia de pessoas bem-sucedidas, sejam no campo pessoal, econômico, da saúde e da aparência física. Deve-se, portanto, eliminar o hábito do consumismo e adquirir outros hábitos, muito poderosos.

O primeiro deles é adquirir o hábito de anotar diariamente todos os gastos através de uma planilha, um aplicativo ou mesmo um caderno de anotações. O físico escocês Lord Kelvin já defendia, no século XIX, que *"o que não pode ser medido, não pode ser melhorado"*. A afirmação permanece atual e se aplica bem ao universo das finanças pessoais. Dez minutos diários são mais do que necessários para contabilizar estes gastos. Quais seriam as vantagens de se adquirir este hábito?

1. Você será capaz de identificar quais categorias de gastos consomem mais o seu dinheiro;
2. Se os seus gastos estão aumentando mais do que os seus ganhos (salários ou investimentos);
3. Quais são os seus gastos fixos, e quantos eles custam;
4. Quanto você gasta com supérfluos;
5. Quanto uma mudança nos gastos pode representar de economia ao longo de um mês, um ano, etc.;
6. Qual o impacto de um novo gasto nas suas finanças.

Se você acha isto entediante, saiba que a maioria também acha. Não obstante, a maioria não consegue atingir a independência financeira. Por outro lado, é comum as pessoas alimentarem o hábito de assistir horas de TV diariamente, em programações que nada agregam. Fugir do senso comum fará você, em poucos meses, perceber o resultado desta dedicação.

O segundo bom hábito é "pagar-se primeiro". Sempre que você receber uma renda ou salário, reserve uma parte para se pagar primeiro, e somente depois disso pague as suas despesas. A grande maioria das pessoas paga as despesas primeiro e somente depois guarda o que sobrar. A verdade é que raramente sobra alguma coisa. Pagar-se primeiro é uma ferramenta poderosa. Para Robert Kiyosaki, *"a maioria das pessoas não percebe que na vida o que importa não é quanto dinheiro você ganha, mas quanto dinheiro você conserva."*

Se você pensa que a maioria dos milionários são grandes consumidores de produtos de marcas exclusivas, não anotam seus gastos e são compradores de produtos supérfluos, você está enganado. Resultados de pesquisas realizadas nos Estados Unidos sobre os hábitos de consumo dos milionários, e que deram origem ao livro "O Milionário mora ao lado" (Thomas J. Stanley, William D. Danko, 1999) nos mostram os seguintes resultados: 3,5% dos cidadãos americanos são milionários (US$1 milhão de dólares ou mais de seu patrimônio em ativos líquidos). Destes, 80% possuem o seguinte perfil:

- Levam um estilo de vida quase que frugal (simples);
- Compram roupas em lojas de departamentos;
- Possuem carros usados com mais de 3 anos de uso. O carro preferido geralmente é o modelo mais vendido;
- Moram na mesma casa há mais de 20 anos, e geralmente o bairro não é o mais chique;
- Nunca ganharam, enquanto assalariados, mais do que US$70.000,00 por ano;
- Geralmente começam as carreiras como empregados ou autônomos e depois se tornam donos do próprio negócio ou investidores;

Listando estas características, podemos questionar onde se encaixam os casos dos esportistas famosos, apresentadores de TV e astros do cinema. De acordo com o livro, estas pessoas são minoria (< 20%) no grupo de milionários, e muitas vezes são pessoas com alta renda, com alto custo de vida, mas com baixo patrimônio financeiro. Por isso, ao contrário do que parece ser, o consumismo de luxo e ostentação é muito mais um comportamento de classe média, pessoas com alta renda e baixo patrimônio e de herdeiros de fortunas do que um hábito de milionários autênticos, de primeira geração.

É muito comum encontrarmos pessoas com altos salários, mas que não sabem poupar. Neste grupo incluímos engenheiros, médicos, advogados, juízes, delegados e pasmem, até contadores e economistas. Ou seja, não existe correlação entre saber ganhar dinheiro e saber guardar dinheiro. Indo mais longe, não existe correlação entre sucesso financeiro e sucesso acadêmico.

Para exemplificar, vale comentar sobre a história de Warren Buffett, o terceiro homem mais rico do mundo (em 2019). Buffett mora na mesma casa que comprou em 1959, de 3 quartos, na mesma cidade onde nasceu, Omaha, no estado de Nebraska, Estados Unidos. O seu carro é um Lincoln ano 2001, dirigido por ele mesmo todos os dias quando vai trabalhar. Apesar de ser dono da maior companhia área de jatos privados do mundo, entre muitos outros investimentos, Buffett comprou um jato próprio de segunda mão, depois de pechinchar o valor da compra com o antigo dono. Mas por que Warren Buffett e muitos outros bilionários mantém este estilo de vida? Segundo ele mesmo, é por que o que ele tem o satisfaz, ou seja, ele compra apenas o que lhe é útil.

O exemplo de Warren Buffett não é isolado, e retrata apenas uma coisa: os milionários de primeira geração, de modo quase geral, compram apenas o que necessitam. Indo um pouco mais a fundo, cito o bilionário brasileiro Lírio Parisotto, um dos maiores investidores pessoa física do Brasil: *"Quem gosta de comprar é pobre, rico gosta de vender"*. Outro famoso bilionário brasileiro, Luiz Barsi Filho, cuja primeira profissão era engraxate, questionado por que tinha comprado um carro de origem chinesa que custava menos que R$60.000,00, respondeu: *"Eu poderia comprar dez Mercedes Benz, uma de cada cor. Sei que posso comprar qualquer coisa, mas eu devo? Se acho uma imbecilidade, não faço. Minha esposa recentemente me pediu uma SUV. Sabe qual comprei? Um Chery Tiggo de R$50.000,00. É metade do preço de outros SUV, mas é um ótimo carro. Eu não tenho vaidade. Para trabalhar, venho todos os dias de metrô"*.

O exemplo mais emblemático, contudo, é o de Ingvar Kamprad, falecido fundador da fabricante de móveis IKEA e que chegou a ser o oitavo mais rico do mundo. Enquanto viajava, Ingvar Kamprad podia ser visto em assentos da classe econômica. No dia a dia, ele usava ônibus para chegar ao escritório, mesmo tendo uma fortuna de US$ 41,2 bilhões. Kamprad almoçava na cantina da empresa, ao lado dos funcionários, e seu carro era um Volvo, de mais de 20 anos de idade. Aos 89 anos, ele admitiu ter vivido um período "deslumbrado" em sua vida, nos anos 1960, quando teve um Porsche e mandava fazer as suas roupas em um alfaiate. Após viver na Suíça por mais de 40 anos, decidiu retornar à Suécia em 2013 para viver na mesma casa antiga que vivia no começo de sua vida profissional, mobiliada com os móveis econômicos da IKEA.

Bom, mas a vida seria sem graça se não pudéssemos desejar um bem. Pergunte para mil pessoas se elas gostariam de ter uma Ferrari e então ouvirá de 99,99%% que sim. O problema então não está em desejar, e sim em quando gastamos o que não podemos para adquirir um bem, que pode ou não ser útil.

Ainda que o consumismo de produtos de marca seja algo que a pessoa tenha controle, ainda assim ela poderá ter dificuldades de guardar dinheiro se não tomar o devido cuidado nas duas categorias de gastos que mais impactam as finanças familiares: a habitação e o carro próprio.

Habitação

Assim que se casaram, meus pais foram morar na casa dos meus avós maternos, já idosos. Quando eu tinha cerca de 7 anos de idade, meus avós já eram falecidos. Desde então, continuamos a morar de favor nesta casa, uma vez que, por herança, ela era dos meus oito tios, com uma pequena parte pertencente à minha mãe.

Durante a minha infância e adolescência, meu maior sonho era de que aquela casa um dia fosse integralmente dos meus pais, pois eu meu sentia inferiorizado sempre que ia visitar um colega ou familiar na sua própria casa. Ainda que eu tenha conseguido superar estes sentimentos, moramos de favor durante mais de 30 anos, até que finalmente pude comprar integralmente este imóvel para os meus pais. Nessa altura, eu já estava casado e morava de aluguel junto com a minha esposa, que colaborou comigo neste projeto.

A decisão sobre morar de aluguel ou adquirir uma casa própria vai muito além do aspecto financeiro, se assemelhando mais a um investimento social, sem retorno financeiro. Em um Brasil de desigualdades, é expressiva a camada da população que vive em aglomerados subnormais, e que um dia sonham em ter uma confortável casa própria. Para conseguir isso, a grande maioria das pessoas fazem da casa própria o seu maior investimento. A verdade chocante é que a casa própria, mesmo quitada, é uma dívida, e se a sua casa própria for o seu maior investimento, você terá problemas para atingir a independência financeira.

Todo investimento deve gerar rentabilidade, receita, dividendos, lucros. A casa própria, ao contrário, gera despesas, demanda manutenção, gastos. Esta regra se aplica a qualquer habitação que você more, seja própria ou alugada. Uma casa passa a ser um investimento se você a alugar para terceiros, pois ela vai lhe gerar uma rentabilidade através dos aluguéis.

Logicamente, a casa própria lhe isenta de pagar aluguel. Não é o meu foco discutir sobre a decisão de comprar ou alugar, por dois motivos principais:

- esta é uma decisão que envolve mais do que aspectos financeiros;
- dependendo do ciclo econômico e imobiliário, pode ser vantajoso financeiramente morar de aluguel. Em outros momentos, adquirir uma casa própria.

O que pretendo explorar nesta seção é a mudança de paradigma: ao contrário do que a maioria pensa, a casa própria nunca deve ser o seu maior investimento.

Exemplo: Priscila e Mario, casados, adquiriram um terreno para a construção da casa própria. Mario trabalhava como vendedor de laticínios de uma grande rede atacadista, enquanto que Priscila era professora primária. O sonho do casal era construir uma casa confortável que proporcionasse uma convivência agradável com os dois filhos. Dois anos depois, a casa dos seus sonhos estava pronta: ela tinha 3 quartos, duas suítes e duas vagas de garagem. Nos anos seguintes, Mario recebeu diversos aumentos salariais, que lhe permitiram sonhar mais alto. Ele e Priscila decidiram então promover algumas mudanças na casa, acrescentando-lhe piscina, salão de jogos e área de lazer ao custo de R$90.000,00. O maior investimento do casal era a casa própria, o segundo maior eram seus dois carros. Mantinham na poupança apenas o suficiente para dois meses de gastos.

Cerca de 2 anos depois, Mario perde o emprego, e depois de alguns meses a família se vê sem renda suficiente para sustentar o padrão de vida. Os problemas financeiros da família culminam com a separação de Mario e Priscila. Na separação, ficou estabelecido que deveriam vender a casa para dividir o dinheiro. O problema é que a casa era localizada em uma região pouco próspera, e o seu tamanho era uma disparidade frente à vizinhança. Depois de muitas tentativas frustradas de venda, acabaram por aceitar uma proposta abaixo do que haviam gasto na construção e na manutenção da casa.

As pessoas gastam na casa própria aquilo que deveriam gastar em investimentos. Se a expressiva parte do seu patrimônio está alocada na casa própria, a conclusão óbvia é que você tem investimentos pouco rentáveis. A casa própria deve ser um local agradável, que satisfaça as necessidades, mas sem excessos. Se é o seu desejo promover uma reforma, uma modernização, uma expansão etc., faça-a com o dinheiro proveniente da renda de investimentos já estabelecidos. Se não há investimentos, invista o dinheiro designado para a reforma e adie os seus planos até que você forme uma base sólida. No exemplo anterior, os R$90.000,00 utilizados na expansão da casa poderiam ter sido investidos e se transformado em ativos geradores de renda. Além disso, poderiam ter evitado a separação do casal e permitido a Mario um reposicionamento profissional com mais tranquilidade. Para os que não abrem mão da casa própria, não há demérito algum em morar de aluguel durante algum tempo. Lembram do Sr. José? Morou de aluguel durante mais de duas décadas, mesmo depois de já ser milionário.

Sobre a escolha do local onde morar, deve-se escolher aquele que represente a menor distância de deslocamento para todos os membros da família. É certo que determinadas regiões podem apresentar um custo de vida incompatível com a renda familiar, mas muitas pessoas fazem uma análise errada dessa situação. Deve-se considerar no cálculo não somente o custo do aluguel ou da moradia, mas também toda a diferença entre os custos de deslocamento e a economia de tempo gerada. Caso, por exemplo, consiga poupar 2 horas de trânsito por dia, poderá explorar este tempo adicional para exercer outras atividades que possam gerar mais renda passiva, ou até mesmo fazer cursos visando o aperfeiçoamento profissional.

Carro próprio

Toda pessoa, em algum momento na vida, almejou ou almejará ter um carro próprio, de preferência novo. Alguns compram à vista, enquanto que outros financiam. A verdade é que é fundamental uma avaliação consciente e criteriosa quando for comprar um.

Culturalmente, o carro é o primeiro bem que o brasileiro médio compra assim que começa a ter renda. Outro fato comum é a aquisição de modelos mais caros à medida que a renda auferida aumenta com o passar dos anos. É um conforto que o ser humano sempre quer mais. Nas finanças pessoais, saber o momento certo de comprar um carro e definir o quanto gastar nele é tão importante quanto ser competente profissionalmente.

Exemplo: Bruno é um advogado de 35 anos apaixonado por carros. Seu maior sonho é comprar um modelo sedã da marca BMW. O seu ano passado foi muito interessante profissionalmente, pois conseguiu ganhar R$130.000,00 em uma grande causa cível. Até então Bruno não possuía nenhum patrimônio financeiro: o recente casamento havia consumido suas últimas reservas. Bruno então pensou: "Estou com 35 anos, acho que essa é a hora de realizar o meu sonho!". Bruno, então, comprou o tão sonhado sedã seminovo, com 3 anos de uso.

Nos primeiros meses, Bruno adorou, pois estava impressionando bastante os familiares e amigos. Mas a sua sorte virou de lado, pois o ano seguinte já não foi tão bom. A gota d'água foi que, ao ver o valor do IPVA, Bruno descobriu que não conseguiria pagar tal quantia. Decidiu então vender o carro para cobrir algumas pequenas dívidas e evitar pagar o imposto. O máximo que ele conseguiu na venda foi R$85.000,00.

Infelizmente, Bruno cometeu diversos erros, muito comuns:

- Comprou um carro com todo o dinheiro que tinha. Não soube priorizar o que era mais importante: comprar um modelo mais simples e fazer uma reserva financeira visando a independência financeira ou realizar um sonho que lhe custou milhares de reais em poucos meses;
- Não analisou todos os custos envolvidos para se manter um carro;
- Achou que todos os anos da vida dele seriam tão bons como os do passado;
- Mesmo possuindo boa formação e já sendo profissional há alguns anos, Bruno ainda não se preocupou em guardar dinheiro.

Antes de analisar os benefícios que o carro pode proporcionar, vamos pensar no custo de mantê-lo. Suponha que o carro a ser adquirido seja novo e popular, e custe por volta de R$45.000,00. Vamos pagar este carro à vista.

A tabela a seguir representa uma estimativa das despesas geradas pelo carro após o primeiro ano de uso:

Gasto	mensal	anual
IPVA (4% do valor do veículo)	R$150,00	R$1.800,00
Seguro (aproximadamente 5%)	R$187,50	R$2.250,00
Manutenção (troca de óleo, troca de pneus, revisão)	R$180,00	R$2.160,00
Despesas diversas (estacionamento, pedágio, lavagem)	R$80,00	R$960,00
Multas e eventualidades	R$20,00	R$240,00
Depreciação (10% no primeiro ano)	R$375,00	R$4.500,00
Custo de oportunidade (6% ao ano)	R$225,00	R$2.700,00
Combustível (2 tanques cheios/mês)	R$400,00	R$4.800,00
TOTAL	**R$1.617,50**	**R$19.410,00**

O total de despesas geradas por mês ficou em torno de R$1.617,50 e no primeiro ano em R$19.410,10 (quase 50% do valor original do veículo). Duas categorias de gastos merecem uma explicação mais detalhada: depreciação e custo de oportunidade.

A depreciação é quanto o carro perdeu de valor de acordo com o tempo de uso e a obsolescência. Quando os carros são mais caros, a depreciação costuma ser maior, podendo chegar até a 20% no primeiro ano.

O custo de oportunidade é um conceito ainda mais interessante. Suponha que, ao invés de alocar os R$45.000,00 na compra do carro novo você aplicasse o dinheiro em um investimento conservador (por exemplo, no título público do Tesouro Selic, que rende, no momento em que escrevo este livro, aproximadamente 6% ao ano). Neste caso, você estaria ganhando R$2.700,00 no primeiro ano somente com os juros do investimento, desconsiderando a inflação.

A tabela a seguir representa uma estimativa de gastos de não se ter um carro avaliado em R$45.000,00 ao longo de 5 anos. Para simplificar os cálculos, foi considerado que o desembolso relativo aos gastos com transporte se dará uma única vez no início de cada ano. Para compensar a perda de rentabilidade deste valor desembolsado ao longo dos meses, foi considerado que os gastos com transporte não sofrerão correção inflacionária ao longo do período. A taxa de juros de investimento estimada foi de 6% ao ano, desconsiderando a inflação:

	Sem carro
	<ul><li>valor inicial: R$45.000,00</li><li>gastos com transporte público, táxi, Uber: R$500,00/mês ou R$6.000,00/ano</li><li>taxa de juros de investimento: 6% ao ano.</li></ul>
Ano 1	(R$45.000,00 – R$6.000,00) + 6% de juros a.a. = R$41.340,00
Ano 2	(R$41.340,00 – R$6.000,00) + 6% de juros a.a. = R$37.460,40
Ano 3	(R$37.460,40 – R$6.000,00) + 6% de juros a.a. = R$33.348,02
Ano 4	(R$33.348,02 – R$6.000,00) + 6% de juros a.a. = R$28.988,90
Ano 5	(R$28.988,90 – R$6.000,00) + 6% de juros a.a. = R$24.368,24
SALDO	**R$24.368,24**

O resultado é que, depois de 5 anos utilizando transporte público e mantendo investido o valor equivalente a um carro de R$45.000,00 neste período, lhe restará como saldo final um valor de R$24.368,24.

A próxima tabela representa uma estimativa de gastos de se ter um carro também avaliado em R$45.000,00 ao longo de 5 anos, utilizando algumas premissas: consumo mensal de 2 tanques de combustível, manutenção preventiva de acordo com a tabela da montadora do veículo, inclusão de seguro, pagamento de IPVA de 4% o valor do veículo ao ano, depreciação mais acentuada nos primeiros anos e gastos com multas e algumas eventualidades. É importante ressaltar que, dependendo da região, estas premissas podem variar, como por exemplo, o IPVA cobrado pode ser menor e eventualmente veículos elétricos ou híbridos podem ter algum tipo de desconto ou isenção.

	Com carro	
	• valor pago: R$45.000,00 • taxa de juros de investimento: 6% ao ano.	
Ano 1	IPVA (4% do valor atual do veículo)	R$1.800,00
	Seguro (aproximadamente 5% do valor atual do veículo)	R$2.250,00
	Manutenção (troca de óleo, troca de pneus, revisão)	R$2.160,00
	Despesas diversas (estacionamento, pedágio, lavagem)	R$960,00
	Multas e eventualidades	R$240,00
	Depreciação (10% no primeiro ano)	R$4.500,00
	Custo de oportunidade (6% ao ano sobre o valor pago, a juros compostos ano a ano)	R$2.700,00
	Combustível (2 tanques cheios/mês)	R$4.800,00
	TOTAL GASTOS ANO 1	**R$19.410,00**
	VALOR DO VEÍCULO ANO 1 (valor pago – depreciação ano 1)	**R$40.500,00**
	SALDO ANO 1 (valor pago – total gastos ano 1)	**R$25.590,00**
Ano 2	IPVA (4% do valor atual do veículo)	R$1.620,00
	Seguro (aproximadamente 5% do valor atual do veículo)	R$2.025,00
	Manutenção (troca de óleo, troca de pneus, revisão)	R$2.160,00
	Despesas diversas (estacionamento, pedágio, lavagem)	R$960,00
	Multas e eventualidades	R$240,00
	Depreciação (9% no segundo ano)	R$3.645,00
	Custo de oportunidade (6% ao ano sobre o valor pago, a juros compostos ano a ano)	R$2.862,00
	Combustível (2 tanques cheios/mês)	R$4.800,00
	TOTAL GASTOS ANO 2	**R$18.312,00**

	VALOR DO VEÍCULO ANO 2 (valor ano 1 – depreciação ano 2)	R$36.855,00
	SALDO ANO 2 (saldo ano 1 – total gastos ano 2)	R$7.278,00
Ano 3	IPVA (4% do valor atual do veículo)	R$1.474,20
	Seguro (aproximadamente 5% do valor atual do veículo)	R$1.842,75
	Manutenção (troca de óleo, troca de pneus, revisão)	R$2.160,00
	Despesas diversas (estacionamento, pedágio, lavagem)	R$960,00
	Multas e eventualidades	R$240,00
	Depreciação (6% no terceiro ano)	R$2.211,30
	Custo de oportunidade (6% ao ano sobre o valor pago, a juros compostos ano a ano)	R$3.033,72
	Combustível (2 tanques cheios/mês)	R$4.800,00
	TOTAL GASTOS ANO 3	R$16.721,97
	VALOR DO VEÍCULO ANO 3 (valor ano 2 – depreciação ano 3)	R$34.637,00
	SALDO ANO 3 (saldo ano 2 – total gastos ano 3)	-R$9.443,97
Ano 4	IPVA (4% do valor atual do veículo)	R$1.385,74
	Seguro (aproximadamente 5% do valor atual do veículo)	R$1.731,85
	Manutenção (troca de óleo, troca de pneus, revisão)	R$2.160,00
	Despesas diversas (estacionamento, pedágio, lavagem)	R$960,00
	Multas e eventualidades	R$240,00
	Depreciação (5% no quarto ano)	R$1.731,85
	Custo de oportunidade (6% ao ano sobre o valor pago, a juros compostos ano a ano)	R$3.215,74
	Combustível (2 tanques cheios/mês)	R$4.800,00
	TOTAL GASTOS ANO 4	R$16.225,18
	VALOR DO VEÍCULO ANO 4 (valor ano 3 – depreciação ano 4)	R$32.905,15
	SALDO ANO 4 (saldo ano 3 – total gastos ano 4)	-R$25.669,15
Ano 5	IPVA (4% do valor atual do veículo)	R$1.316,20
	Seguro (aproximadamente 5% do valor atual do veículo)	R$1.645,25
	Manutenção (troca de óleo, troca de pneus, revisão)	R$2.160,00
	Despesas diversas (estacionamento, pedágio, lavagem)	R$960,00
	Multas e eventualidades	R$240,00
	Depreciação (4% no quinto ano)	R$1.316,20
	Custo de oportunidade (6% ao ano sobre o valor pago, a juros compostos ano a ano)	R$3.408,70
	Combustível (2 tanques cheios/mês)	R$4.800,00
	TOTAL GASTOS ANO 5	R$15.846,35

	VALOR DO VEÍCULO ANO 5 (valor ano 4 – depreciação ano 5)	R$31.588,95
	SALDO ANO 5 (saldo ano 4 – total gastos ano 5)	-R$41.515,50
SALDO	-R$41.515,50	

A conclusão é bastante clara: depois de ter adquirido um carro à vista por R$45.000,00 e o mantido por 5 anos, você terá, ao final desse período, um carro avaliado em R$31.588,95 (depreciado em R$13.411,05), que terá gerado um gasto financeiro de R$86.515,50. Em outras palavras, os R$45.000,00 utilizados na aquisição do carro se transformaram num saldo final negativo de -R$41.515,50. Ainda que o cálculo acima seja assustador, ele pode piorar: excluindo a depreciação e o custo de oportunidade calculados sobre o valor do veículo ano a ano, todos os outros gastos foram feitos a partir de novos desembolsos de dinheiro, gerando um custo de oportunidade sobre estes desembolsos. Por exemplo:

	IPVA (4% do valor atual do veículo)	R$1.800,00
	Seguro (aproximadamente 5% do valor atual do veículo)	R$2.250,00
	Manutenção (troca de óleo, troca de pneus, revisão)	R$2.160,00
Ano 1	Despesas diversas (estacionamento, pedágio, lavagem)	R$960,00
	Multas e eventualidades	R$240,00
	Combustível (2 tanques cheios/mês)	R$4.800,00
	TOTAL DE DESEMBOLSO	**R$12.210,00**

O valor do total de desembolso efetivamente saiu do bolso do dono do carro. E se esse valor tivesse sido aplicado em um investimento que rendesse 6% ao ano? Neste caso, teríamos rentabilizado aproximadamente R$732,60 (6% de juros a.a. sobre R$12.210,00) ao final do primeiro ano. Esta é uma estimativa que utiliza como premissa que todos os gastos do primeiro ano ocorrerão no início do ano. Logicamente, na prática não ocorre dessa forma, mas o impacto do desembolso no primeiro ano pode ser totalmente considerado no segundo ano.

Prosseguindo com esta linha de raciocínio, teríamos os seguintes custos de oportunidade sobre os desembolsos:

	Total de Desembolso	Custo de oportunidade no ano (6% a.a. sobre o valor de desembolso)	Custo de oportunidade ano a ano (considerando 6% a.a. sobre o custo de oportunidade do ano)
Ano 1	R$12.210,00	R$732,60	R$732,60
Ano 2	R$11.805,00	R$708,30	R$1.484,86
Ano 3	R$11.476,95	R$688,62	R$2.262,57
Ano 4	R$11.277,59	R$676,65	R$3.074,97
Ano 5	R$11.121,45	R$667,29	**R$3.926,76**

Portanto, o custo de oportunidade sobre os desembolsos realizados representa, depois de 5 anos, R$3.926,76.

Para concluir, depois de ter adquirido um carro à vista por R$45.000,00 e o mantido por 5 anos, você terá, ao final desse período, um carro avaliado em R$31.588,95 (depreciado em R$13.411,05), que terá gerado um gasto financeiro de R$90.442,26 (R$86.515,50 + R$3.926,76). Em outras palavras, os R$45.000,00 utilizados na aquisição do carro se transformaram num saldo final negativo de -R$45.442,26 depois de 5 anos. Podemos representar a diferença entre as duas abordagens (sem carro x com carro) graficamente:

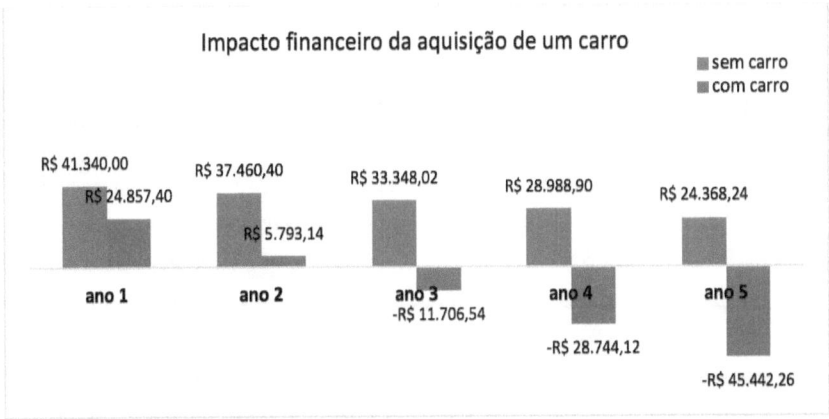

Figura 2 - Impacto financeiro da aquisição de um carro.

Evidentemente, adquirir um carro financiado com juros costuma ser uma situação muito pior do que adquiri-lo à vista. A aquisição de um carro financiado só faz sentido se os juros cobrados pelo financiamento foram menores que os juros obtidos em investimentos conservadores.

> **Exemplo:** *Roberto, policial militar, 25 anos, possui um salário mensal de R$4.000,00, e comprou um carro usado financiado em 60x sem entrada, com prestações de R$900,00 mensais. Depois de um ano utilizando o veículo, Roberto quis vendê-lo, pois não estava conseguindo manter as despesas pessoais e do veículo em dia sem ter que recorrer ao cheque especial ou ao cartão de crédito. Ao colocá-lo à venda, Roberto descobriu que o carro não valia mais do que R$22.000,00, valor muito menor do que o das 48 prestações de R$900,00 restantes. Além disso, percebeu uma grande dificuldade em achar um comprador que assumisse o financiamento do veículo. A única alternativa encontrada por Roberto foi então dar o veículo de entrada na mesma financeira que adquiriu o veículo, comprando outro com prestações de menor valor.*

Pelo exemplo acima, é fácil observar que Roberto dificilmente conseguirá atingir a independência financeira algum dia tendo que manter um carro financiado.

Mas se levarmos em consideração essa "filosofia", quando iremos ter algum "bem"? A ideia é nunca ter um carro? A resposta é, logicamente, não. O que deve ser analisado é a prioridade de se ter um carro frente à prioridade de guardar dinheiro. Por exemplo, raramente um jovem de 18 anos necessita de um carro novo. Se ele assumir as despesas de um carro nesta idade, estará afetando os seus gastos de uma forma irreversível, sendo que nesta época da vida deveria estar começando a guardar. Além disso, a não ser que este jovem de 18 anos seja um prodígio investidor e empreendedor, ele não terá renda suficiente para comprar e manter este carro. Para os filhos de famílias ricas, não acredito que seja uma ação estimuladora ao sucesso do filho o caso em que os pais dão de presente um carro e pagam a sua manutenção, mesmo que eles possuam condições para tal.

É fundamental analisar se o carro realmente irá facilitar a sua vida. É verdade que há casos em que quando se mora longe dos grandes centros urbanos, o carro pode ser a única forma de transporte disponível. Pode ser também que o carro economize algumas horas por dia de deslocamento. Ainda assim, avalie sempre as alternativas. Muitas vezes o seu problema pode ser resolvido comprando uma *moto scooter*, por exemplo.

Para quem possui mais do que um carro, o impacto apresentado é proporcionalmente maior. Não se esqueça das contas apresentadas acima. Jamais gaste seu dinheiro antes de possuí-lo!

Caso o carro seja realmente uma necessidade, a grande dica é comprar usados com até quatro anos e 30.000 km de uso, de único dono. São veículos que já se desvalorizaram substancialmente e que ainda não demandam muitos gastos com manutenção. Evite carros modificados ou com cores extravagantes, pois tendem a perder mais valor na hora da revenda. Procure também pelos modelos movidos a gás natural (GNV), híbridos ou elétricos, já que costumam demandar menos gastos com combustível. Alguns destes veículos ainda trazem o benefício de reduzir o valor dos impostos a serem pagos anualmente.

Levo comigo uma regra de nunca alocar um percentual muito representativo no meu patrimônio financeiro na compra do carro. Fui ter o meu primeiro carro, um veículo seminovo de seis anos de uso, quanto tinha dez vezes o valor dele em patrimônio financeiro. Hoje em dia sou ainda mais rigoroso, e penso que quem ambiciona se tornar e se manter independente financeiramente nunca deva comprar um carro que custe mais do que 5% de todo o seu patrimônio financeiro.

Reorganizando as finanças

Os casos a seguir representam algumas situações reais, e que servem de inspiração sobre o impacto de decisões erradas, principalmente ligadas ao carro e à habitação nas finanças pessoais.

Exemplo: *Felipe possui 29 anos de idade e trabalha como vendedor de seguros há mais de 4 anos. Atualmente o seu salário, junto com as comissões que recebe, gira em torno de R$4.000,00. Felipe é casado e pai de um filho. As suas principais despesas fixas são:*

Aluguel, água e luz: R$1.000,00 mensais;

Carro: Financiamento (R$470,00 mensais). O saldo devedor está em R$10.000,00, que em caso de antecipação do pagamento, é obtido um desconto de R$1.500,00. A taxa de juros do financiamento foi de 1,99% O veículo também possui R$1.000,00 de multas e IPVA atrasado. Além disso, são estimados gastos de R$500,00 em lanternagem e pequenos reparos;

Consórcio de imóvel: R$480,00 mensais. O valor do consórcio é de R$70.000,00, com um prazo de 180 meses. Apenas 6 parcelas foram pagas;

Escola do filho: R$500,00 mensais;

Telefone e Internet: R$150,00 mensais;

Supermercado: R$290,00 mensais;

Renegociação de dívida bancária: R$140,00 mensais. A dívida restante está por volta de R$2.500,00. A taxa de juros obtida do empréstimo foi de 3,20%.

Além disso, Felipe possui uma poupança de R$1.300,00 que rende 0,3% ao mês, e uma previdência privada VGBL de R$11.000,00 que rende 0,5% ao mês.

Por causa das despesas variáveis, Felipe consegue guardar apenas R$300,00 por mês, nos quais aloca R$200,00 na previdência privada e R$100,00 na poupança.

Veja o que podemos fazer para ajudar o Felipe a guardar mais dinheiro. A sua situação financeira atual é:

Receitas:

Salário + comissões	R$4.000,00
TOTAL	**R$4.000,00**

Despesas:

Aluguel, água e luz	R$1.000,00
Financiamento automóvel	R$470,00
Consórcio imóvel	R$480,00
Escola do filho	R$400,00
Telefone e internet	R$150,00
Supermercado	R$290,00
Renegociação de dívida bancária	R$140,00
Despesas variáveis (incluindo R$300,00 do carro)	R$770,00
TOTAL	**R$3.700,00**

Investimentos:

Previdência privada	R$11.000,00 + 0,5% a.m.
Poupança	R$1.300,00 + 0,3% a.m.
TOTAL	**R$12.300,00 + rendimentos**

Nota-se que Felipe guarda apenas 7,5% (R$300,00 / R$4.000,00) do valor líquido da sua atividade remunerada, bem abaixo dos 20% desejáveis. Alguns erros que o Felipe cometeu até aqui:

- Mantém uma previdência privada que lhe rende 0,5% ao mês, mesmo possuindo dívidas que custam até 3,2% ao mês de juros. Neste caso, a prioridade do Felipe deve ser pagar todas as dívidas. Só se deve guardar dinheiro quando não se possui dívidas, pois geralmente os juros das dívidas são maiores que os juros dos rendimentos dos investimentos;
- Comprou um carro sem condições financeiras, pagando juros de financiamento maiores que o rendimento das suas aplicações. Como vimos anteriormente, o automóvel é um dos principais vilões das finanças pessoais, ainda mais financiado. É um bem que deve ser comprado apenas se for necessário e se o seu patrimônio financeiro permitir;
- Mantém um consórcio de imóvel sem conseguir dar um lance alto. Neste caso, o consórcio torna-se desvantajoso, pois vira uma maneira forçada de se guardar dinheiro, mas sem rendimentos.

Com base nos erros listados acima e nos conceitos discutidos até aqui, vamos desenvolver um plano de ação para o Felipe com base nas prioridades listadas abaixo:

- Eliminar as dívidas bancárias;
- Pagar as multas e os impostos do carro;
- Pagar o saldo devedor do carro e colocá-lo à venda ou repassar o financiamento para outro comprador;
- Diminuir as despesas fixas, conseguindo economizar pelo menos 20% do salário líquido.

Mês 1

No primeiro mês, as questões a serem resolvidas são o pagamento da dívida bancária, contraída a uma taxa de juros de 3,2% ao mês, o pagamento das multas e impostos do carro e os pequenos reparos do veículo. A dívida bancária está atualmente em R$2.500,00, e as multas do carro estão por volta de R$1.000,00, mais R$500,00 para despesas de reparo, totalizando R$4.000,00.

Felipe terá que sacar:

- todo o dinheiro da poupança: cerca de R$1.300,00 + R$3,90 (rendimento de 0,3% a.m.) = R$1.303,90
- R$2.696,10 da Previdência Privada, que ficará com um saldo final de R$8.303,90 + R$55,00 (rendimento de 0,5% a.m.) menos o imposto de renda que incide sobre este valor de saque (consideremos R$50,00). Com isso, Felipe ficará com a seguinte situação financeira:

Receitas:

Salário + comissões	R$4.000,00
TOTAL	**R$4.000,00**

Despesas:

Aluguel, água e luz	R$1.000,00
Financiamento automóvel	R$470,00
Consórcio imóvel	R$480,00
Escola do filho	R$400,00
Telefone e internet	R$150,00
Supermercado	R$290,00
~~Renegociação de dívida bancária~~	~~R$140,00~~
Despesas variáveis (incluindo R$300,00 do carro)	R$770,00
TOTAL	**R$3.560,00**

Investimentos:

Previdência privada	R$11.000,00 - R$2.696,10 + R$55,00 (rendimentos de 0,5% a.m.) - R$50,00 (Imp. Renda sobre o saque)
~~Poupança~~	~~R$1.300,00~~
TOTAL	**R$8.308,90**

Mês 2

No segundo mês, Felipe terá o carro reparado e com os impostos pagos. Terá também R$440,00 reais na conta corrente, resultado da diferença entre o total de receitas e o total de despesas: R$4.000,00 – R$3.560,00 = R$440,00. Neste momento ele estará conseguindo guardar 11,00% (R$440,00 / R$4.000,00) do valor líquido da sua atividade remunerada, ainda abaixo dos 20% desejáveis.

A taxa de juros do financiamento do automóvel é de 1,99% ao mês, mais alta que o valor dos juros recebidos pela previdência privada. O saldo devedor deste financiamento neste momento está em R$9.530,00 + R$199,00 (juros 1,99% ao mês) que pode ser reduzido para R$8.229,00 em caso de quitação (por causa do desconto de R$1.500,00), enquanto que a previdência privada possui um saldo de R$8.308,90, que deverá ser decrescido do imposto de renda em caso de saque. Neste momento, é importante tomar uma decisão:

- Repassar o financiamento do carro para outro comprador. Esta é a melhor decisão, mas como a menor probabilidade de sucesso;
- Quitar o financiamento do carro e vendê-lo. Uma boa decisão, mas que comprometerá o valor investido na previdência privada, que terá a incidência de imposto de renda;
- Continuar com o carro. A pior decisão, pois não lhe garantirá uma saúde financeira. Neste caso deve-se avaliar a real necessidade de se ter o carro, pois ele também afeta drasticamente as despesas variáveis do Felipe.

Mês 3

Suponhamos que Felipe tenha tido dificuldades em repassar o financiamento e tenha escolhido a opção de quitar o carro para depois vendê-lo, o que conseguiu realizar com sucesso. Neste caso, Felipe precisará sacar da previdência privada R$8.229,00 - R$440,00 (saldo em conta corrente), ou seja, R$7.789,00. Suponhamos que o imposto de renda que irá incidir sobre este valor de saque seja de R$350,00. Com isso, sua situação ficará assim:

Receitas:

Salário + comissões	R$4.000,00
TOTAL	**R$4.000,00**

Despesas:

Aluguel, água e luz	R$1.000,00
~~Financiamento automóvel~~	~~R$470,00~~
Consórcio imóvel	R$480,00
Escola do filho	R$400,00
Telefone e internet	R$150,00
Supermercado	R$290,00
~~Renegociação de dívida bancária~~	~~R$140,00~~
Despesas variáveis ~~(incluindo R$300,00 do carro)~~	~~R$770,00~~ R$470,00
+Transporte	R$200,00
TOTAL	**R$2.990,00**

Investimentos:

Previdência privada	R$8.308,90 + R$41,55 (rendimentos de 0,5% a.m.) − R$7.789,00 (saque) − R$350,00 (Imp. Renda sobre o saque)
~~Poupança~~	~~R$1.300,00~~
TOTAL	~~R$8.308,90~~ **R$211,45**

Em função da venda do carro, Felipe passa a gastar R$200,00 por mês com transporte público. Neste momento, Felipe consegue guardar R$1.010,00 (R$4.000,00 de receitas - R$2.990,00 de despesas). Isto representa 25,25% (R$1.010,00 / R$4.000,00) do valor líquido da sua atividade remunerada, o que é ótimo, pois é acima dos 20% desejáveis. Com essa renda extra, Felipe poderá avaliar a compra de um carro usado à vista do valor de R$12.500,00 em cerca de 12 meses, aplicando o dinheiro em um investimento conservador.

A decisão mais acertada, contudo, será guardar o suficiente para conseguir dar um bom lance no consórcio imobiliário. Apesar de isso só ser possível depois de alguns anos guardando dinheiro (caso ele invista de forma conservadora), isto possibilitará ao Felipe reduzir as despesas com aluguel, o que aumentará ainda mais a sua capacidade de guardar dinheiro.

Com relação aos seus investimentos em previdência privada, trata-se de uma modalidade de investimento que raramente é vantajosa ao investidor. Exploraremos as diversas modalidades de investimento no capítulo sobre investir dinheiro.

A seguir é apresentado um outro exemplo real de uma pessoa com alta renda e altos gastos.

Exemplo: *Marcelo possui 45 anos de idade e trabalha como arquiteto no seu escritório próprio de arquitetura, fundado por ele assim que se formou, há cerca de 20 anos. Atualmente, a sua empresa proporciona que ele faça retiradas mensais de R$19.000,00.*

Marcelo está no seu segundo casamento. É pai de duas filhas do primeiro casamento e de um filho do segundo casamento. Uma das filhas possui 18 anos e está cursando uma universidade particular de arquitetura, pois quer seguir os passos do pai. A outra filha possui 15 anos e está cursando o ensino médio em uma escola particular conceituada.

O seu filho do segundo casamento possui 5 meses e ainda não frequenta a creche, sendo cuidado pela mãe, que não trabalha. No acordo de separação do primeiro casamento, Marcelo se comprometeu a arcar com as despesas de educação das filhas e mais um valor de cerca de R$1.000,00 por mês para demais despesas.

Marcelo precisa de um carro para visitar os clientes e empreendimentos, e o seu carro atual está demandando muitas despesas com manutenção. Ele também está preocupado com as futuras despesas escolares do terceiro filho, quando o mesmo começar a frequentar a creche e, futuramente, a escola. Além disso, se lamenta por não ter constituído nenhum patrimônio familiar até o momento. As suas principais despesas fixas são:

Aluguel, água e luz: R$3.800,00 mensais;
Carro: quitado, avaliado em cerca de R$40.000,00;
Faculdade da filha mais velha: R$1.900,00 mensais;
Escola da segunda filha: R$1.500,00 mensais;
Ajuda de custo para as filhas do primeiro casamento: R$1.000,00 mensais;
Combo internet, telefone, TV: R$550,00 mensais;
Supermercado: R$1.000,00 mensais;
Despesas variáveis: R$2.600,00 mensais (inclui R$1.000,00 do carro);

Empregada doméstica: R$1.700,00;
Ajuda de custo para a atual esposa: R$ 2.400,00.

Renegociação de dívida bancária visando cobrir custos operacionais da empresa: R$2.500,00 mensais. A dívida restante está por volta de R$58.500,00. A taxa de juros obtida do empréstimo foi de 2,80% ao mês;

Além disso, por indicação do seu gerente de relacionamento prime para não pagar taxas de manutenção de conta, tem aplicados R$3.500,00 em títulos de capitalização que rendem menos que a poupança.

Veja o que podemos fazer para ajudar o Marcelo a guardar mais dinheiro. A sua situação financeira atual é:

Receitas:

Retiradas mensais	R$19.000,00
TOTAL	**R$19.000,00**

Despesas:

Aluguel, água e luz	R$3.800,00
Faculdade da filha mais velha	R$1.900,00
Escola da segunda filha	R$1.500,00
Ajuda de custo para as filhas	R$1.000,00
Combo Internet, telefone e TV	R$550,00
Supermercado	R$1.000,00
Empregada doméstica	R$1.700,00
Renegociação de dívida bancária	R$2.500,00
Ajuda de custo para a atual esposa	R$2.400,00
Despesas variáveis (incluindo R$1.000,00 do carro)	R$2.600,00
TOTAL	**R$18.950,00**

Investimentos:

Título de capitalização	R$3.500,00
TOTAL	**R$3.500,00**

Nota-se que Marcelo praticamente não guarda nenhum dinheiro por mês. Alguns erros que o Marcelo cometeu:

- Permitiu-se adotar um padrão de vida que o impede de guardar ao menos 20% das receitas;
- Não investiu em conhecimento financeiro, e acabou por realizar investimentos em títulos de capitalização, que são uma péssima escolha para o cliente e uma excelente escolha para os bancos;
- Mantém um carro quitado enquanto possui dívidas que custam até 2,8% ao mês de juros.

Com base nos erros listados acima e nos conceitos discutidos até aqui, vamos desenvolver um plano de ação para o Marcelo com base nas prioridades listadas abaixo:

- Reduzir a dívida bancária;
- Definir formas de locomoção para os deslocamentos constantes;
- Diminuir as despesas fixas que não afetem os estudos das filhas;

Mês 1

No primeiro mês, as questões a serem resolvidas são a redução das despesas fixas elementares, a venda do carro quitado e a redução da dívida bancária, contraída a uma taxa de juros de 2,8% ao mês. A dívida bancária está atualmente em R$58.500,00. O seu carro tem gerado um custo com reparos de cerca de R$400,00 por mês.

Marcelo terá que:

- Sacar todo o dinheiro do título de capitalização: cerca de R$3.500,00;
- Reduzir a ajuda de custo para a atual esposa em cerca de 30%;
- Reduzir o combo de Internet, Telefone e TV em cerca de 20%;
- Reduzir o custo com supermercado em cerca de 20%;
- Reduzir as despesas variáveis em cerca de 20%;

- Reduzir o saldo devedor do empréstimo com o que foi economizado;
- Andar de transporte coletivo, táxi, Uber;

Com isso, sua situação ficará assim:

Receitas:

Retiradas mensais	R$19.000,00
TOTAL	**R$19.000,00**

Despesas:

Aluguel, água e luz	R$3.800,00	
Faculdade da filha mais velha	R$1.900,00	
Escola da segunda filha	R$1.500,00	
Ajuda de custo para as filhas	R$1.000,00	
Combo Internet, telefone e TV	~~R$550,00~~	R$440,00
Supermercado	~~R$1.000,00~~	R$800,00
Empregada doméstica	R$1.700,00	
Renegociação de dívida bancária	R$2.500,00	
Ajuda de custo para a atual esposa	~~R$2.400,00~~	R$1.680,00
Despesas variáveis (~~incluindo R$1.000,00 do carro~~)	~~R$2.600,00~~	R$1.280,00
+Transporte coletivo, táxi, Uber		R$1.000,00
TOTAL	~~R$18.950,00~~	**R$17.600,00**

Investimentos:

Título de capitalização	~~R$3.500,00~~	
TOTAL	~~R$3.500,00~~	**R$0,00**

Mês 2

No segundo mês, Marcelo terá conseguido reduzir a dívida bancária para:

R$58.500,00
+ R$1.638,00 (juros de 2,8% a.m.)
− R$3.500,00 (proveniente do resgate do título de capitalização)
− R$40.000,00 (proveniente da venda do carro)

- R$2.500,00 (parcela mensal de pagamento de renegociação da dívida)
- R$1.400,00 (proveniente do saldo em conta corrente: R$19.000,00 - R$17.600,00)
= R$12.738,00

Neste momento ele estará conseguindo guardar 7,30% (R$1.400,00 / R$19.000,00) do valor líquido da sua atividade remunerada, ainda abaixo dos 20% desejáveis. Ainda assim, todo o dinheiro guardado deverá ser usado para reduzir a dívida bancária.

Mês 3

No terceiro mês, Marcelo terá conseguido reduzir a dívida para:

   R$12.738,00
+ R$356,67 (juros de 2,8% a.m.)
- R$2.500,00 (parcela mensal de pagamento de renegociação da dívida)
- R$1.400,00 (proveniente do saldo em conta corrente: R$19.000,00 - R$17.600,00)
= R$9.194,67

Neste momento ele estará conseguindo guardar os mesmos 7,30% do mês anterior, pois todo o dinheiro guardado foi usado para reduzir a dívida bancária.

Mês 4

No quarto mês, Marcelo terá conseguido reduzir a dívida para:

   R$9.194,67
+ R$257,45 (juros de 2,8% a.m.)
- R$2.500,00 (parcela mensal de pagamento de renegociação da dívida)
- R$1.400,00 (proveniente do saldo em conta corrente: R$19.000,00 - R$17.600,00)
= R$5.552,12

Neste momento ele estará conseguindo guardar os mesmos 7,30% do mês anterior, pois todo o dinheiro guardado foi usado para reduzir a dívida bancária.

Mês 5

No quinto mês, Marcelo terá conseguido reduzir a dívida para:

   R$5.552,12
+ R$155,46 (juros de 2,8% a.m.)
− R$2.500,00 (parcela mensal de pagamento de renegociação da dívida)
− R$1.400,00 (proveniente do saldo em conta corrente: R$19.000,00 − R$17.600,00)
= R$1.807,58

Neste momento ele estará conseguindo guardar os mesmos 7,30% do mês anterior, pois todo o dinheiro guardado foi usado para reduzir a dívida bancária.

Mês 6

No sexto mês, Marcelo terá conseguido quitar a dívida:

   R$1.807,58
+ R$50,62 (juros de 2,8% a.m.)
− R$1.858,20 (parcela final de pagamento de renegociação da dívida)
= R$0,00

Neste momento, além dos R$1.400,00 provenientes do saldo em conta corrente, sobraram ainda R$641,18 (R$2.500,00 − R$1.858,20) restantes da parcela final de pagamento de renegociação de dívida. Desta forma, neste momento ele estará conseguindo guardar 10,74% ((R$1.400,00 + R$641,18) / R$19.000,00) do valor líquido da sua atividade remunerada, ainda abaixo dos 20% ideais, mas terá conseguido também quitar completamente o empréstimo bancário.

Mês 7

No sétimo mês, Marcelo ficará com a seguinte situação:

Receitas:

Retiradas mensais	R$19.000,00
TOTAL	**R$19.000,00**

Despesas:

Aluguel, água e luz	R$3.800,00	
Faculdade da filha mais velha	R$1.900,00	
Escola da segunda filha	R$1.500,00	
Ajuda de custo para as filhas	R$1.000,00	
Combo Internet, telefone e TV	~~R$550,00~~	R$440,00
Supermercado	~~R$1.000,00~~	R$800,00
Empregada doméstica	R$1.700,00	
Renegociação de dívida bancária	~~R$2.500,00~~	R$0,00
Ajuda de custo para a atual esposa	~~R$2.400,00~~	R$1.680,00
Despesas variáveis (~~incluindo R$1.000,00 do carro~~)	~~R$2.600,00~~	R$1.280,00
+Transporte coletivo, táxi, Uber		R$1.000,00
TOTAL	~~**R$18.950,00**~~	**R$15.100,00**

Investimentos:

Título de capitalização	~~R$3.500,00~~	
TOTAL	~~**R$3.500,00**~~	**R$0,00**

Neste momento, Marcelo consegue guardar R$3.900,00 (R$19.000,00 de receitas - R$15.100,00 de despesas). Isto representa 20,52% (R$3.900,00 / R$19.000,00) do valor líquido da sua atividade remunerada, o que é bom, pois é ligeiramente acima dos 20% desejáveis. Ainda assim, Marcelo continua mantendo um elevado padrão de vida. Pode ser conveniente analisar a viabilidade de reduzir ainda mais os custos com aluguel e empregada doméstica, uma vez que o seu filho irá em breve começar a frequentar creche e escola, demandando mais custos com educação.

Uma outra possibilidade é decidir com a esposa a possibilidade dela exercer uma atividade remunerada. A compra de um carro só deveria ser considerada após uma nova redução do padrão de vida, de forma que as despesas com o carro não afetem o padrão mínimo desejável de 20% de economia mensal sobre o valor líquido de sua atividade remunerada.

Para que o segundo fundamento do tripé da riqueza (ganhar dinheiro x **guardar dinheiro** x investir dinheiro) surja o efeito desejado, é necessário que você guarde ao **menos 20% do valor líquido** recebido das suas atividades remuneradas.

Suponha que você já seja bem-sucedido no ato de guardar dinheiro e entende que isto seja o suficiente para conquistar a independência financeira. Tenho uma péssima notícia para lhe dar: você está enganado. Ao não investir esse dinheiro, o mesmo perderá valor em função da inflação ao longo do tempo, podendo, em poucos anos, valer muito menos do que se guardou. Se você é um dos milhões de brasileiros que considera a aplicação em poupança a sua principal opção de investimento, lhe afirmo: a poupança é uma forma segura de perder dinheiro. Espero que você passe a concordar comigo depois de ler o próximo capítulo.

80

III – Investir dinheiro

"Perguntado sobre como havia se tornado rico, o dono do navio respondeu: minha grande riqueza eu adquiri sem dificuldades, mas minha pequena riqueza, meus primeiros ganhos, adquiri com muito trabalho."

Epiteto
Filósofo grego

O Poder dos Juros Compostos

Chegamos ao terceiro e mais importante fundamento do tripé da independência financeira: investir dinheiro.

O objetivo central de se investir dinheiro é tentar obter, no futuro, mais dinheiro do que o que foi investido. O ato de investir, portanto, envolve essencialmente abrir mão de coisas no presente para tentar obter mais coisas no futuro.

O que irá determinar o quanto o dinheiro foi bem investido será a rentabilidade auferida após determinado tempo. Quanto maior a rentabilidade, melhor terá sido o investimento. Existem investimentos com rentabilidades altamente previsíveis, enquanto que outros são altamente imprevisíveis. Normalmente, os investimentos que possuem rentabilidades imprevisíveis são os mais rentáveis, mas, como veremos adiante, os investimentos com rentabilidade altamente previsíveis também são fundamentais para se atingir a independência financeira.

Para entender de investimentos, é fundamental entender o que são juros. Existem dois tipos de juros: simples e compostos. Atribuem a seguinte frase a Albert Einstein, físico alemão considerado o maior gênio do século XX: *"Os juros compostos são a maior invenção da humanidade, porque permite uma confiável e sistemática forma de acumulação de riqueza."*

Por que Albert Einstein citou os juros compostos, e não os juros simples, na sua afirmação? Existe uma diferença sutil, mas fundamental, entre juros simples e juros compostos. Para tornar este entendimento didático, vejamos o exemplo a seguir:

Exemplo: *Uma bezerra recém-nascida demora 3 anos completos para atingir a fase adulta de parir. Uma vaca pode parir um bezerro a cada 12 meses, e pode parir até os 15 anos completos de idade.*

Se o fazendeiro vender os bezerros paridos de sua vaca pouco tempo depois que eles desmamam, ao longo de 15 anos completos, ele poderá ter vendido 13 bezerros.

Se o fazendeiro vender apenas bezerros machos (50% dos bezerros nascidos) e manter as fêmeas para futuramente procriar, ao final de 15 anos, quantos bezerros terão sido vendidos? Vejamos a tabela a seguir:

Ano	Vacas	Idade	Bezerros nascidos	Bezerros vendidos
1	Vaca 1	1 ano	-	-
2	Vaca 1	2 anos	-	-
3	Vaca 1	3 anos	-	-
4	Vaca 1	4 anos	Bezerra 2 (filha da Vaca 1)	-
5	Vaca 1	5 anos	~~Bezerro 3 (filho da Vaca 1)~~	1
	Vaca 2	1 ano		
6	Vaca 1	6 anos	Bezerra 4 (filha da Vaca 1)	-
	Vaca 2	2 anos		
7	Vaca 1	7 anos	~~Bezerro 5 (filho da Vaca 1)~~	1
	Vaca 2	3 anos		
	Vaca 4	1 ano		
8	Vaca 1	8 anos	Bezerra 6 (filha da Vaca 1)	-
	Vaca 2	4 anos	Bezerra 2.1 (filha da Vaca 2)	
	Vaca 4	2 anos		
9	Vaca 1	9 anos	~~Bezerro 7 (filho da Vaca 1)~~	2
	Vaca 2	5 anos	~~Bezerro 2.2 (filho da Vaca 2)~~	
	Vaca 4	3 anos		
	Vaca 6, Vaca 2.1	1 ano		
10	Vaca 1	10 anos	Bezerra 8 (filha da Vaca 1)	-
	Vaca 2	6 anos	Bezerra 2.3 (filha da Vaca 2)	
	Vaca 4	4 anos	Bezerra 4.1 (filha da Vaca 4)	
	Vaca 6, Vaca 2.1	2 anos		
11	Vaca 1	11 anos	~~Bezerro 9 (filho da Vaca 1)~~	3
	Vaca 2	7 anos	~~Bezerro 2.4 (filho da Vaca 2)~~	
	Vaca 4	5 anos	~~Bezerro 4.2 (filho da Vaca 4)~~	
	Vaca 6, Vaca 2.1	3 anos		
	Vaca 8, Vaca 2.3, Vaca 4.1	1 ano		
	Vaca 1	12 anos	Bezerra 10 (filha da Vaca 1)	-

12	Vaca 2	8 anos	Bezerra 2.5 (filha da Vaca 2) Bezerra 4.3 (filha da Vaca 4) Bezerra 6.1 (filha da Vaca 6) Bezerra 2.1.1 (filha da Vaca 2.1)	
	Vaca 4	6 anos		
	Vaca 6, Vaca 2.1	4 anos		
	Vaca 8, Vaca 2.3, Vaca 4.1	2 anos		
13	Vaca 1	13 anos	~~Bezerro 11 (filho da Vaca 1)~~ ~~Bezerro 2.6 (filho da Vaca 2)~~ ~~Bezerro 4.4 (filho da Vaca 4)~~ ~~Bezerro 6.2 (filho da Vaca 6)~~ ~~Bezerro 2.1.2 (filho da Vaca 2.1)~~	5
	Vaca 2	9 anos		
	Vaca 4	7 anos		
	Vaca 6, Vaca 2.1	5 anos		
	Vaca 8, Vaca 2.3, Vaca 4.1	3 anos		
	Vaca 10, Vaca 2.5, Vaca 4.3, Vaca 6.1, Vaca 2.1.1	1 ano		
14	Vaca 1	14 anos	Bezerra 11 (filha da Vaca 1) Bezerra 2.7 (filha da Vaca 2) Bezerra 4.5 (filha da Vaca 4) Bezerra 6.3 (filha da Vaca 6) Bezerra 2.1.3 (filha da Vaca 2.1) Bezerra 8.1 (filha da Vaca 8) Bezerra 2.3.1 (filha da Vaca 2.3) Bezerra 4.1.1 (filha da Vaca 4.1)	-
	Vaca 2	10 anos		
	Vaca 4	8 anos		
	Vaca 6, Vaca 2.1	6 anos		
	Vaca 8, Vaca 2.3, Vaca 4.1	4 anos		
	Vaca 10, Vaca 2.5, Vaca 4.3, Vaca 6.1, Vaca 2.1.1	2 anos		
15	Vaca 1	15 anos	~~Bezerro 12 (filho da Vaca 1)~~ ~~Bezerro 2.8 (filho da Vaca 2)~~ ~~Bezerro 4.6 (filho da Vaca 4)~~ ~~Bezerro 6.4 (filho da Vaca 6)~~ ~~Bezerro 2.1.4 (filho da Vaca 2.1)~~ ~~Bezerro 8.2 (filho da Vaca 8)~~ ~~Bezerro 2.3.2 (filho da Vaca 2.3)~~ ~~Bezerro 4.1.2 (filho da Vaca 4.1)~~	8
	Vaca 2	11 anos		
	Vaca 4	9 anos		
	Vaca 6, Vaca 2.1	7 anos		
	Vaca 8, Vaca 2.3, Vaca 4.1	5 anos		
	Vaca 10, Vaca 2.5, Vaca 4.3, Vaca 6.1, Vaca 2.1.1	3 anos		
	Vaca 11, Vaca 2.7, Vaca 4.5, Vaca 6.3, Vaca 2.1.3, Vaca 8.1, Vaca 2.3.1, Vaca 4.1.1	1 ano		
	TOTAL DE BEZERROS VENDIDOS			**20**

Observe que, mesmo vendendo metade dos bezerros (apenas os machos), ainda assim o fazendeiro teria vendido 20 bezerros, ou seja, 7 bezerros a mais que caso tivesse vendido todos os bezerros assim que os mesmos desmamassem. Adicionalmente, depois de 15 anos, o fazendeiro teria agregado em sua fazenda 21 vacas, sendo 20 delas com possibilidade de procriação futura. Por que isso acontece? No primeiro caso, o fazendeiro pensou em termos de juros simples, sem reinvestir na fazenda os bezerros gerados. No segundo caso, o fazendeiro pensou em termos de juros compostos, e reaplicou na fazenda parte dos bezerros gerados.

Os juros compostos funcionam como uma bola de neve, onde quanto maior a quantidade de neve (taxa) em uma distância a ser percorrida (tempo), maior será a bola (montante acumulado). Felizmente, a grande maioria das modalidades de investimentos rentabilizam como juros compostos.

Ainda que muitos saibam o que são juros compostos, funções exponenciais, etc., poucos visualizam o impacto a longo prazo das suas decisões. Por exemplo, sapatos de marca de luxo adquiridos por R$700,00 e raramente utilizados, não custam apenas R$700,00, mas sim R$700,00 rentabilizados a alguma taxa de juros composta, por vários anos. Entender esta dinâmica é fundamental para perceber que os pequenos valores contribuirão, e muito, para um acúmulo de patrimônio no longo prazo.

Suponhamos que, ao invés de adquirir os sapatos de R$700,00, tenhamos adquirido um bom par de sapatos em uma loja de departamentos por R$200,00. Qual seria o impacto da aplicação a longo prazo dos R$500,00 restantes?

Tabela 3 – R$ 500,00 investidos a diferentes taxas ao longo de 20 anos

ano	taxa 2% a.a.	taxa 4% a.a.	taxa 6% a.a.	taxa 8% a.a.
0	R$ 500,00	R$ 500,00	R$ 500,00	R$ 500,00
1	R$ 510,00	R$ 520,00	R$ 530,00	R$ 540,00
2	R$ 520,20	R$ 540,80	R$ 561,80	R$ 583,20
3	R$ 530,60	R$ 562,43	R$ 595,51	R$ 629,86
4	R$ 541,22	R$ 584,93	R$ 631,24	R$ 680,24
5	R$ 552,04	R$ 608,33	R$ 669,11	R$ 734,66
6	R$ 563,08	R$ 632,66	R$ 709,26	R$ 793,44
7	R$ 574,34	R$ 657,97	R$ 751,82	R$ 856,91
8	R$ 585,83	R$ 684,28	R$ 796,92	R$ 925,47
9	R$ 597,55	R$ 711,66	R$ 844,74	R$ 999,50
10	R$ 609,50	R$ 740,12	R$ 895,42	R$ 1.079,46
11	R$ 621,69	R$ 769,73	R$ 949,15	R$ 1.165,82

12	R$ 634,12	R$ 800,52	R$ 1.006,10	R$ 1.259,09
13	R$ 646,80	R$ 832,54	R$ 1.066,46	R$ 1.359,81
14	R$ 659,74	R$ 865,84	R$ 1.130,45	R$ 1.468,60
15	R$ 672,93	R$ 900,47	R$ 1.198,28	R$ 1.586,08
16	R$ 686,39	R$ 936,49	R$ 1.270,18	R$ 1.712,97
17	R$ 700,12	R$ 973,95	R$ 1.346,39	R$ 1.850,01
18	R$ 714,12	R$ 1.012,91	R$ 1.427,17	R$ 1.998,01
19	R$ 728,41	R$ 1.053,42	R$ 1.512,80	R$ 2.157,85
20	R$ 742,97	R$ 1.095,56	R$ 1.603,57	R$ 2.330,48

Agora os mesmos dados em uma representação gráfica:

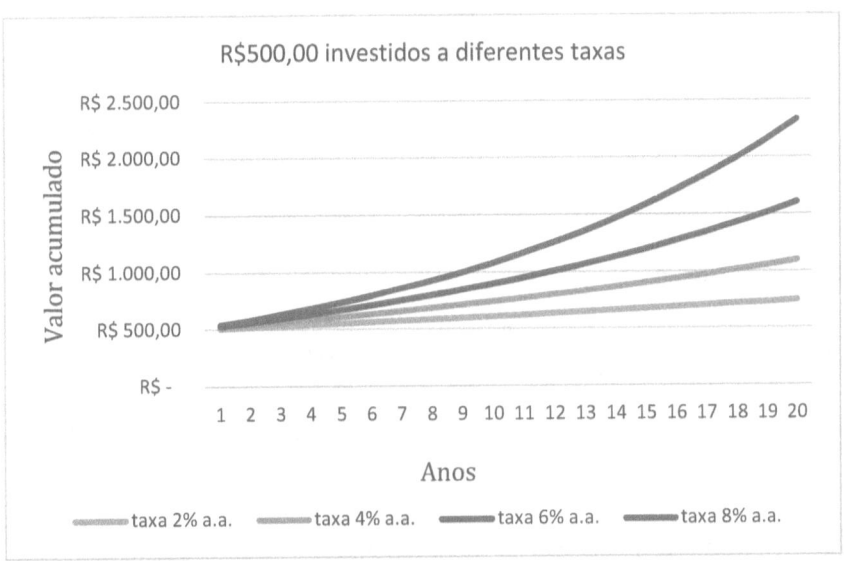

Figura 3 - Representação gráfica da tabela anterior

Nos cálculos anteriores foram consideradas diferentes taxas reais anuais de juros, descartando o componente da inflação, ou seja, o valor acumulado depois de 20 anos terá o mesmo poder de compra que nos dias atuais. Quais possíveis interpretações podemos fazer desse gráfico?

- Quanto maior a taxa, maior o valor acumulado. Ainda que as taxas cresçam linearmente, os valores acumulados em função dessas taxas crescem exponencialmente;
- Abrir mão de comprar um par de sapatos de luxo hoje pode permitir comprar até três pares de sapatos de luxo depois de 20 anos;
- Acumular R$700,00 para adquirir um par de sapatos de luxo com o dinheiro do trabalho é muito mais difícil que adquirir este mesmo par de sapatos com o dinheiro rentabilizado por investimentos;

Para saber o montante acumulado de acordo com a taxa e o tempo, em termos de juros compostos, basta recorrer à fórmula a seguir:

$$C_n = C \times (1+k)^n$$

Onde: C_n = Capital Acumulado; C = Capital Inicial;

n = Anos, k = Taxa de Juros Anual.

No exemplo anterior, para taxas de 2%, as variáveis seriam: $C = 500$, $n = 20$, $k = 2\%$ ou $0,02$. O capital acumulado C_n, portanto, seria: $C_n = 500 \times (1 + 0,02)^{20} = 742,97$. A mesma lógica vale para as demais taxas.

Podemos dizer que a taxa auferida pelo investimento é a produtividade do trabalho do dinheiro, ou seja, é um dinheiro ganho pelo próprio dinheiro.

Assim como no exemplo dos pares de sapatos de luxo, todas as despesas economizadas devem ser pensadas no impacto do longo prazo, assim como todos os investimentos.

Este tipo de pensamento costuma não estar presente nas pessoas com mentalidade de consumismo (que não necessariamente são pobres). Sobre este aspecto, costuma-se dizer que o miserável pobre planeja o uso do dinheiro para cada dia. A classe média planeja o uso do dinheiro por mês, quando recebe o salário. O rico planeja o dinheiro por ano, projetando investimentos e despesas, e o multimilionário sempre planeja seus investimentos e despesas por no mínimo 10 anos. Em outras palavras, os pobres e a classe média associam a possibilidade de aquisição de bens apenas com o dinheiro ganho pelo trabalho, subestimando (ou desconhecendo) a possibilidade de aquisição de bens com o dinheiro ganho pelo próprio dinheiro.

Rentabilidade

Bom, se a taxa é a produtividade do trabalho do dinheiro, quanto maior a taxa, mais produtivo é o dinheiro investido. O que seria uma boa taxa de rentabilidade?

No final do século XX, a revista Fortune cunhou o termo *"investment giants"* (gigantes do investimento) ao eleger os quatro maiores investidores do século XX. São eles: Warren Buffett, George Soros, John Bogle e Peter Lynch. O maior investidor de todos os tempos, Warren Buffett, conseguiu, ao longo de mais de 60 anos, obter uma taxa composta de retorno em investimentos de 20,9% ao ano (a.a.). Ninguém na história conseguiu, durante tanto tempo, obter esta taxa de rentabilidade.

Peter Lynch, ex-gestor do fundo de ações Fidelity Magellan conseguiu, entre 1977 e 1990 (período de 13 anos), obter uma taxa de 29,2% a.a., mas Peter Lynch se aposentou depois de 1990 e por isso não é possível concluir se ele poderia ter obtido uma rentabilidade maior que a de Warren Buffett em um período de tempo maior.

A princípio, 20,9% ao ano pode parecer pouco. Invariavelmente você ou alguém que você conheça possa ter conseguido investimentos que renderam muito mais do que isso em um, dois, três, quatro, quem sabe cinco anos. Talvez você tenha lido em algum lugar de investimentos que renderam 150%, 200%, 300%, 400%, 500% em um ano, dois anos, três anos. O fato é que, para pequenos intervalos de tempo, é perfeitamente possível obter taxas superiores a esta taxa. Quando um tipo de investimento, por outro lado, promete taxas reais superiores a 20,9% ao ano sem riscos durante longos períodos de tempo, desconfie de sua seriedade, pois a longo prazo este tipo de investimento faria você se tornar o homem mais rico do mundo.

Warren Buffett começou a investir aos 14 anos de idade. Ele possuía, no início de 2019 e aos 88 anos de idade, um patrimônio acumulado de US$82,5 bilhões de dólares, sendo que 80% deste valor foi obtido depois dos seus 67 anos de idade.

Não se assuste com o gráfico a seguir: ele representa, em valores nominais, a curva de crescimento patrimonial de Warren Buffett:

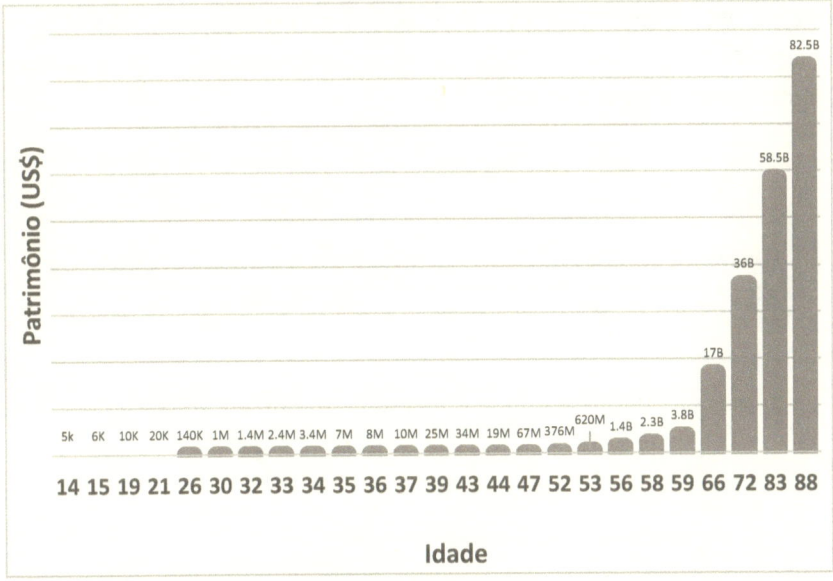

Figura 4 - Curva de crescimento patrimonial de Warren Buffett. K = mil, M = milhões, B = Bilhões
(fonte: Berkshire Hathaway)

O crescimento patrimonial de Warren Buffett segue o padrão de uma curva exponencial, típica das curvas de investimentos a juros compostos. Observe que Warren Buffett já era multimilionário antes dos 30 anos (o gráfico anterior não está ajustado pela inflação). Warren Buffett demorou 40 anos para atingir o primeiro bilhão de dólares. 5 anos depois, já tinha praticamente 4 bilhões de dólares. O fator tempo, juntamente com a taxa, foram determinantes para ele alcançar o patrimônio de US$82,5 bilhões de dólares aos 88 anos.

Apesar de na infância ter sido dono de um pequeno negócio (máquinas de Pinball), Warren Buffett costuma dizer que nunca foi um empreendedor de sucesso. Na verdade, com o dinheiro obtido das máquinas de Pinball ele passou a investir em um portfólio composto por títulos públicos do governo americano e por ações de empresas listadas nas bolsas americanas. Hoje, a sua empresa, a Berkshire Hathaway, é um conglomerado composto por empresas de capital aberto e de capital fechado.

Supondo que uma pessoa deseje acumular a quantia de R$200 mil reais, o maior desafio do processo estará em acumular os primeiros R$40 mil reais. Para ilustrar, considere que esta pessoa realiza aportes mensais de R$1.500,00, a uma taxa média de 8% ao ano. Quantos meses seriam necessários para acumular os primeiros R$40 mil reais e quantos meses seriam necessários para os últimos R$40 mil reais? Vejamos a seguir:

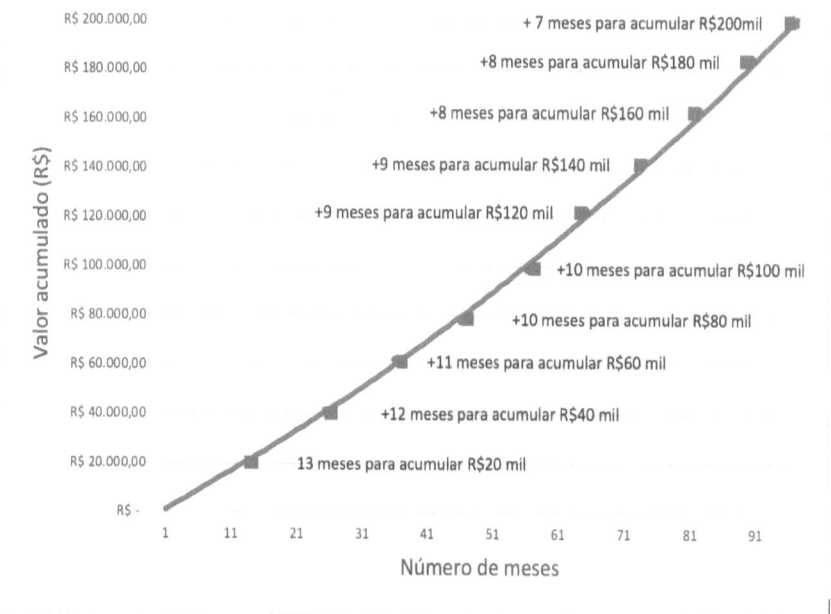

Figura 5 - Valor acumulado através de aportes mensais de R$1.500,00 a uma taxa de 8% a.a.

Observe que para se acumular os primeiros R$40 mil reais, foram necessários 25 meses de investimento, enquanto que para se acumular os últimos R$40 mil reais antes de se chegar aos R$200 mil reais, foram necessários apenas 15 meses. O tempo total para se acumular R$200 mil foi de 97 meses (8 anos e 1 mês).

Os juros compostos proporcionam um paraíso para quem investe e um inferno para quem deve. Por isso, a independência financeira somente é alcançada quando todos os três fundamentos do tripé (ganhar dinheiro, guardar dinheiro, investir dinheiro) funcionam. Se uma pessoa está endividada, a sua dívida deve ser paga antes de se pensar em investir.

Agora que já reconhecemos o poder dos juros compostos e a sua importância nos investimentos, é hora de darmos o próximo passo, que é entender a relação risco/retorno dos ativos.

Visão clássica da relação Risco / Retorno

A visão clássica da Teoria Financeira preconiza que existe uma relação de proporcionalidade positiva entre risco e retorno nos investimentos, ou seja, investimentos mais rentáveis (que haja maior probabilidade de pagar maiores taxas) tendem a ser mais arriscados. A típica curva apresentada a seguir indica que para cada retorno adicional em determinado tipo de investimento, o nível de risco associado aumenta exponencialmente:

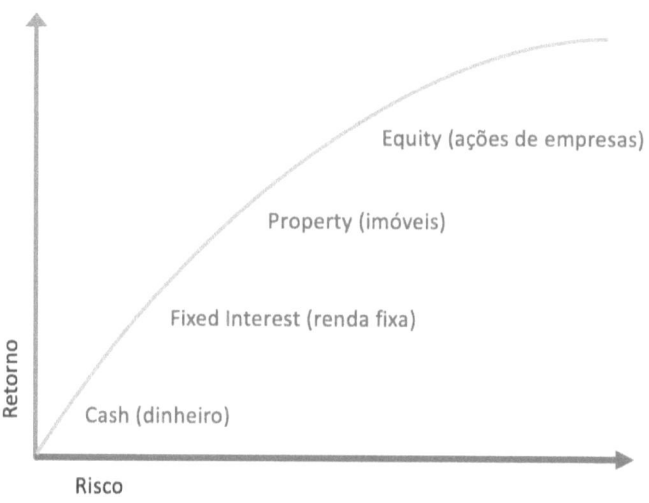

Figura 6 – Visão clássica sobre a relação de proporcionalidade entre risco e retorno

Esta visão clássica nos diz que, ao manter dinheiro em caixa, o investidor estará incorrendo em poucos riscos, mas também terá pouco ou nenhum retorno financeiro sobre este dinheiro. À medida que o dinheiro é investido em formas de investimentos com maiores incertezas (mais voláteis), aumenta-se também o retorno sobre o dinheiro investido.

O economista Howard Stanley Marks (que também é escritor e co-fundador da Oaktree Capital Management) adicionou uma visão mais abrangente sobre a questão da relação risco/retorno. Apesar da volatilidade, que é um dos componentes do risco, ser quantificável, ou seja, ser expressa em valores matemáticos, ela por si só não representa o real sentido do risco. Howard Marks não acredita que a maior parte dos investidores teme a volatilidade. O que eles realmente temem é a perda permanente de capital. Esta aversão também é explicada pela Finanças Comportamentais, que estuda os efeitos de fatores psicológicos, sociais, cognitivos, emocionais e econômicos nas decisões de indivíduos e instituições.

Investimentos especulativos, por definição, não garantem retornos elevados, porém tais retornos podem ocorrer. Portanto, para Marks, quanto maior o risco, maior a possibilidade de retorno, bem como a possibilidade de perda. A palavra "possibilidade" é o grande diferencial que Marks traz frente a visão clássica da Teoria Financeira.

Um gráfico de relação risco/retorno, de acordo com Howard Marks, teria a configuração a seguir:

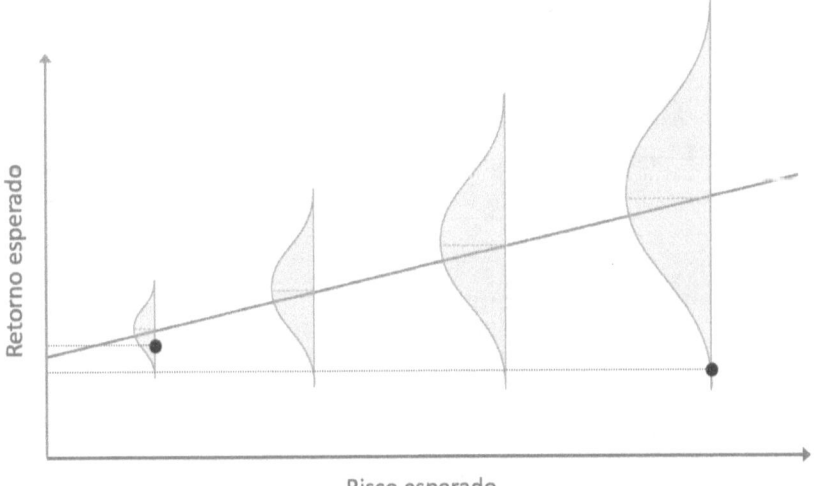

Figura 7 - Relação risco/retorno na visão de Howard Marks

Com essa visão adaptada, Howard Marks propõe que os retornos dos investimentos estão associados ao futuro e este é incerto, então não há uma única possibilidade de retorno em uma faixa de risco. Ao criar diversas possibilidades, ele expressa de maneira muito mais confiável a realidade. Como pôde ser visto no gráfico anterior, os tipos de investimentos com maior risco esperado podem ter retornos inferiores a retornos de tipos de investimentos com menor risco esperado.

As pessoas podem se perguntar por que não investir apenas em ativos que historicamente oferecem os maiores retornos. A explicação para isto é que portfólios de investimentos formados apenas por um tipo de ativo historicamente mais rentável não necessariamente é mais rentável e, evidentemente menos arriscado, que um portfólio formado por diferentes ativos com variados níveis de risco e descorrelacionados. Há diversas teorias fundamentadas na matemática por trás dessa conclusão, mas há também a questão comportamental do ser humano, que necessita de recursos para curto, médio e longo prazos, situação esta que exemplificarei com a história a seguir:

Exemplo: *A Crise de 1929 foi uma grande depressão econômica que teve início naquele ano, persistindo ao longo da década de 1930 e terminando apenas com a Segunda Guerra Mundial. É considerada a maior crise econômica da história moderna. Mais recentemente, no ano de 2008, o mundo vivenciou aquela que é considerada a segunda maior crise, e que ficou conhecida como a Grande Recessão, ou crise do subprime. Eu não era vivo em 1929, mas já era investidor em 2008, então posso relatar como foi a minha experiência durante esse período.*

O período de 2003 a 2007 foi marcado pela expressiva valorização dos ativos da bolsa brasileira, principalmente das empresas atreladas diretamente ou indiretamente com a produção e comercialização de commodities, como petrolíferas, mineradoras, metalúrgicas, petroquímicas, papel e celulose.

Por coincidência, no final do ano de 2003 eu tinha acabado de ser aprovado no meu primeiro estágio remunerado, ainda na faculdade, e assim como qualquer pessoa, pretendia multiplicar o dinheiro que guardava da forma mais rápida possível. O caminho escolhido acabou sendo alocar 100% do que guardava em ações da bolsa de valores, pois o Ibovespa já tinha valorizado perto de 90% somente em 2003.

Naquela altura eu tinha um conhecimento superficial sobre investimento em ações, e minhas primeiras fontes de informação propagandeavam o uso da análise técnica e do day trade (processo de comprar e vender de ações em um intervalo curto de tempo, como horas ou dias). Minhas primeiras ações escolhidas foram da Petrobras e do Banco do Brasil, não por razões fundamentalistas, mas por que muitas pessoas falavam dessas empresas. Uma simples valorização de 5% foi o suficiente para que eu vendesse as ações. Investi também em ações da Paranapanema, Telebrás, Plascar, Kepler Weber, Usiminas e Companhia Siderúrgica Nacional. O resultado foi que, depois de diversas compras e vendas, e mesmo a bolsa tendo vivenciado de 2003 a 2007 um período de expressiva valorização, meu retorno foi positivo, mas inexpressivo.

Chegando em 2008, depois de cinco anos seguidos de alta na bolsa e já com um emprego bem remunerado, alocava todo o dinheiro que guardava em ações, confiante de que conseguiria finalmente ter um bom retorno. Em junho de 2008 comprei meu primeiro carro, com seis anos de uso. Meu casamento estava planejado para ocorrer em junho de 2009, e queria garantir a lua de mel na Europa com a valorização das ações. O resultado, como todos hoje sabem, foi outro. Os meses de setembro/2008 e outubro/2008 foram terríveis, derrubando as bolsas do mundo todo. Meu patrimônio líquido reduziu em cerca de 50%. Como agravante, as despesas do casamento, da lua de mel e da mobília para o apartamento que acabara de alugar já chegavam, e não me restava outra alternativa a não ser vender grande parte das ações. Não deixei de casar e nem deixei de lado a lua de mel, mas passei por um grande e necessário aprendizado, que hoje considero um diferencial sobre quem está começando a investir.

O episódio narrado serve para ilustrar um dos motivos da necessidade de diversificação, especialmente para quem ainda está na jornada para alcançar a independência financeira: necessidades de curto prazo não devem ser supridas por capital de investimentos de alta volatilidade, sendo necessário estabelecer alocações para reserva de emergência e necessidades de médio prazo.

Como forma ilustrativa, o gráfico a seguir representa a valorização do índice Ibovespa de 1995 (primeiro ano completo da implantação do Plano Real) até 2018, com destaque para o período de 2003 a 2007. Observem que, a despeito da volatilidade do índice Ibovespa, ao longo dos últimos 24 anos ele apresentou uma tendência positiva expressiva, com 14 anos em alta e 10 anos em queda:

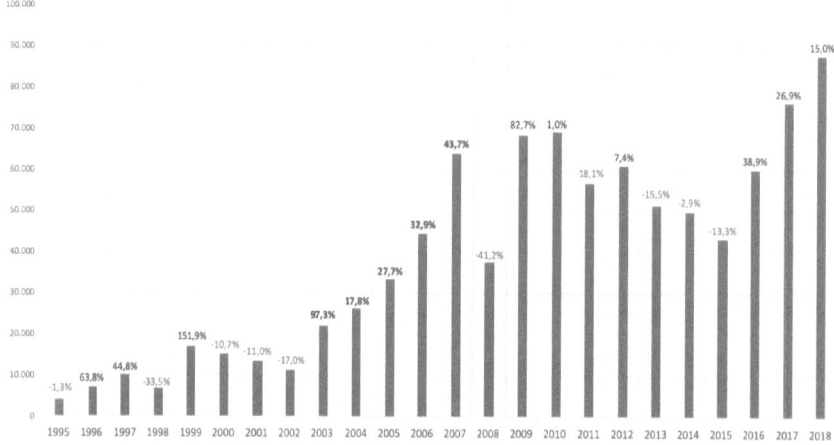

Figura 8 - Valorização do índice Ibovespa de 1995 a 2018 (Fonte: B3)

Observe que, de acordo com esta curva, quem investiu um grande capital na bolsa de valores no ano de 2000 e necessitasse deste capital em 2002, teria amargado, na média, um prejuízo de aproximadamente 43%, fora a perda com a inflação no período. O mesmo ocorreria com quem tivesse investido em 2013 e necessitasse resgatar em 2015. Neste caso, o prejuízo seria de aproximadamente 35% mais as perdas com a inflação.

Uma breve lição sobre o investimento em ações é que você deve ouvir com cautela conselhos de jovens investidores que nunca passaram por momentos de crises financeiras macroeconômicas. Invariavelmente eles terão começado a investir durante um ciclo de alta de mercado. Por exemplo, no ano em que escrevo este livro (2019), a bolsa de valores superou, pela primeira vez na história do Brasil, um milhão de pessoas físicas inscritas, fato este que ocorreu depois de três anos seguidos de alta no mercado (2016, 2017, 2018). Racionalmente, o correto seria este recorde ter sido atingido em um período onde a bolsa estava em um período de baixa.

O comportamento comum dos jovens investidores (que não necessariamente são investidores jovens) é ter a tendência de subestimar os efeitos, não só financeiros, mas emocionais que as crises causam. Não obstante, muitos investidores não investem em renda variável por que um dia ficaram traumatizados com a volatilidade. Os conselhos de investidores com décadas de investimento serão os mais preciosos, como este de Warren Buffett: *"Tenha medo quando os outros estão gananciosos e ganância quando os outros estão temerosos"*.

Diversificação de Investimentos

Todas as nuances que o mercado financeiro traz dão fundamento para o famoso ditado popular que diz que *"não se deve colocar todos os ovos na mesma cesta"*. Ele reflete de forma bem simplificada a ideia por trás da diversificação de investimentos, que é uma técnica que objetiva a diluição de riscos e a maximização de ganhos. De nada adianta, porém, colocar os ovos em cestas diferentes se estas cestas forem feitas por um mesmo fabricante e do mesmo material. Afinal, a cesta pode não ser de boa qualidade.

A diversificação ideal de um portfólio de investimentos envolve a escolha de ativos que ofereçam o melhor retorno possível para o menor risco possível, sendo que estes ativos devem possuir a menor relação possível de riscos em comum.

Para se chegar a este objetivo, devemos responder a perguntas do tipo:

1. O que é risco? Como quantificar o risco?
2. O que é correlação entre ativos? Como quantificar a correlação? Como identificar ativos com correlação negativa?
3. Qual percentual de alocação deve ser adotado entre os diferentes ativos?
4. Como realizar o balanceamento periódico entre os diferentes ativos?

Pensando nestas questões, vários economistas se debruçaram sobre o tema, destacando-se Harry Max Markowitz, William Forsyth Sharpe e Merton Howard Miller (ganhadores do prêmio Nobel de Economia em 1990). Desses estudos emergiu o que hoje é conhecido como Teoria Moderna do Portfólio, ou simplesmente, Teoria do Portfólio.

A Teoria do Portfólio mostra que o risco de uma carteira não é dado simplesmente pela média do risco dos ativos individuais, pois é preciso considerar a correlação existente entre os ativos. Sendo assim, pode-se dizer que a "palavra-chave" que permeia esta teoria é o conceito de diversificação com o intuito de reduzir o risco da carteira.

A Teoria do Portfólio estabelece que decisões relacionadas à seleção de investimentos devam ser tomadas com base na relação risco/retorno. Um problema bastante comum no mercado financeiro é a tendência de as pessoas observarem apenas a rentabilidade dos investimentos. A pergunta que as pessoas mais fazem é: *"quais são os investimentos que oferecem o maior retorno possível?"*. Essa é quase sempre uma afirmação enganosa, pois retorno passado não é garantia de retorno futuro e, principalmente, de nada adianta olhar apenas para o retorno, ignorando a volatilidade e o risco assumido da carteira de investimentos.

Dessa forma, a pergunta correta que as pessoas deveriam fazer é: *"quais são os investimentos que oferecem o maior retorno possível para o menor risco possível?"* Para responde-la, é necessário saber o que é risco e como quantificá-lo.

Risco

O risco é a composição de uma série de fatores de risco. Um fator de risco é um acontecimento, ou fato, que influencia no retorno esperado do investimento, no curto, médio ou longo prazo. Em outras palavras, o acontecimento ou fato irá afetar as probabilidades futuras de perda ou de ganho no investimento. Quanto maior a probabilidade de perda, maior o risco, e quanto menor a probabilidade de perda, mais seguro é o investimento.

No mercado financeiro, os fatores de risco mais comuns são:

- **Sistêmico**: são aqueles que afetam a economia de modo geral, como guerras, escassez, descontrole fiscal, instabilidade política etc.;
- **Volatilidade**: é a intensidade da variação do preço dos ativos em um intervalo de tempo. Quanto maior, maior é o fator de risco. É ocasionada pelas variações cambiais, preço das *commodities*, taxas de juros e preços dos ativos;
- **Crédito ou ausência de garantias**: possibilidade de o emissor do tipo de investimento não cumprir com o pagamento das remunerações estabelecidas;
- **Liquidez**: quanto maior a dificuldade de negociação do investimento, pior;
- **Operacional**: representa as falhas operacionais as quais o investimento está sujeito.

Existem investimentos que são altamente voláteis no curto e médio prazo, mas historicamente altamente rentáveis no longo prazo. Para estes, o fator de risco volatilidade é tolerável de acordo com a necessidade de resgate do investimento.

Existem ainda os investimentos que são altamente voláteis no curto e médio prazo e historicamente pouco rentáveis no longo prazo. Estes podem ser considerados investimentos especulativos.

Por que então a volatilidade é considerada um fator de risco, mesmo para o caso dos ativos altamente voláteis, mas que são historicamente rentáveis no longo prazo?

Imagine que você esteja planejando adquirir determinado ativo para investir, mas os seus preços apresentam uma variação (volatilidade) muito alta. Neste caso você corre o risco de acabar pagando mais caro por este ativo em determinado período do tempo. O mesmo vale para os casos em que desejamos vender um ativo: quando a volatilidade é alta, corremos maior risco de vendê-lo a um preço mais baixo que o normal.

Existem diversas maneiras de estimar a volatilidade de um ativo em termos matemáticos: análise do desvio padrão histórico, alisamento exponencial (EWMA), modelos de heteroscedasticidade condicional auto-regressiva generalizada (GARCH), modelos de volatilidade estocástica, etc. Não é objetivo do livro explicar estes modelos matemáticos. O leitor precisa apenas ter em mente que a volatilidade, em termos matemáticos, é um número que expressa a intensidade de variação de preço de um ativo em determinado período. Quanto maior este número, maior a volatilidade. Quanto menor, menor é a volatilidade e, consequentemente, menor o risco.

Uma outra pergunta que as pessoas podem fazer é: existem investimentos livres de qualquer risco?

No mercado financeiro, existe o que os economistas chamam de investimento risco zero ou livre de risco (no inglês, *risk free*). Essa é uma denominação usada para fazer referência aos investimentos mais seguros de uma determinada economia, ou seja, aqueles em que as pessoas com um perfil extremamente conservador tendem a escolher.

Esse conceito de risco zero existe porque nenhum investidor consciente optaria por um investimento que tem um retorno menor do que os investimentos livres de risco. Se um determinado produto financeiro oferece uma rentabilidade mais baixa do que um investimento livre de risco, a escolha inteligente é permanecer com o investimento livre de risco. Na economia brasileira, o ativo que mais se enquadra nessa categoria são os títulos públicos do governo federal, em especial os pós-fixados (Tesouro Selic). Na economia americana, são os Títulos do Tesouro Americano, em especial os *Bills*.

Pensando em uma forma de quantificar a relação risco/retorno através da volatilidade, William Sharpe criou o que ficou conhecido como Índice Sharpe. Seu objetivo é indicar (ou pelo menos dar uma ideia de) qual foi o "retorno ajustado ao risco corrido" de diferentes investimentos e facilitar as escolhas dos investidores.

O índice Sharpe pode ser calculado a partir da seguinte fórmula:

$$IS = (R_i - R_f) / (\sigma_i)$$

Onde:

IS = Índice de Sharpe; $\quad\quad$ R_i = Retorno do ativo avaliado;

R_f = Retorno livre de riso (*risk free*)

σ_i = Risco do ativo avaliado (a letra grega sigma representa volatilidade)

Para o Índice de Sharpe ser calculado, precisamos de três informações:

- O retorno de um investimento livre de risco (R_f);
- O retorno do investimento analisado (R_i);
- A volatilidade do investimento analisado (σ_i).

Com essas três informações, tudo o que é necessário fazer é subtrair do retorno do investimento analisado (R_i) o retorno do investimento livre de risco (R_f) e dividir o resultado pela volatilidade do investimento analisado (σ_i). O resultado será um número que representa o Índice de Sharpe desse investimento. Deve-se sempre considerar valores anualizados.

Exemplo: *Um fundo multimercado X possui um retorno histórico anualizado nos últimos 5 anos de 18,89%. Neste período, o retorno anualizado do Tesouro*

Selic foi de 11,08%, e a volatilidade anual do fundo X foi de 10,08%. Qual o índice Sharpe do fundo X?

Resposta:

Índice Sharpe (IS) = (Retorno do fundo avaliado − Retorno livre de risco) / Risco do fundo avaliado

Índice Sharpe (IS) = (0,1889 − 0,1108) / (0,1008)

Índice Sharpe (IS) = 0,78

Ainda levando em consideração o exemplo anterior, suponha que tenhamos calculado o Índice Sharpe de outros três fundos multimercado, conforme tabela a seguir:

	Tesouro Selic	Fundo X	Fundo Y	Fundo Z	Fundo W
Retorno total	66,16%	130,83%	75,86%	73,19%	79,03%
Retorno anualizado	11,08%	18,89%	12,39%	12,03%	12,81%
Risco (volatilidade)	0,45%	10,08%	3,39%	6,09%	4,16%
Índice Sharpe	-	0,78	0,39	0,16	0,41

Tomando como parâmetro a tabela anterior, qual a informação-chave que o Índice Sharpe nos passa? Ele mede qual é a relação entre o retorno excedente ao ativo livre de risco e a volatilidade. Em outras palavras, para cada 1% de risco que o investidor correu no passado com o Fundo X ele obteve um retorno de 0,78% anual de rentabilidade acima daquela recebida se tivesse optado por um investimento livre de risco (Tesouro Selic).

Observe que todos os fundos multimercados ofereceram um retorno acima do Tesouro Selic no período. Entretanto, note também que o Risco (medido através da volatilidade) foi bem superior ao Tesouro Selic.

No longo prazo é difícil encontrar um fundo multimercado com Índice de Sharpe superior a 1,00. Este número indicaria que para cada 1% de retorno anual em excesso o fundo apresentou um acréscimo de apenas 1% de risco. Exemplificando, imagine que a rentabilidade anual do Tesouro Selic fosse 10% e um dado fundo tivesse rentabilidade anual de 20% e risco de 10%. Logo, ele teria um Índice de Sharpe de 1,00 [(0,20 – 0,10) / (0,10)]. Esta é uma relação não muito comum porque quanto maior o retorno de um ativo, seu nível de risco tende a ser relativamente maior. E esta é uma relação que cresce exponencialmente, e não linearmente.

Não existe um número apropriado para determinar um bom Índice de Sharpe, mas podemos generalizar acreditando que acima de 0,50 teremos uma boa relação risco/retorno. Afinal, para cada 1% de retorno em excesso teremos 2% de acréscimo no nível de risco.

Princípio da Dominância

Todo ativo, visto de maneira isolada, possui uma relação risco/retorno intrínseca, mensurável através do Índice de Sharpe. Um investidor racional sempre prefere o investimento que proporcione o maior retorno esperado para o mesmo nível de risco, ou de forma inversa, o menor risco para o mesmo retorno esperado. Essa é a base do entendimento para o que Markowitz chamou de Princípio da Dominância.

Por exemplo: suponha que o Tesouro Selic esteja rendendo 10% ao ano. Se uma pessoa empreender em um negócio próprio, cuja expectativa de lucro é de 10% ou menos ao ano sobre o capital investido no negócio, é melhor não investir no negócio próprio, pois é melhor obter um retorno maior ou igual com menos risco investindo em Tesouro Selic.

Considere em um cenário hipotético que tenhamos quatro opções de investimento: 1, 2, 3 e 4. Cada uma destas opções possui uma relação risco/retorno distinta, conforme a figura abaixo:

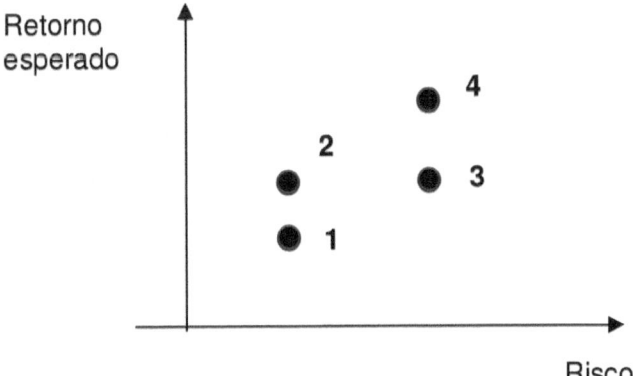

Figura 9 - Princípio da dominância na relação risco/retorno

Com base no Princípio da Dominância, é possível tirarmos algumas conclusões:

- O investimento 2 domina o investimento 1, pois oferece um maior retorno esperado com o mesmo risco;
- O investimento 2 domina o investimento 3, pois oferece o mesmo retorno esperado com um menor risco;
- O investimento 4 domina o investimento 3, pois oferece um maior retorno esperado com o mesmo risco;

Um investidor racional descartaria as opções de investimento 1 e 3, pois conseguiria uma relação risco/retorno melhor investindo nos investimentos 2 e 4. Nada pode-se dizer, contudo, sobre a comparação entre os investimentos 2 e 4, uma vez que a escolha de um desses investimentos dependerá do nível de aversão ao risco do investidor.

Princípio da Mínima Variância e Fronteira Eficiente

Ao aplicarmos o Princípio da Dominância para todas as combinações possíveis de ativos em um portfólio, chegamos a um dos pontos principais da Teoria do Portfólio: a "Carteira de Mínima Variância" (CMV).

O processo para encontrar a carteira de mínima variância (CMV) se resume em encontrar o portfólio ótimo através de um ponto de mínimo (derivada). Este portfólio será o de menor desvio-padrão (variância) dentre todas as combinações possíveis. O termo variância aqui refere-se como uma das formas de se calcular a volatilidade, e pode ser entendido, de maneira simplista, como sinônimos. A volatilidade é uma das formas de se mensurar o risco.

A partir da CMV, se fizermos um ponto em todas as combinações de ativos que possuem o menor nível de risco (mensurado através do desvio-padrão) para qualquer retorno superior ao da CMV, obteremos a "Fronteira Eficiente de Markowitz".

Tanto a carteira de mínima variância, quanto a fronteira eficiente, são expressas no gráfico a seguir:

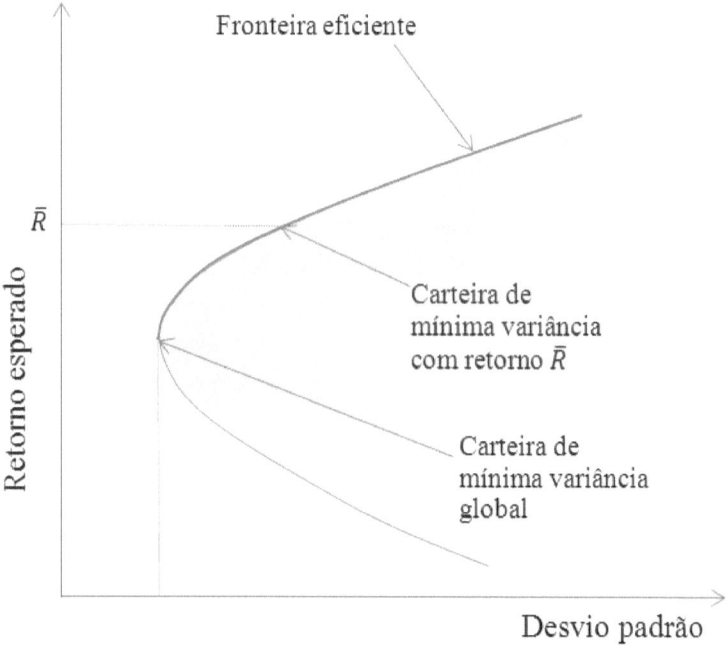

Figura 10 - Fronteira eficiente e Carteira de Mínima Variância.

A principal conclusão sobre a Teoria do Portfólio é que a carteira ótima (Carteira da Mínima Variância) para um determinado nível de risco deverá ser composta por ativos dominadores (obtidos através da aplicação do Princípio da Dominância), que estarão naturalmente presentes na Fronteira Eficiente (mais próximos de Norte-Oeste) e cujo melhor retorno possível será obtido através de uma combinação de pesos entre os ativos.

Ainda que a Teoria do Portfólio tenha trazido excelentes contribuições sobre as vantagens de se ter uma carteira diversificada, ela possui alguns contrapontos. Um deles é considerar a volatilidade como única medida de mensuração do risco. Na visão do escritor e investidor Nassim Taleb, volatilidade e risco são conceitos diferentes, sendo o risco uma grandeza difícil e complexa de se medir, sendo impossível mensurar a possibilidade de ocorrência de eventos raros, ou "Cisnes Negros". Isto por que os modelos estatísticos simplesmente não conseguem contemplar todas as possibilidades de fatos e muitas vezes alguns riscos são ignorados. Por exemplo, até 10 de setembro de 2001, o fator de risco "queda das Torres Gêmeas" possuía "volatilidade" praticamente igual a zero. No dia 11 de setembro de 2001, este risco simplesmente se materializou. Outra crítica é que as mensurações sobre o retorno esperado são feitas com base em resultados passados, e as previsões sobre estes resultados podem não se repetir.

Outros investidores, como Warren Buffett, entendem que a melhor forma de reduzir o risco de uma carteira é investir em ativos cujos negócios estejam dentro do seu círculo de competência, ou seja, quanto mais se conhecer sobre o tipo de negócio das empresas que investe, mais se reduzirá o risco total da carteira.

Ainda que os contrapontos apontados por Taleb e Buffett sejam pertinentes, ambos defendem, sob outras óticas, a diversificação nos investimentos. Voltaremos a discutir o assunto no capítulo específico sobre carteira de investimentos.

Matriz de tipos de investimentos

Uma das primeiras dificuldades que encontrei quando comecei a me interessar por investimentos foi tentar identificar quais tipos de investimentos, de fato, eram bons para se investir. Lembro-me bem que, logo depois de ter aberto a minha primeira conta em um banco, fui abordado pelo gerente de contas para investir em um título de capitalização. Alguns meses depois, percebi que aquele pseudo-investimento favorecia muito mais ao banco do que ao próprio investidor.

Decerto que, ao longo do período em que estiver investindo, será extremamente comum o leitor ser abordado por bancos e por corretoras para investir nos tipos de investimentos que mais favorecem a eles mesmos. Essa abordagem poderá ser, até mesmo, através de conteúdos patrocinados colocados discretamente nos principais meios de divulgação. Separar o joio do trigo, portanto, pode não ser uma tarefa tão fácil.

Pensando nessa problemática, elaborei a matriz de tipos de investimentos a seguir, com o objetivo de classificar os tipos de investimentos mais comumente disponíveis. A intenção é simplificar a análise do leitor para que o mesmo direcione seus esforços na alocação de capital naqueles tipos de investimentos cuja relação risco/retorno historicamente seja mais favorável ao investimento, não só levando em conta a volatilidade como fator de risco, mas também o risco sistêmico, de crédito, o risco de liquidez e o risco operacional:

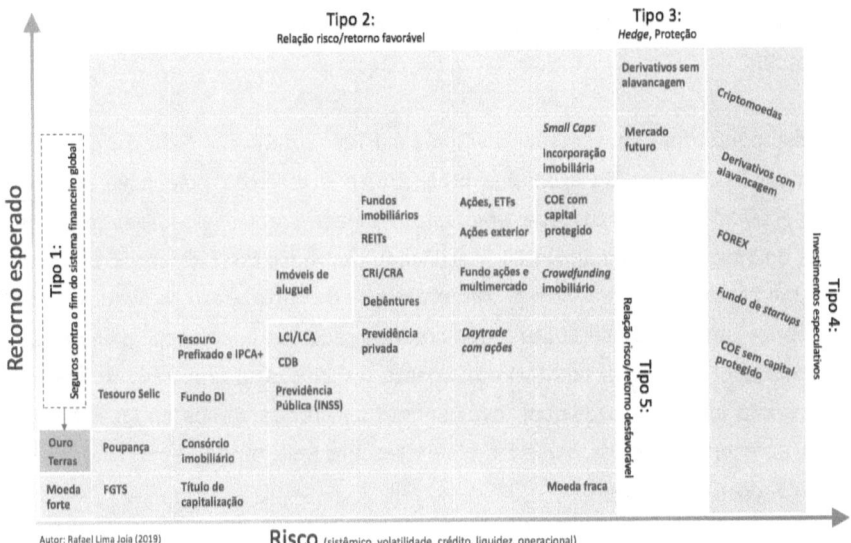

Figura 11 - Diferentes tipos de investimento e a sua relação risco e retorno. (Fonte: o autor)

Tipo 1 (Seguros contra o fim do sistema financeiro)

São aqueles que, ao longo de milênios, sempre mantiveram valor, sobrevivendo a praticamente todas as eras históricas (Idade Antiga, Média, Moderna, Contemporânea), de diferentes culturas. São porto-seguros contra qualquer tipo de crise, mas possuem baixa liquidez e baixo retorno histórico. Podem ser opções de investimento em um portfólio diversificado.

Tipo 2 (Relação risco/retorno favorável)

São aqueles cuja relação risco/retorno historicamente é mais favorável e cuja rentabilidade não é tão afetada com taxas, comissões e impostos, oferecendo, em alguns casos, isenções de impostos que os diferenciam dos demais tipos de investimento. Aqui é onde se encontram os investimentos ideais para se atingir a independência financeira como investidor. Warren Buffett, através de Ações e Títulos públicos, John Bogle através de ETFs e Peter Lynch através de Ações,

Títulos públicos e Small Caps, fizeram fama e riqueza através de investimentos do Tipo 2.

O investimento mais conservador do Tipo 2 é o Tesouro Selic. A Selic é a principal taxa de juros pública da economia brasileira, e é utilizada pelo governo para remunerar aqueles bancos que emprestam dinheiro entre si utilizando-se de títulos do Tesouro Nacional. O CDI (Certificado de Depósitos Interbancários) tem a mesma função, mas se refere aos empréstimos de curto prazo realizados entre os próprios bancos que se utilizam dos próprios recursos dos bancos ao invés de um título do Tesouro Nacional. Normalmente o CDI possui uma taxa de menos 0,2% a.a. que a Selic. Qualquer investimento que renda menos ou igual à taxa Selic e apresente maior risco que o título do Tesouro Selic tende a ser uma escolha ruim, com raras exceções.

Tipo 3 (Hedge, Proteção)

Os investimentos deste tipo foram criados para proteger a carteira de investimentos de eventos futuros que são influenciados por fatores como variações cambiais, preço das *commodities*, taxas de juros e preços dos ativos. Neste sentido, podem ser utilizados por investidores sofisticados e por empresas. Por exemplo: empresas exportadoras podem utilizar investimentos deste tipo para proteger o preço de venda de seus produtos da variação cambial.

George Soros, através de instrumentos Derivativos com e sem alavancagem e Mercado Futuro fez fama e riqueza em investimentos do Tipo 3 e 4.

Para os investidores que ainda não atingiram a independência financeira ou que ainda tenham o patrimônio em formação, a utilização deste tipo de investimento é dispensável, pois a sua utilização é complexa e nem sempre é garantia de resultado. A proteção da carteira também pode ser obtida de outras maneiras, em especial com uma eficiente diversificação dos ativos. Alguns investidores utilizam-se deste tipo de investimento para especular, alocando muitas vezes um grande percentual do patrimônio, o que, na maioria das vezes, ocasiona perda significativa do capital investido.

Tipo 4 (investimentos especulativos)

Os investimentos do Tipo 4 são aqueles em que os especuladores investem o seu capital visando auferir ganhos espetaculares, mesmo que para isso corram o risco de perder todo ou até mesmo mais do que o capital investido. São os investimentos deste tipo que encontramos fatores de risco amplificados, assim como possibilidade de retornos elevados.

Curiosamente, no ano em que escrevo este livro (2019), existem mais investidores ativos em criptomoedas no Brasil do que investidores em títulos do Tesouro Nacional e de ações da bolsa de valores juntos (excluindo fundos de ações). Este fato demonstra que a grande maioria das pessoas busca ganhos imediatos em investimentos especulativos ao invés de buscar ganhos consistentes para médio e longo prazo em investimentos com relação risco/retorno favorável.

Sobre os investimentos deste tipo, vale citar a Barbell Strategy (ou estratégia Barbell), defendida pelo investidor e escritor Nassim Taleb. Esta estratégia consiste em alocar a maior parte do seu capital (70%-90%) em ativos extremamente seguros, como Tesouro Selic e ações de empresas consolidadas, e o restante (10%-30%) em ativos extremamente arriscados e especulativos, como os do Tipo 4. A ideia central dessa estratégia é permitir que o investidor proteja a maior parte do seu capital enquanto corre grande risco com uma pequena parcela, que pode resultar em grandes retornos. A parcela de risco pode ser diversificada em diferentes tipos de investimentos especulativos. Mesmo que a grande maioria destes investimentos especulativos ocasionem a perda permanente do capital investido, alguns deles poderão gerar ganhos espetaculares, capazes de suplantar o prejuízo dos demais investimentos especulativos.

Como contraponto à Barbell Strategy, é importante que o leitor saiba que o retorno esperado por esta estratégia é bem inconclusivo, uma vez que não há estudos históricos capazes de comprovar que ela é mais eficiente do que um portfólio diversificado por ativos de relação risco/retorno historicamente favorável.

Tipo 5 (relação risco/retorno desfavorável)

Os investimentos do Tipo 5 possuem uma relação risco/retorno desfavorável, beneficiando mais o governo através do pagamento compulsório de impostos, bancos e corretoras através das taxas cobradas ou terceiros que precisam de crédito através da captação de empréstimos. Já que favorecem mais os outros do que o próprio investidor, são os mais divulgados. Não à toa, são os investimentos mais adotados pela expressiva maioria da população.

A Poupança é o tipo de investimento mais popular no Brasil, e apresenta uma rentabilidade histórica muito inferior ao Tesouro Selic, que é menos arriscado e mais rentável (pelo Princípio da Dominância, a Poupança deve ser uma opção descartada). Em 2018, a rentabilidade da Poupança mal conseguiu cobrir a inflação. Trata-se, portanto, de uma maneira segura de perder dinheiro, e não deveria ser considerada como uma opção de investimento.

O Fundo DI, por exemplo, é um fundo que compra títulos do Tesouro Selic com uma taxa de administração embutida. Por isso, quase sempre, investir em um Fundo DI é pior do que investir no Tesouro Selic. A exceção ocorre quando o Fundo DI possui baixíssima taxa de administração (0,2% a.a. ou menos, às vezes menor do que a própria taxa do Tesouro Nacional) e liquidez diária. Esses fundos, contudo, dificilmente são disponibilizados por bancos tradicionais, sendo mais fácil encontra-los em corretoras. Se o Fundo DI possuir estas características (liquidez diária e baixíssima taxa de administração), ele acabará sendo um investimento do Tipo 2.

De forma similar, os investimentos em CDB, LCI/LCA somente se enquadrariam como do Tipo 2 se forem oferecidos com baixíssima taxa de administração e emitidos por bancos de médio e grande porte, com rentabilidade que exceda o CDI. Os CDBs, LCI/LCA ainda possuem o respaldo do Fundo Garantidor de Crédito (FGC), que cobre as perdas até um certo valor, no caso de falência das instituições emissoras destes títulos de investimento.

As CRI/CRA e debêntures incentivadas (isentas de imposto de renda), se encontram no Tipo 5 por que faz mais sentido investir nessas modalidades através de fundos imobiliários de papel, que são compostos por aplicações financeiras do setor imobiliário, tais como CRI e algumas debêntures. Os fundos imobiliários de papel possuem maior liquidez, maior diversificação, um gestor profissional e também não pagam imposto de renda sobre os rendimentos.

Mesmo os fundos de ações ou de multimercado se enquadram no Tipo 5, pois a longo prazo apresentam uma rentabilidade líquida muito prejudicada pelas taxas, sendo que a grande maioria deles perde inclusive para os índices de ações. Exemplificando, se um fundo de ações replicasse a carteira de investimentos de Warren Buffett, mas cobrasse 2% a.a. de taxa de administração (que incide mesmo nos casos de rentabilidade negativa) e 20% de taxa de performance sobre o que excedesse o S&P-500 (principal índice de ações dos Estados Unidos), o patrimônio líquido deste fundo seria 80% menor que o patrimônio líquido de Warren Buffett. Isto enriqueceria muito mais o gestor do fundo do que o próprio investidor. Convenientemente, estas são as taxas comumente cobradas pelos fundos de ações e de multimercado no Brasil.

Os fundos de ações e multimercado também não possuem qualquer isenção de imposto de renda, sendo taxados em 15% sobre o lucro, independentemente do montante resgatado.

A Previdência Privada, tanto na modalidade PGBL quanto na modalidade VGBL, são instrumentos de investimento carregados com taxas e impostos altos e poucos benefícios. Para efeitos de comparação, de acordo com matéria publicada pelo site Valor Investe em 2019, os dez maiores fundos de previdência privada do Brasil renderam, historicamente, menos do que o Tesouro Selic. Podemos dizer que a Previdência Privada tomou o lugar do Título de capitalização como instrumento de investimento mais oferecido pelos bancos aos seus clientes.

Grande parte do racional utilizado para montar a matriz de tipo de investimentos foi analisando o retorno histórico de diferentes tipos de ativos. Existem diversos estudos consistentes a este respeito, de modo que na próxima seção irei explorar com mais detalhes alguns destes estudos.

Retorno histórico de diferentes tipos de ativos

O escritor Jeremy Siegel traz em seu livro "Investindo em ações no longo prazo" o retorno histórico (1802 a 2012) de diferentes tipos de ativos negociados nos Estados Unidos. Como veremos adiante, o comportamento do gráfico apresentado é similar na maioria das economias de outros países. Observe que o gráfico está em escala logarítmica. Se estivesse representado na escala linear, a diferença visual entre o montante acumulado dos diferentes tipos de ativos seria muito mais acentuada, dificultando a visualização.

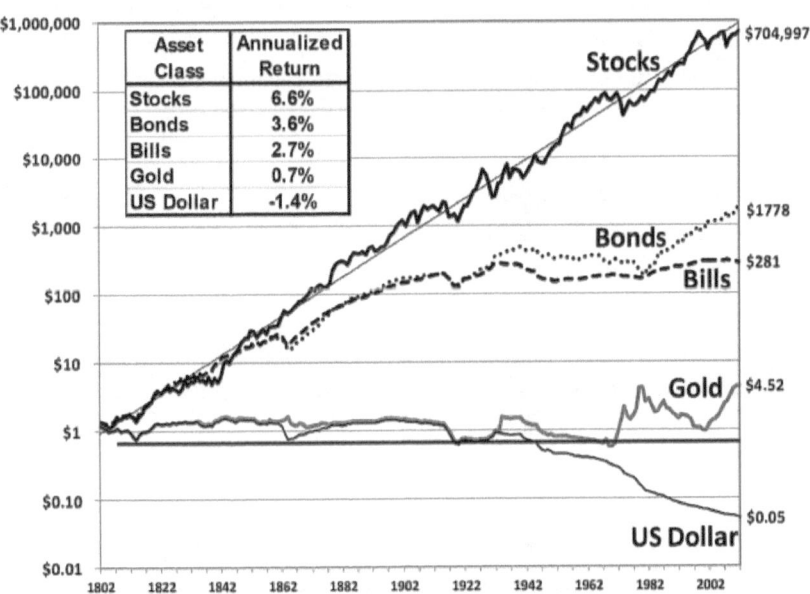

Figura 12 - Retornos históricos de diferentes tipos de investimento nos Estados Unidos (fonte: Jeremy Siegel).

O período analisado pelo gráfico é tão expressivo que consegue englobar diversas guerras, inclusive mundiais, movimentações imigratórias, revoluções políticas, depressões econômicas, bolhas especulativas etc. Isso traz um elevado grau de confiabilidade sobre o comportamento histórico dos ativos apresentados, que passaram por períodos de volatilidade extrema.

Observe que o dólar (US Dollar), considerada uma moeda forte, perdeu valor de mercado em função da inflação a uma taxa de -1,4% a.a., com a perda de valor mais acentuada a partir do momento em que os Estados Unidos passaram a adotar o sistema de câmbio flutuante, pondo fim ao acordo de Bretton Woods em 1971 (determinando, consequentemente, o fim do padrão ouro, que lastreava a quantidade de moeda emitida pelo governo de acordo com as reservas de ouro).

O ouro (Gold) apresentou uma rentabilidade histórica de 0,7% a.a., não só mantendo, mas aumentando, ainda que timidamente, o seu valor de mercado ao longo das décadas. Em momentos de risco sistêmico, o ouro costuma apresentar valorizações expressivas, que são depois seguidas de quedas à medida que o mercado se recupera dos riscos sistêmicos ou de eventuais recessões econômicas. Em função desse comportamento, o ouro costuma ser utilizado em carteiras de investimento diversificadas, visando minimizar os efeitos do risco sistêmico sobre o valor total dos ativos.

A investimento mais conservador do Tesouro americano (*Bills*), equivalente ao Tesouro Selic no Brasil, apresentou uma rentabilidade histórica de 2,7% a.a. Por ser o mais conservador, este é considerado o investimento risco zero americano.

As *Bonds*, equivalentes no Brasil ao Tesouro Prefixado e Tesouro IPCA+, apresentaram uma rentabilidade histórica de 3,6% a.a., superior aos *Bills*, mas naturalmente com uma volatilidade maior.

Por fim as ações (Stocks) foram as campeãs em rentabilidade histórica, apresentando um retorno de 6,6% a.a., expressivamente superior a qualquer outro tipo de investimento. Esta rentabilidade, contudo, foi conseguida com elevado grau de volatilidade no curto e médio prazo. Não é à toa que Jeremy Siegel adotou o título "Investindo em ações no longo prazo" para o livro.

Esse comportamento se repete em praticamente todo o mundo, conforme estudo desenvolvido por Elroy Dimson, Paul Marsch e Mike Staunton, apresentado no livro "*Triumph of the Optimists*" (Triunfo dos Otimistas), lançado em 2002 e atualizado em 2018:

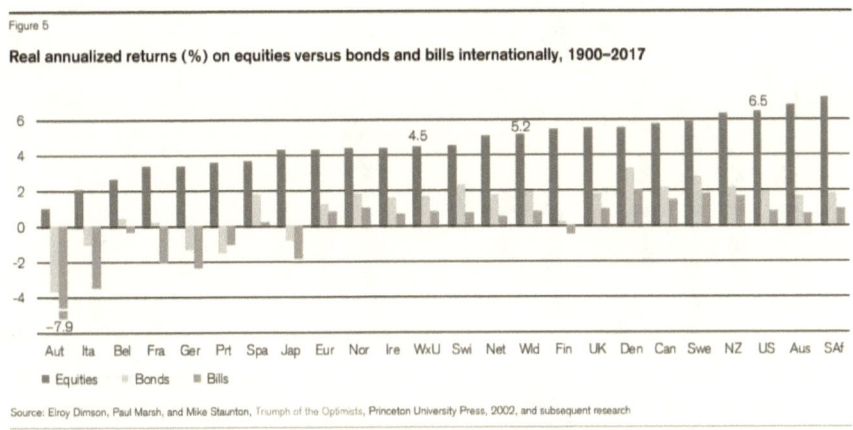

Figura 13 - Retorno anualizado dos títulos públicos e ações, em diversos países, de 1900 a 2017 (Áustria, Itália, Bélgica, França, Alemanha, Portugal, Espanha, Japão, Europa, Noruega, Irlanda, Mundo exceto EUA, Suíça, Índice de 16 países, Finlândia, Reino Unido, Dinamarca, Suécia, Nova Zelândia, Estados Unidos, Austrália e África do Sul)

Observe que em todos os países analisados as ações (Equities) renderam expressivamente mais do que os títulos públicos (Bonds, Bills), sendo que em alguns países os títulos públicos apresentaram rentabilidade histórica negativa.

O comportamento da rentabilidade dos investimentos se repete no Brasil, ainda que não se tenham disponíveis dados históricos tão abrangentes (117 anos). Mesmo considerando que o Brasil teve diversas moedas, tenha passado por períodos inflacionários turbulentos ao longo do último século, tenha dado calote, passado por restruturações de dívidas (dez ao todo, de acordo com a agência de notícias BBC), e por diversos *impeachments* (destituição presidencial), a rentabilidade média histórica do Ibovespa nos últimos 50 anos, em dólares e ajustada pela inflação, supera os 7% ao ano, demonstrando também que as ações servem como mecanismo de proteção inflacionária no longo prazo.

Analisando estas rentabilidades, o leitor pode se perguntar: se as ações, historicamente, apresentaram resultados tão excepcionais, por que não investir 100% do capital em ações? Parte da resposta está no gráfico a seguir, do mesmo estudo anterior:

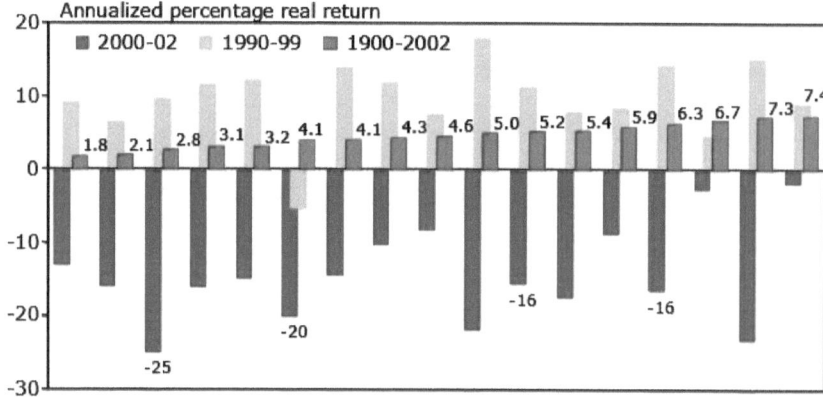

Figura 14 – Retorno anualizado das ações em diversos países, em três períodos distintos: 2000-2002, 1990-1999, 1900-2002.

De acordo com o gráfico, quem investiu em ações de 2000 a 2002 obteve prejuízos em todos os países analisados, em especial na Alemanha, com prejuízo de -25% sobre o capital investido. A conclusão óbvia é que as ações são excelentes investimentos no longo prazo, mas podem ser péssimos investimentos no curto prazo.

Sob essa ótica, o investimento em ações para longo prazo faz total sentido. Tomando como base o mercado de ações americano, este sobe há aproximadamente 40 anos a uma taxa média de 12% ao ano. Metade dos anos ele valorizou mais do que isso (o que é uma excelente notícia), e a outra metade ele cresceu menos do que essa média (o que continua sendo uma boa notícia, com exceção das poucas vezes em que a rentabilidade foi negativa).

Apesar da volatilidade diária do mercado acionário, olhando uma única vez por ano, o investidor verá mais boas notícias do que notícias ruins. Isso acontece porque, mesmo não parecendo, o mundo está melhorando lentamente, dando dois passos para frente e um passo para trás.

Se você observar uma carteira de ações que replicasse o índice S&P-500 uma única vez por ano, em 40 anos você terá 93% de boas notícias: você ficou mais rico. Mas, em 7% das vezes, ou em 3 anos dos 40, a notícia será ruim: você ficou mais pobre (ou menos rico).

Se você observar o nível da bolsa de valores todo trimestre, a situação muda um pouco de figura: 67% das vezes você ficará feliz, já que a Bolsa subiu no trimestre. No entanto, 33% das vezes você terá uma má notícia: a bolsa de valores terá caído e você empobreceu naquele trimestre. Como o ser humano tem um gene de pessimismo mais preponderante que o de otimismo, uma má notícia afeta 2 a 3 vezes mais emocionalmente do que uma boa notícia. Ou seja, apesar de o investidor estar ganhando dinheiro trimestralmente, a sensação média é de quase empate ou vazia.

Observar as oscilações de curto prazo (a cada minuto) nos trazem uma sensação de perda muito maior do que se analisar as ações anualmente. No dia a dia, o especulador só vê a volatilidade do curto prazo, e não a tendência de longo prazo. Dessa forma, podemos dizer que o investidor está sendo iludido pelo acaso, iludido pelas pequenas flutuações normais do dia a dia. Por isso, é difícil encontrar investidores *day trade* muito ricos, pois normalmente perdem dinheiro, pagando muitas taxas e impostos, mais do que realmente ganham.

As oscilações de curto prazo da bolsa de valores, que chegam a ser mais ou menos 3% (muito raramente ficam fora deste intervalo, em especial nos mercados mais desenvolvidos, como o americano), ofuscam o lento crescimento de longo prazo de 0,056% ao dia. O 0,056% é quase imperceptível "a olho nu", mas depois de 200 pregões, é capaz de gerar os 12% ao ano.

Essa conclusão fica evidente no quadro a seguir, exposto no livro "Iludidos pelo acaso", de Nassim Taleb:

Tabela 4 – Probabilidade observar um movimento de alta ou de queda nas ações de acordo com a frequência de observação, tomando como base o S&P-500 nos últimos 40 anos anteriores à publicação do livro (Fonte: Livro Iludidos pelo Acaso, pág. 57)

	Índice de ações S&P-500	
	Em alta	Em queda
Todo ano	93%	7%
Todo trimestre	67%	33%
Toda semana	59%	41%
Todo dia	53%	47%
Cada Minuto	50,17%	49,83%

Analisando estes aspectos, fica evidente concluir que as oscilações diárias devem ser ignoradas pelos investidores em ações. Há quem diga que o investidor em ações deve ser preguiçoso: quanto menos ele ficar olhando as cotações das ações, mais emocionalmente bem preparado ele estará.

Finalmente, se ele adotar uma eficiente estratégia de diversificação de investimentos, conseguirá diminuir a volatilidade da carteira no médio e longo prazo, podendo, se bem executada, conseguir uma rentabilidade maior no longo prazo, melhorando a relação risco/retorno.

Correlação entre ativos

Quando diversificamos os investimentos entre ativos altamente correlacionados, na verdade não estamos diversificando, já que a maioria dos riscos que recaem sobre um ativo também irão recair sobre outro ativo. Nesse sentido, um dos principais pontos levantados por Markowitz nos seus estudos sobre correlação é que o risco de um ativo medido isoladamente torna-se diferente quando esse ativo é incluído em uma carteira com outros ativos.

A correlação entre os ativos pode ocorrer mesmo quando estes ativos atuam em segmentos de mercado distintos. Por exemplo, se um comerciante possui um açougue e uma pequena mercearia na mesma rua, ambos estão sujeitos ao risco de concorrência no caso de abertura de um supermercado na região.

E, ao contrário do que possa parecer, mesmo que os ativos estejam em um mesmo segmento de mercado, eles podem, ainda assim, serem altamente descorrelacionados. Por exemplo, se um empreendedor é dono de uma pequena indústria que produz mídias digitais para músicas e vídeos (CD, DVD, Blu-ray, etc.) e também é acionista da empresa de *streaming* de vídeos Netflix, ele está investindo em ativos que atuam no mesmo mercado, mas que são altamente descorrelacionados.

O comerciante do primeiro exemplo possui dois ativos sujeitos a vários riscos em comum. Se estes riscos se materializarem, ambos os ativos poderão sofrer impactos em sua rentabilidade. O empreendedor do segundo exemplo possui dois ativos sujeitos a riscos distintos. Ainda que um deles sofra perdas de rentabilidade em função da diminuição do uso de mídias digitais no dia a dia das pessoas, esta perda poderá ser compensada com o aumento de uso do *streaming* para assistir vídeos.

De forma resumida, dizemos que ativos correlacionados (correlação positiva) compartilham um grande conjunto de riscos, enquanto que ativos descorrelacionados (correlação negativa) possuem poucos riscos em comum. A lista a seguir apresenta alguns exemplos de ativos com correlação negativa:

- **empresas petrolíferas / companhias aéreas**: quanto maior for o preço do petróleo (que é uma *commodity*, cujo preço é cotado internacionalmente), maior será a margem de lucro das empresas petrolíferas. Por outro lado, menor será a margem de lucro das companhias aéreas, uma vez que o querosene de aviação, que é um derivado do petróleo, compõe percentual significativo dos custos de um voo;
- **empresas exportadoras / empresas importadoras**: quanto maior for a cotação do Dólar em relação ao Real, maior será a margem de lucro da empresa exportadora, já que os seus produtos são fabricados/comprados em Reais. Por outro lado, menor será a margem de lucro das empresas importadoras, pois os seus produtos são fabricados/comprados em Dólar;
- **distribuidoras de energia elétrica / fabricantes de painéis solares**: quanto maior for o preço da energia elétrica proveniente de distribuidoras (cujo preço pode depender do volume de chuvas de uma determinada região), mais vantajoso será adquirir painéis solares (cuja atratividade pode depender da incidência solar na região), favorecendo as fabricantes de painéis solares e desfavorecendo as distribuidoras de energia elétrica.

A correlação de ativos possui uma representação matemática, que varia entre -1 e +1, da seguinte forma:

- +1 (correlação perfeitamente positiva);
- maior que 0 e menor que +1 (correlação positiva);
- menor que 0 e maior que -1 (correlação negativa);
- -1 (correlação perfeitamente negativa).

Suponha que os ativos X e Y possuam correlação igual a +0,8. Neste caso hipotético, se o ativo X tem um aumento de 100% do seu valor, o ativo Y irá aumentar em 80%, pois a correlação entre X e Y é igual a +0,8.

Da mesma forma, se os ativos Z e W possuem correlação igual a -0,7, isso quer dizer que em um caso hipotético de aumento de 100% do valor de Z, o ativo W irá depreciar em -70%, pois a correlação entre Z e W é igual a -0,7.

Na prática, é muito raro existirem ativos com correlação perfeitamente positiva ou com correlação perfeitamente negativa.

Um portfólio de investimentos ideal deve ser composto por grupos de ativos com correlação negativa, pois a carteira como um todo terá uma volatilidade menor, implicando em um ganho melhor na média composta do que outros investimentos com maior volatilidade.

A maior vantagem, contudo, de se adotar esta estratégia é que ativos com correlação negativa ajudam a criar momentos oportunos para rebalancear a carteira devido à tendência oposta que cada investimento segue. Uma estratégia de balanceamento de ativos bem executada aumentará substancialmente a rentabilidade da carteira no longo prazo.

A análise de correlação entre os ativos, apesar de ser uma ferramenta poderosa, é desconhecida pela maioria dos investidores. A maioria das pessoas leva em consideração apenas as opções de investimento de seu conhecimento, ignorando outras alternativas importantíssimas para a diversificação. Por exemplo, tem quem acredite que investindo em uma carteira diversificada em LCI, CDB, Poupança e Tesouro Selic já está muito bem diversificado. O que estas pessoas não percebem é que todos estes tipos de investimento possuem correlação positiva, pois todos possuem alguma relação com o índice CDI.

Há ainda outro grupo de investidores que investem 100% em renda variável, diversificando os investimentos somente dentro da bolsa de valores de um mesmo país, eventualmente entre empresas de pequena capitalização (chamadas de *Small Caps*) e empresas de grande capitalização (chamadas de *Blue Chips*). Este grupo de investidores é penalizado pela arrogância de acreditar que pelo fato de estarem 100% em renda variável farão o seu portfólio ser mais rentável. É verdade que é possível compor carteiras de ações entre ativos com correlação negativa, mas, na média, uma diversificação entre *Small Caps* e *Blue Chips* na bolsa de valores brasileira também possui correlação positiva.

O quadro a seguir, extraído de um estudo realizado pelo gestor financeiro Matheus Lange no portal Economizar e Investir, sintetiza o nível de correlação entre diferentes grupos de índices, com amostras de julho/2011 a junho/2015. Se a rentabilidade de um determinado tipo de ativo tem relação com um dos índices apresentados, então desse quadro podemos ter uma boa ideia sobre quais tipo de ativos fazem sentido estarem juntos em uma mesma carteira diversificada.

Tabela 5 - Correlações entre diversos índices

	IBOV	SMAL	IFIX	CDI	IPCA	Dólar
IBOV	-	+0,84	+0,27	-0,003	+0,02	-0,51
SMAL	+0,84	-	+0,31	-0,17	-0,001	-0,45
IFIX	+0,27	+0,31	-	+0,10	-0,01	-0,23
CDI	-0,003	-0,17	+0,10	-	+0,16	+0,16
IPCA	+0,02	-0,001	-0,01	+0,16	-	+0,11
Dólar	-0,51	-0,45	-0,23	+0,16	+0,11	-

- IBOV: O índice oficial da bolsa de valores brasileira (B3). Contempla as maiores empresas do Brasil, refletindo a variação mensal destas empresas, proporcional ao seu tamanho no mercado;
- SMAL: Este índice é utilizado para medir o desempenho de empresas de pequeno porte listadas na bolsa de valores brasileira e que não fazem parte do índice IBOV;
- IFIX: É o índice que mede a rentabilidade dos fundos de investimentos imobiliários disponíveis na bolsa de valores brasileira (B3);
- CDI: Se refere à taxa de empréstimos de curto prazo realizados entre bancos. Segue praticamente a SELIC, taxa de juros básica do Brasil;
- IPCA: Índice oficial de inflação no Brasil;
- Dólar: Índice que mede a taxa de câmbio entre o Dólar e o Real.

Se ranquearmos os índices de acordo com a sua correlação, teremos:

Maiores correlações positivas			
Posição	Correlação	Ativo A	Ativo B
1	+0,84	SMAL	IBOV
2	+0,31	SMAL	IFIX
3	+0,27	IBOV	IFIX
4	+0,16	CDI	Dólar
5	+0,16	CDI	IPCA

Menores correlações negativas			
Posição	Correlação	Ativo A	Ativo B
1	-0,51	IBOV	Dólar
2	-0,45	SMAL	Dólar
3	-0,23	IFIX	Dólar
4	-0,17	SMAL	CDI
5	-0,01	IFIX	IPCA

Embora a correlação negativa seja importante na hora de se procurar ativos para compor o portfólio, nós também devemos analisar se a relação entre risco e retorno desse investimento é compensatória. Afinal, de nada adianta acharmos um ativo negativamente correlacionado com outro se ele apresenta uma baixa probabilidade de ganhos e uma alta probabilidade de apresentar grande volatilidade.

Por exemplo, o Dólar, historicamente, apresenta baixa rentabilidade e perde valor por causa da inflação. Por isso, é mais interessante diversificar investindo em ativos vinculados ao Dólar (como, por exemplo, *Bonds*, *Bills*, ações americanas e REITs, que veremos adiante), e não simplesmente adquirindo a moeda. Dessa forma, é possível realizar todo o potencial da diversificação e incrementar os ganhos do portfólio no longo prazo.

Infelizmente, a correlação entre ativos varia de um período para outro. Logo, ela não é estática. Assim sendo, um investimento sendo hoje com correlação negativa com outro pode ter sua correlação invertida e passar a apresentar uma correlação positiva no futuro. Felizmente, com relação à ativos da bolsa de valores brasileira e ativos em Dólar, ou mesmo em Euro e Libra Esterlina, a correlação negativa historicamente sempre existiu até aqui, nos trazendo alguma segurança em considera-los como opção de investimento.

Rebalanceamento de portfólio

O rebalanceamento de portfólio é o processo de adequar o valor alocado nos ativos em carteira a determinados percentuais pré-estabelecidos, visando atingir uma adequada relação risco/retorno.

Um estudo bastante pertinente conduzido por Paulo Portinho e apresentado em seu livro "O mercado de ações em 25 episódios" demonstrou que uma carteira diversificada com aportes mensais de 50% em renda fixa (título do Tesouro Selic) e 50% em renda variável (Ibovespa) renderia mais do que uma alocação de 100% em renda variável ou 100% em renda fixa a longo prazo, se executados rebalanceamentos periódicos do portfólio. Em outras palavras, esta carteira teria menos volatilidade, menos risco e seria mais rentável, mesmo que a correlação negativa entre estes dois ativos tenha sido pequena (-0,003).

A estratégia consiste em iniciar uma carteira de investimentos com 50% em renda variável e 50% em renda fixa. Quando a diferença entre os montantes atingisse 30%, por exemplo, deve-se retirar recursos de onde houve valorização e colocar onde houve desvalorização. Por exemplo, se em determinado momento a bolsa de valores apresentasse uma valorização expressiva e a carteira estivesse com R$130.000,00 aplicados em renda variável e R$100.000,00 em renda fixa, deveria-se vender R$15.000,00 em ações e aplicar na renda fixa, reequilibrando o portfólio para R$115.000,00 em cada classe de ativo. Os aportes mensais deveriam sempre respeitar o percentual pré-estabelecido para não criar uma falsa distorção.

Para embasar os estudos, estabeleceu-se para a análise o período de início de 1995 até o final de 2017 (23 anos), com um montante inicial de R$100.000,00. O resultado foi o seguinte:

Tabela 6 - Resultado de uma estratégia de investimentos com rebalanceamento de ativos.

Alocação de ativos praticada	Tipo de ativo	Valor final
100% em Renda Fixa	Tesouro Selic	R$1.816.000,00
100% em Renda Variável	Ibovespa	R$1.720.000,00
50% em Renda Fixa e 50% em Renda Variável, com rebalanceamento quando a diferença entre os montantes atingisse 30%	Tesouro Selic/Ibovespa	R$2.487.000,00

Como resultado, a estratégia de rebalanceamento de ativos teria rendido um montante 37% maior do que investido apenas em renda fixa e 45% maior do que investido apenas em renda variável.

Ao longo dos 23 anos, teriam sido realizadas 19 operações de rebalanceamento (menos de uma operação por ano), considerando que no estudo analisado as movimentações só poderiam ocorrer mensalmente.

Uma outra conclusão interessante é que nos últimos 60 meses (de dezembro de 2017 para trás), o valor investindo na carteira rebalanceada seria maior do que o valor investindo em apenas uma classe de ativo, ou seja, teria se atingido um montante superior às outras estratégias com cinco anos de antecedência.

Estas conclusões ficam claras no gráfico, onde também se percebe que a carteira rebalanceada esteve, na maioria das vezes, acima do investimento individual dos ativos:

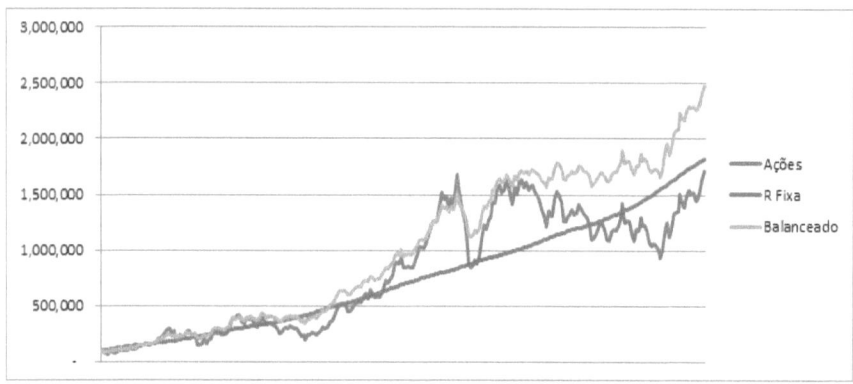

Figura 15 - Estratégia de balanceamento de ativos apresenta-se mais rentável e com menor risco.

Observe que o próprio gráfico torna evidente a redução de volatilidade, com a carteira rebalanceada apresentando menos amplitude nas oscilações que a carteira 100% em ações.

Obviamente conclui-se que se o período a ser analisado for pequeno (alguns poucos anos) ou em um ciclo econômico muito contrário, a vitória da carteira rebalanceada pode não ocorrer, uma vez que o momento em que se inicia o investimento do montante inicial pode ser onde a bolsa de valores esteja em um período de alta ou em um período de mínima. Por exemplo, se a carteira rebalanceada tivesse se iniciado em 2003 (com o Ibovespa em baixa), a carteira da renda variável teria rendido mais do que a carteira rebalanceada e da renda fixa até 2017. Caso a carteira rebalanceada tivesse se iniciado em 2007 (com o Ibovespa em alta), a carteira da renda fixa teria rendido mais do que a carteira rebalanceada e da renda variável.

Sobre esta relação de ciclo de alta ou ciclo de baixa, é importante observar que nos últimos 24 anos analisados, nunca o Ibovespa subiu mais do que cinco anos seguidos (2003 a 2007), assim como nunca caiu mais do que três anos seguidos (2000 a 2002 e 2013 a 2015). É certo que 24 anos não é tanto tempo assim para se tirar uma conclusão empírica sobre este fato, de modo que é razoável analisarmos outros mercados.

Ao analisar o índice americano S&P-500 de 1965 até 2018 (período de 54 anos), verificamos que este índice apresentou 42 anos de alta e 12 anos de queda, nunca tendo subido mais do que nove anos seguidos (1991 a 1999 e 2009 a 2017) e nunca tendo caído mais do que três anos seguidos (2000 a 2002). Trata-se, portanto de um índice menos volátil (e, conforme citado anteriormente, menos rentável) que o Ibovespa, pelo menos nos últimos 54 anos.

Tabela 7 - Rentabilidade histórica do S&P-500, de 1965 até 2018 (Fonte: Berkshire Hathaway)

Ano	%	Ano	%	Ano	%
1965	+10,0%	1983	+22,4%	2001	-11,9%
1966	-11,7%	1984	+6,1%	2002	-22,1%
1967	+30,9%	1985	+31,6%	2003	+28,7%
1968	+11,0%	1986	+18,6%	2004	+10,9%
1969	-8,4%	1987	+5,1%	2005	+4,9%
1970	+3,9%	1988	+16,6%	2006	+15,8%
1971	+14,6%	1989	+31,7%	2007	+5,5%
1972	+18,9%	1990	-3,1%	2008	-37,0%
1973	-14,8%	1991	+30,5%	2009	+26,5%
1974	-26,4%	1992	+7,6%	2010	+15,1%
1975	+37,2%	1993	+10,1%	2011	+2,1%
1976	+23,6%	1994	+1,3%	2012	+16,0%
1977	-7,4%	1995	+37,6%	2013	+32,4%
1978	+6,4%	1996	+23,0%	2014	+13,7%
1979	+18,2%	1997	+33,4%	2015	+1,4%
1980	+32,3%	1998	+28,6%	2016	+12,0%
1981	-5,0%	1999	+21,0%	2017	+21,8%
1982	+21,4%	2000	-9,1%	2018	-4,4%

Conforme comentado, uma abordagem de diversificação de ativos em bolsa brasileira e bolsa estrangeira faz sentido, uma vez que a bolsa brasileira, historicamente, apresenta correlação negativa com ativos atrelados a moedas fortes estrangeiras, como o Dólar e o Euro. Pensando nesta questão, poderíamos simular como seria a rentabilidade de uma aplicação de R$100.000,00 em um portfólio que seguisse a estratégia de rebalanceamento similar à apresentada por

Paulo Portinho, sendo que desta vez a diversificação ocorreria entre a bolsa de valores brasileira (Ibovespa) e a bolsa de valores americana (S&P-500).

É importante observar que, no caso da bolsa americana, também há a exposição à variação do dólar, o que ajuda a proteger o portfólio, em determinado grau, das oscilações cambiais entre o real e o dólar. O período analisado neste estudo é um pouco maior, abrangendo 1/janeiro/1995 até 15/abril/2019 (24 anos, 3 meses e 15 dias).

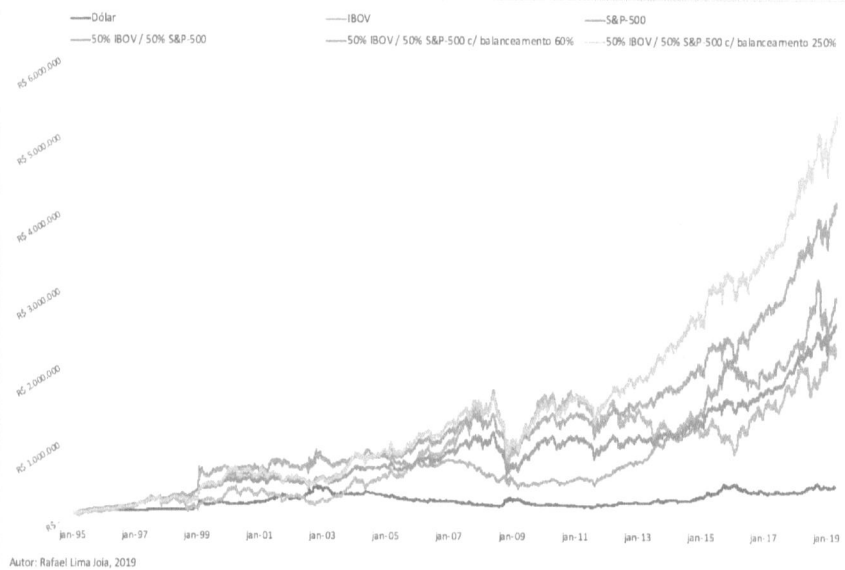

Figura 16 – R$100 mil reais aplicados em janeiro/1995 até abril/2019 c/ diferentes estratégias
(Fonte: o autor)

Se os R$100 mil reais tivessem sido aplicados 100% em Dólar, eles teriam se transformado em R$459.857,48. Isto demonstra o quanto o Real perdeu de valor em relação ao Dólar, em parte por causa dos efeitos inflacionários do período. O investimento em Renda Fixa, contudo, teria ganho do investimento Dólar no período, bastando comparar o valor acumulado no Portfólio 100% em Renda Fixa na simulação conduzida por Paulo Portinho com esta outra simulação.

Se os R$100 mil reais tivessem sido aplicados 100% em uma carteira de ações que replicasse o índice Ibovespa (IBOV), eles teriam se transformado, em abril de 2019, em R$2.164.217,62, ou seja, mais do que quatro vezes o valor aplicado 100% em Dólar.

Se os R$100 mil reais tivessem sido aplicados 100% em uma carteira de ações que replicasse o índice S&P-500 da bolsa americana, eles teriam se transformado em R$2.910.310,71, ou seja, quase 35% a mais do que o obtido em uma carteira de ações que replicasse o índice Ibovespa (IBOV). É importante lembrar que a exposição ao S&P-500 é também uma exposição ao Dólar, que no período analisado ganhou valor frente ao Real. Apesar de historicamente (1967 até 2019) o Ibovespa ter rendido mais do que o S&P-500, nos últimos 25 anos (janeiro de 1995 até abril de 2019 - era do Plano Real), o índice o S&P-500 apresentou uma rentabilidade superior.

Se os R$100 mil reais tivessem sido aplicados em uma carteira que alocasse R$50 mil reais em uma carteira de ações que replicasse o índice Ibovespa (IBOV) e R$50 mil reais em uma carteira de ações que replicasse o índice S&P-500 da bolsa americana, ou seja, 50% em cada bolsa, sem efetuar qualquer estratégia de rebalanceamento de portfólio, o montante acumulado seria de R$2.537.264,17, superior ao apresentado pelo Ibovespa, mas inferior ao apresentado pelo S&P-500, e com menos volatilidade que ambos.

Se os R$100 mil reais tivessem sido aplicados em uma carteira que alocasse R$50 mil reais em uma carteira de ações que replicasse o índice Ibovespa (IBOV) e R$50 mil reais em uma carteira de ações que replicasse o índice S&P-500 da bolsa americana, ou seja, 50% em cada bolsa, e que efetuasse uma estratégia de rebalanceamento de portfólio sempre que o montante acumulado em uma das bolsas de valores ultrapassasse em 60% o montante na outra bolsa de valores, eles teriam se transformado, em abril de 2019, em R$4.087.115,82. Durante este período, teriam sido realizadas 18 operações de rebalanceamento de portfólio, e o montante acumulado teria sido superior a 40% do que o obtido em uma carteira de ações que replicasse o índice S&P-500.

Ainda que a escolha pelo percentual do fator de rebalanceamento em 60% tenha assegurado um retorno expressivamente superior a qualquer das outras estratégias que não realizaram rebalanceamento, ele não representa o percentual ótimo desta diversificação. No caso analisado, o percentual de 250% teria assegurado um montante acumulado de R$5.188.934,57, que é quase 80% superior ao obtido em uma carteira de ações que replicasse o índice S&P-500.

A tabela a seguir apresenta um resumo do resultado de cada uma das estratégias apresentadas, bem como uma variedade de resultados de acordo com diferentes percentuais utilizados para realizar o rebalanceamento de portfólio:

Tabela 8 - Resultado de uma estratégia de investimentos com rebalanceamento de ativos de bolsa.

Alocação de ativos praticada	% p/ rebalance. de portfólio	# operações de rebalanceamento	Tipos de ativos	Valor final
100% em Dólar	-	-	Dólar	R$459.857,48
100% em Ibovespa	-	-	Ibovespa	R$2.164.217,62
100% em S&P-500	-	-	S&P-500	R$2.910.310,71
50% Ibovespa / 50% em S&P-500	-	0	Ibovespa / S&P-500	R$2.537.264,17
50% Ibovespa / 50% em S&P-500	10%	235	Ibovespa / S&P-500	R$3.711.407,78
50% Ibovespa / 50% em S&P-500	20%	78	Ibovespa / S&P-500	R$3.360.629,40
50% Ibovespa / 50% em S&P-500	30%	45	Ibovespa / S&P-500	R$3.650.456,32
50% Ibovespa / 50% em S&P-500	40%	30	Ibovespa / S&P-500	R$3.952.541,90
50% Ibovespa / 50% em S&P-500	50%	23	Ibovespa / S&P-500	R$3.876.361,75
50% Ibovespa / 50% em S&P-500	60%	18	Ibovespa / S&P-500	R$4.087.115,82
50% Ibovespa / 50% em S&P-500	70%	16	Ibovespa / S&P-500	R$4.498.072,56
50% Ibovespa / 50% em S&P-500	80%	14	Ibovespa / S&P-500	R$4.507.836,56

50% Ibovespa / 50% em S&P-500	90%	9	Ibovespa / S&P-500	R$4.222.047,95
50% Ibovespa / 50% em S&P-500	100%	9	Ibovespa / S&P-500	R$4.429.945,06
50% Ibovespa / 50% em S&P-500	110%	7	Ibovespa / S&P-500	R$4.236.204,51
50% Ibovespa / 50% em S&P-500	120%	7	Ibovespa / S&P-500	R$4.544.981,85
	...			
50% Ibovespa / 50% em S&P-500	250%	4	Ibovespa / S&P-500	R$5.188.934,57
	...			
50% Ibovespa / 50% em S&P-500	360%	0	Ibovespa / S&P-500	R$2.537.264,17

Este estudo traz algumas conclusões interessantes:

- Investir em fundos cambiais (em Dólar, Euro e outras moedas fortes) para o longo prazo não trará retornos satisfatórios;
- Diversificar os investimentos diminui a volatilidade (um fator de risco). Utilizar a diversificação em conjunto com uma estratégia de rebalanceamento de portfólio garante um retorno expressivamente superior, com menos volatilidade;
- No caso analisado, mesmo percentuais de 10% para o rebalanceamento de portfólio garantiriam um retorno expressivamente maior do que uma estratégia de diversificação sem rebalanceamento de portfólio.

E por fim, a conclusão mais importante: não é necessário conhecer balanços de empresas, avaliar ações etc. para ter retornos expressivos com renda variável. No estudo realizado, foi necessário somente aplicar em índices de bolsas e realizar de forma racional o rebalanceamento do portfólio. Uma forma simples de aplicar em índices de bolsa é através de investimentos conhecidos como ETFs (*Exchange Traded Fund*), no qual falaremos mais adiante.

A estratégia apresentada produziu retornos próximos a 18% ao ano durante quase 25 anos, durante um período onde aconteceram os seguintes eventos improváveis (cisnes negros): crise financeira dos tigres asiáticos (1997), crise financeira da Rússia (1998), maxidesvalorização do Real (1999), estouro da bolha das pontocom (2001), queda das torres gêmeas - 11 de setembro (2001), guerra do Iraque (2003), primeiras eleições presidenciais de Lula (2002), crise do *subprime* ou grande recessão (2008), *impeachment* presidencial de Dilma Rousseff (2016), Joesley *Day* (2017).

A obtenção de um bom portfólio diversificado de investimentos não tem a ver apenas com a definição dos percentuais a serem alocados em cada uma das classes de ativos. Vimos que isso garante apenas uma redução da volatilidade, mas não garante um bom retorno. O investidor inteligente deve sempre buscar uma carteira de investimentos que ofereça o maior retorno possível para o menor risco possível. Um portfólio diversificado nunca será bom o suficiente se não adotar uma estratégia de rebalanceamento periódico. Sobre isso, pouquíssimos investidores e autores de livros sobre investimento falam ou escrevem sobre isso de forma clara, exceto Benjamin Graham.

Benjamin Graham foi um influente economista americano, sendo considerado o precursor da estratégia de investimentos em ações adotada por seu seguidor ex-aluno e bilionário Warren Buffett. A proposta de Graham para o investidor inteligente é que ele tenha uma carteira diversificada de ações ou índices de ações, compradas a preços médios, que irão gerar com baixo risco um retorno superior a renda fixa. Graham define uma regra fundamental para a alocação de ativos: nunca tenha menos de 25% ou mais de 75% em ações, com uma proporção inversa entre 75% e 25% em títulos (renda fixa). As ações ainda poderiam ser diversificadas entre bolsas de valores distintas, como no caso da bolsa brasileira e bolsa americana. Poderiam também ser diversificadas entre bolsas brasileiras e europeias, dada a correlação negativa também apresentada pelo Ibovespa e o Euro ou a Libra Esterlina.

A alocação mais conservadora possível seria de 75% em renda fixa e 25% em ações quando o investidor achar que os preços das ações estão muito altos; e a alocação mais arriscada seria de 75% em ações e 25% em renda fixa, quando o investidor achar que as ações estão baratas. Na dúvida, o mais recomendado é adotar uma proporção de 50%-50% para ações e renda fixa, que Graham dizia ser a "escolha para todas as circunstâncias", uma vez que não é possível determinar com precisão quando as ações como um todo estão caras e quando estão baratas. A estratégia de Graham contempla o rebalanceamento periódico do portfólio.

Suponhamos que um investidor escolha a proporção 40% em renda fixa e 60% em renda variável, e além disso, defina que, por se tratarem de ativos de média correlação negativa, faria o rebalanceamento do portfólio sempre que o montante de uma classe de ativo superasse o percentual de 10% sobre o percentual previamente definido.

Dado o cenário descrito anteriormente, qual o percentual do montante acumulado em renda fixa seria suficiente para realizar o rebalanceamento de portfólio? A resposta está a seguir:

>Proporção estabelecida (PE): 40%
>Percentual definido para realizar o rebalanceamento (PB): 10%
>Percentual do montante para realizar o rebalanceamento (PM):
>>PM = PE + (PE * PB)
>>PM = 0,4 + (0,4 * 0,1)
>>PM = 0,4 + 0,04 = 0,44
>>PM = 44%

Da mesma forma, o percentual do montante acumulado em renda variável que seria suficiente para realizar o rebalanceamento de portfólio seria:

>Proporção estabelecida (PE): 60%
>Percentual definido para realizar o rebalanceamento (PB): 10%
>Percentual do montante para realizar o rebalanceamento (PM):
>>PM = PE + (PE * PB)
>>PM = 0,6 + (0,6 * 0,1)
>>PM = 0,6 + 0,06 = 0,66
>>PM = 66%

A partir dos cálculos acima também concluímos que o percentual da proporção em renda fixa deve sempre estar entre 36% e 44%, e o de renda variável entre

54% e 66%. Caso estas condições não sejam satisfeitas, é necessário rebalancear o portfólio.

Para exemplificar o raciocínio apresentado, façamos um exercício para o cenário hipotético a seguir, onde temos um investidor que faz aportes regulares mensais de R$1.000,00, sendo R$400,00 em renda fixa e R$600,00 em renda variável:

Tabela 9 - Exemplo de funcionamento da estratégia de rebalanceamento de ativos

Mês	Montante renda fixa	Rentabi. renda fixa	Montante renda variável	Rentabi. renda variável	Montante total	Proporção renda Fixa / Variável
1	R$400	0,5%	R$600	1,5%	1000	40,0% / 60,0%
2	400 + 402 = 802	0,5%	600 + 609 = 1209	-2,0%	2011	39,8% / 60,2%
3	400 + 806,01 = 1206,01	0,5%	600 + 1184,82 = 1784,82	3,5%	2990,83	40,3% / 59,7%
4	400 + 1212,04 = 1612,04	0,5%	600 + 1847,28 = 2447,29	2,5%	4059,33	39,8% / 60,2%
5	400 + 1620,10 = 2020,10	0,5%	600 + 2508,47 = 3108,47	8,0%	5128,57	39,4% / 60,6%
6	400 + 2030,20 = 2430,20	0,5%	600 + 3357,15 = 3957,15	11,4%	6387,35	38,1% / 61,9%
7	400 + 2442,35 = 2842,35	0,5%	600 + 4408,26 = 5008,26	15,9%	7850,61	36,2% / 63,8%
8	400 + 2856,56 = 3256,56	0,5%	600 + 5804,57 = 6404,57	3,1%	9661,14	**33,7% / 66,3%** (rebalancear)
9	400 + **3883,77** = 4283,77	0,5%	600 + **5976,38** = 6576,38	-0,3%	10860,15	39,5% / 60,5%
10	400 + 4305,19 = 4705,19	0,5%	600 + 6556,65 = 7156,65	-1,4%	11861,84	39,7% / 60,3%

Observe que no mês 8 surgiu a necessidade de realizar um rebalanceamento do portfólio, pois os investimentos em renda variável apresentaram um período de alta que fez com que a proporção do montante em renda variável ultrapassasse os 66%. O montante em renda fixa no mês 9 passou a ter, além do habitual depósito de R$400,00, o valor de R$3.883,77, que corresponde a 40% do montante total do mês 8 (R$3.864,45) mais a rentabilidade da renda fixa do mês 8 (R$19,32). Processo similar ocorreu no montante em renda variável.

Um erro comum que os investidores cometem é, ao invés de manterem os aportes mensais de acordo com a proporção pré-definida em cada uma das classes de ativos (no exemplo anterior, 40% em renda fixa e 60% em renda variável), investir na classe de ativo mais desvalorizada daquele mês. Este erro afetará expressivamente a rentabilidade a longo prazo, pois os seus efeitos produzirão um resultado equivalente a diversos rebalanceamentos de baixo percentual, que produzem resultados inferiores a rebalanceamentos com percentual maior, que são mais adequados quando se tem classes de ativos com correlação negativa no portfólio. Esta estratégia pode fazer sentido a nível de ativos (e não de classes de ativos), onde, por exemplo, pode-se optar por comprar a ação mais desvalorizada do mês dentre as ações presentes na carteira de ações, que por sua vez representa um percentual do portfólio de investimentos.

Para evitar custos com taxas e impostos, o que o investidor pode fazer quando se encontrar em uma situação de necessidade de rebalanceamento é alocar 100% do aporte definido na classe de ativo mais depreciada, fazendo isso recorrentemente até atingir novamente o equilíbrio do portfólio. Neste caso, enquanto a necessidade de rebalanceamento não existir, os aportes devem respeitar o percentual pré-definido para cada uma das classes de ativos. Quando se tem um patrimônio muito grande, contudo, nem sempre isso é possível, devendo, invariavelmente, que vender parte de uma classe de ativo e investir em outra parte.

Caso o investidor deseje alterar o próprio percentual pré-definido em função de uma mudança de seu perfil com relação à aversão ao risco, esta transição deve ocorrer, idealmente, de forma suave.

Caso a divisão dos valores a serem alocados mensalmente seja pequeno e as taxas de corretagem e impostos onerem demasiadamente o investimento, o investidor pode aplicar o valor dos aportes mensais temporariamente em uma aplicação de alta liquidez até que se atinja o montante necessário para efetuar os aportes pré-definidos no portfólio.

Agora que entendemos o poder da diversificação de investimentos e a importância do rebalanceamento periódico do portfólio, é hora de entendermos como avaliar cada uma das classes de ativos do Tipo 2 (Relação risco/retorno favorável):

- Títulos Públicos (Tesouro Selic, Tesouro IPCA+ e Tesouro Prefixado);
- Imóveis (Imóveis de aluguel e Incorporação Imobiliária);
- Fundos Imobiliários e REITs;
- Ações (ETFs, Ações, Ações estrangeiras e Small Caps);

Os demais tipos de investimento (Tipo 1, Tipo 3, Tipo 4 e Tipo 5) não serão objeto de análise deste livro, uma vez que entendemos que se tratam de tipos de investimento menos vantajosos e/ou demasiadamente complexos para se atingir e manter a independência financeira.

Títulos Públicos

Os títulos públicos são considerados os ativos com menor risco de uma economia, pois o devedor, que é o Governo, também tem controle sobre a emissão da moeda.

Os títulos públicos são empréstimos realizados a favor do governo, que como contrapartida remunera os investidores através do pagamento de juros. O governo, idealmente, não dá calote nos investidores através dos títulos públicos que ele emite.

Caso o governo tenha dificuldades em pagar os juros dos títulos, a ele restam as seguintes alternativas: ou ele emite novos títulos visando empurrar as dívidas para prazos mais longos, ou ele deixa de cumprir com as obrigações (calote), ou ele emite mais moeda. Quando o governo emite demasiadamente moeda, ocasiona um descontrole inflacionário, como os vivenciados pelo Brasil antes do Plano Real e vivenciados na presente data pela Venezuela.

Um descontrole inflacionário não é interessante para ninguém, pois empobrece a população, acentua as desigualdades sociais e diminui a credibilidade do governo perante os investidores e as agências de classificação de risco. Deixar de cumprir com as obrigações também afeta a credibilidade do governo. Portanto, manter uma dívida equilibrada é o objetivo de todo Banco Central.

Uma das formas utilizadas pelo governo para controlar a inflação é aumentando a taxa de juros pagas pelos títulos. Isto ocorre quando o Banco Central decide aumentar a taxa básica de juros, a Selic. Normalmente, a taxa Selic é maior que a inflação oficial, medida através do índice IPCA. A diferença entre a taxa da inflação e a taxa Selic é o juro real da dívida.

No caso do Brasil, os maiores compradores de títulos públicos são os bancos, que vendem investimentos atrelados à dívida pública (Fundo DI é um exemplo) a terceiros. As pessoas físicas podem adquirir os títulos públicos diretamente, através de um programa de negociação de títulos chamado Tesouro Direto, disponível nos grandes bancos e também nas corretoras de investimento.

Todos os títulos possuem prazo de vencimento, e são agrupados em três tipos: Tesouro Selic, Tesouro Prefixado e Tesouro IPCA+. Cada um destes tipos rentabiliza de maneira diferente, sendo voltados para diferentes cenários macroeconômicos.

O Tesouro Selic rende basicamente a taxa Selic, que é a taxa básica de juros definida regularmente pelo COPOM (Comitê de Política Monetária) do Banco Central. Caso o investidor tenha títulos do Tesouro Selic e o COPOM decida modificar a taxa básica de juros, esta mudança de rentabilidade irá refletir no dia útil seguinte à reunião. Até hoje este título nunca apresentou rentabilidades negativas, uma vez que o COPOM nunca definiu uma taxa básica de juros negativa (isto já ocorreu em alguns países, como na Alemanha e no Japão). Por ser o título mais conservador, não apresenta as maiores taxas de retorno. Pelo fato de a taxa Selic sofrer variações, não dá pra saber exatamente quanto o título terá rendido até a data de vencimento.

O Tesouro Prefixado rende uma taxa de juros pré-estabelecida, independentemente da taxa básica de juros, de qualquer variação cambial ou da inflação. Normalmente, as taxas de juros oferecidas são maiores que a taxa Selic, mas, ao contrário do Tesouro Selic, o capital acumulado nestes títulos oscila para cima e para baixo até a data de vencimento, sensível ao que os economistas chamam de marcação a mercado, que será explicado mais adiante. Para quem deseja periodicamente receber os juros ao invés de ter que esperar pelo vencimento do título, existe a opção de comprar os títulos Prefixado com pagamento de juros semestrais. É possível saber exatamente quanto o título do Tesouro Prefixado irá render até o momento do vencimento, uma vez que a taxa de juros acordada é conhecida.

O Tesouro IPCA+ rende uma taxa de juros pré-estabelecida mais a taxa de inflação IPCA. Trata-se, portanto, de um título que visa proteger o investidor da inflação. É também um título sensível à marcação a mercado. Assim como no Tesouro Prefixado, para quem deseja periodicamente receber os juros ao invés de ter que esperar pelo vencimento do título, existe a opção de comprar os títulos IPCA+ com pagamento de juros semestrais. Pelo fato de ser indexado ao IPCA, que sofre variações, não dá pra saber exatamente quanto o título terá rendido até a data de vencimento.

A tabela a seguir apresenta um resumo das diferenças entre os tipos de títulos oferecidos pelo Tesouro Direto:

Tabela 10 - Resumo das principais características dos títulos públicos

Título	Indexador	Marcação à Mercado	Rendimento final conhecido	Oferece a possibilidade de resgate semestral de juros	Proteção contra a inflação
Tesouro Selic	Selic	Não	Não	Não	Depende (1)
Tesouro Prefixado	Juros pré-definido	Sim	Sim	Sim	Não (2)
Tesouro IPCA+	Juros pré-definido + IPCA	Sim	Não	Sim	Depende (3)

(1) É rara a situação onde o índice de inflação IPCA seja maior que a taxa Selic, uma vez que o COPOM invariavelmente irá definir uma taxa Selic maior que o IPCA, mas há a possibilidade de isto pode ocorrer em curtos intervalos de tempo. Neste caso, os títulos do Tesouro Selic podem não estar protegidos temporariamente contra a inflação. Ademais, existe a incidência do imposto de renda, que em sua alíquota mínima é de 15% sobre o rendimento, diminuindo a rentabilidade líquida.

(2) Os títulos prefixados não oferecem proteção contra a inflação, ou seja, há a possibilidade de a inflação ser maior que o rendimento auferido.

(3) Em uma situação hipotética onde o índice de inflação IPCA esteja descontrolado (hiperinflação), existe a possibilidade de nem mesmo os títulos IPCA+ protegerem o investimento contra a inflação. Isto por que o imposto de renda incide sobre a rentabilidade, que é composta pela taxa de rendimento mais a variação do IPCA. Se a taxa de rendimento for 5,66 vezes menor que o IPCA, o imposto de renda irá corroer o ganho proporcionado pela taxa de rendimento.

Informações sobre todos os títulos podem ser encontrados no portal do Tesouro Direto. A tabela a seguir foi extraída do site oficial no dia 22 de abril de 2019, e apresenta um resumo:

Tabela 11 - Os títulos do Tesouro Direto e suas rentabilidades, em 22/04/2019. Fonte: Tesouro Nacional

Título	Vencimento	Taxa de Rendimento (% a.a.)	Valor Mínimo	Preço Unitário
Indexados ao IPCA				
Tesouro IPCA+ 2024	15/08/2024	4,15	R$51,77	R$2.588,50
Tesouro IPCA+ 2035	15/05/2035	4,54	R$31,54	R$1.577,32
Tesouro IPCA+ 2045	15/05/2045	4,54	R$30,39	R$1.013,05
Tesouro IPCA+ com Juros Semestrais 2026	15/08/2026	4,23	R$35,93	R$3.593,40
Tesouro IPCA+ com Juros Semestrais 2035	15/05/2035	4,45	R$38,53	R$3.853,82
Tesouro IPCA+ com Juros Semestrais 2050	15/08/2050	4,55	R$40,12	R$4.012,07
Prefixados				
Tesouro Prefixado 2022	01/01/2022	7,67	R$32,77	R$819,45
Tesouro Prefixado 2025	01/01/2025	8,72	R$31,08	R$621,62
Tesouro Prefixado com Juros Semestrais 2029	01/01/2029	8,91	R$32,95	R$1.098,40
Indexados à Taxa Selic				
Tesouro Selic 2025	01/03/2025	0,02	R$100,57	R$10.057,77

Na primeira coluna temos o nome do título oferecido. Caso o título remunere os juros semestralmente, esta indicação estará no nome do título.

Na segunda coluna temos a data de vencimento, ou seja, quando o título vence. Na data do vencimento do título o dinheiro, junto com os rendimentos, é devolvido à conta do investidor no banco ou na corretora. É possível vender os títulos antes da data de vencimento, mas neste caso os mesmos serão rentabilizados de acordo com a data de resgate, sendo que no caso dos títulos sensíveis à marcação a mercado, o valor a ser resgatado pode ser maior ou menor do que o estabelecido no momento da compra do título. Uma outra variação é com relação à incidência de imposto de renda, pois títulos resgatados antes de dois anos de aplicação estarão sujeitos à alíquota de imposto de renda superiores a 15%, que incidirão apenas sobre o rendimento, conforme tabela a seguir:

Tabela 12 - Alíquotas de Imposto de Renda para diferentes tempos de investimento

Período aplicado	Alíquota
até 6 meses	22,5%
de 6 meses a 1 ano	20,0%
de 1 ano a 2 anos	17,5%
mais de 2 anos	15,0%

Na terceira coluna temos a taxa de rendimento. Para os títulos do Tesouro Selic, a rentabilidade será a taxa Selic + 0,02%. Observe que na tabela do dia 22/04/2019 os títulos IPCA+ apresentam rentabilidades próximas de 4% ao ano. Conforme comentado anteriormente, à esta taxa deve-se somar a inflação segundo o IPCA, de modo que a rentabilidade total será 4,x% + o IPCA dos últimos 12 meses. No caso dos títulos Prefixados, a rentabilidade será exatamente a que está sendo oferecida. Observe que quanto maior o prazo de vencimento, maior a taxa de juros oferecida. Isto acontece por causa de dois fatores: primeiro, quanto maior o prazo, maiores as incertezas sobre como será a taxa básica de juros no futuro; segundo, há uma percepção, em 22/04/2019, de que as taxas de juros futuras irão, em algum momento, serem maiores que as atuais.

A quarta coluna refere-se ao valor que se paga pela menor fração do título, enquanto que a quinta coluna refere-se ao valor de um título inteiro. Sob efeitos práticos, qualquer pessoa com R$ 100 reais ou menos pode se tornar investidor de títulos do Tesouro Direto ao optar por comprar uma fração de um título.

Sabendo-se que o IPCA dos últimos 12 meses foi de 4,58% e a taxa Selic atual é de 6,5%, a rentabilidade presente dos títulos apresentados seria:

Tabela 13 - Rentabilidade presente dos títulos públicos em 22/04/2019

Tipo de Título	Título	Rentabilidade (ao ano)
Tesouro IPCA+	Tesouro IPCA+ 2024	4,15% + IPCA = **8,73%**
	Tesouro IPCA+ 2035	4,54% + IPCA = **9,12%**
	Tesouro IPCA+ 2045	4,54% + IPCA = **9,12%**
	Tesouro IPCA+ com juros semestrais 2026	4,23% + IPCA = **8,81%**
	Tesouro IPCA+ com juros semestrais 2035	4,45% + IPCA = **9,03%**
	Tesouro IPCA+ com juros semestrais 2050	4,55% + IPCA = **9,13%**
Tesouro Prefixado	Tesouro Prefixado 2022	**7,67%**
	Tesouro Prefixado 2025	**8,72%**
	Tesouro Prefixado com juros semestrais 2029	**8,91%**
Tesouro Selic	Tesouro Selic 2025	0,02% + Selic = **6,52%**

Olhando a tabela acima, o investidor iniciante pode pensar que o melhor título para investir é o Tesouro IPCA+ com juros semestrais 2050, pois é o que oferece a maior rentabilidade. A resposta, na verdade, é: depende.

Quando investimos em títulos públicos, precisamos entender de expectativas futuras. No caso do Tesouro Selic, o seu principal uso é para investidores que não acompanham o mercado ou para investidores que precisam resgatar o dinheiro a qualquer momento, podendo, este tipo de título, servir como reserva de emergência ou mesmo para compor um portfólio como um ativo de baixo risco.

Já os títulos Tesouro Prefixado e IPCA+ são indicados quando se entende que a taxa de juros básica está alta, mas existe a tendência futura de que ela recue. De forma resumida, existem duas formas distintas de ganhar dinheiro com os títulos Tesouro Prefixado e IPCA+:

- A forma conservadora (gestão passiva), menos rentável e menos arriscada, é ficar com o título até o prazo de vencimento e com a rentabilidade contratada no ato da compra. Caso a opção seja pelo IPCA+, a rentabilidade somente será conhecida no futuro, uma vez que a variação do IPCA irá compor parte da rentabilidade do título;

- A forma arrojada (gestão ativa), mais rentável e um pouco mais arriscada, é lucrar com a valorização do título por meio da venda oportuna antes do fim do prazo de vencimento. Como a venda destes títulos é sempre feita a preço de mercado, daí o termo marcação a mercado, a venda antecipada do mesmo pode resultar em ganhos acima do contratado, assim como ganhos (ou perdas) abaixo do contratado.

A marcação a mercado apareceu pela primeira vez no mercado financeiro do Brasil em maio de 2002, durante um momento de crise financeira, pois havia a expectativa de que o então candidato à presidência Luís Inácio Lula da Silva não honraria com os pagamentos dos títulos públicos. Diante deste cenário, os títulos do Tesouro Selic começaram a se descolar da rentabilidade do CDI, resultando na necessidade de ajustar o preço dos títulos públicos para o valor de mercado, gerando assim perdas instantâneas nos fundos DI, mas evitando perdas futuras. Esse episódio gerou um grande desconforto, pois os investidores dos fundos DI, antes acostumados com uma rentabilidade estável, se defrontaram com retornos negativos expressivos em um único dia.

Após este evento, a marcação a mercado passou a ser incorporada pelas tesourarias de bancos e pelo Governo, que passaram a marcar a mercado seus contratos de empréstimos, visando dar maior transparência para a posição.

O conceito de marcação a mercado para um contrato de empréstimo (no caso, um título do governo) é precificar no presente quanto vale a dívida hoje. Para tanto, é necessário trazer a valor presente todo o fluxo projetado da dívida.

A gestão ativa em títulos sujeitos à marcação a mercado pode gerar excelentes retornos, e grande parte das maiores fortunas do mundo foi criada através da gestão ativa em títulos públicos deste tipo. Isto aconteceu provavelmente por que é mais previsível identificar a tendência das taxas básicas de juros do que as tendências de outros ativos de renda variável.

A marcação a mercado é a atualização do preço de um título público do governo. Na prática, a marcação a mercado ocorre quando se calcula o preço de todos os títulos do mesmo tipo que estão à venda pelo governo pelo preço que eles seriam negociados hoje. Uma forma de entender o comportamento de um título sujeito à marcação a mercado é analisando o gráfico a seguir:

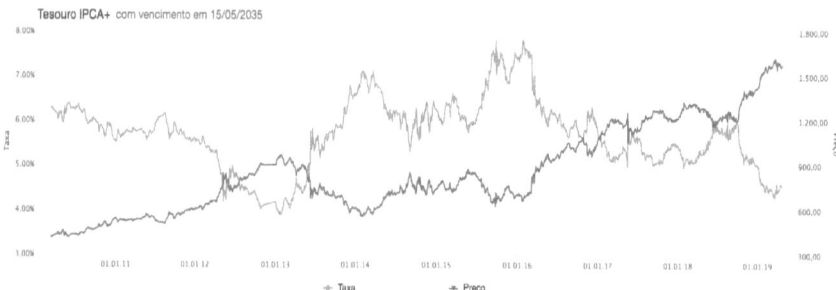

Figura 17 - Evolução histórica das taxas e dos preços do Tesouro IPCA+ 2035 (Fonte: TDCharts)

Observando o gráfico, é perceptível que a taxa de rendimento possui uma correlação negativa com o preço do título, ou seja, sempre que o preço do título sobe, a taxa de rendimento desce, e vice-versa. Com relação à taxa Selic, existe uma correlação positiva entre ela e a taxa de rendimento do Tesouro IPCA+, ou seja, quanto maior a taxa Selic, maior será a taxa de rendimento do Tesouro IPCA+, e vice-versa.

Como na marcação a mercado é necessário trazer a valor presente todo o fluxo projetado da dívida, quanto maior for o prazo do título, mais o seu preço a valor presente oscilará. Dessa forma, títulos de longo prazo sujeitos à marcação a mercado podem apresentar valorizações e desvalorizações expressivas em um intervalo de tempo curto a médio.

Para exemplificar, no gráfico anterior, quem comprou títulos do Tesouro IPCA+ em 22/01/2016 pagou R$658,87 por cada título. Naquela data, a taxa de rendimento acordada era de 7,8% ao ano mais o IPCA. Em 19/03/2019, este mesmo título estava precificado em R$1.621,94. Nesta segunda data, a taxa de rendimento acordada era de 4,28% ao ano mais o IPCA. Se este investidor optasse por vender o título nesta segunda data, teria rentabilizado 146% em pouco mais de três anos, muito mais do que os 7,8% ao ano mais o IPCA inicialmente contratados poderiam rentabilizar para o mesmo período.

Alguns investidores podem ser perguntar: vale a pena vender os títulos que foram adquiridos a uma taxa de 7,8% ao ano mais IPCA antecipadamente e abrir mão dos rendimentos futuros? A resposta é: vale, já que todo o rendimento futuro projetado foi trazido a valor presente, de modo que vender o título não trará nenhuma desvantagem financeira, mesmo que as taxas de rendimento da data de venda sejam inferiores (e neste caso, sempre serão) à data de compra.

O sucesso desta estratégia dependerá essencialmente do ciclo da taxa básica de juros. Analisando novamente o gráfico, podemos concluir o seguinte:

- durante o período de março/2010 a janeiro/2013, o título Tesouro IPCA+ 2035 teria sido uma excelente opção de investimento, pois foi um período de queda da taxa básica de juros (Selic);
- De janeiro/2013 a janeiro/2014, o Tesouro Selic teria sido uma opção melhor de investimento, pois neste período houve um crescimento da taxa básica de juros, valorizando o Tesouro Selic e desvalorizando o Tesouro IPCA+;
- De janeiro/2014 a junho/2015, novamente o Tesouro IPCA+ 2035 teria sido uma excelente opção de investimento, pois foi um outro período de queda da taxa básica de juros;
- De junho/2015 a fevereiro/2016, o Tesouro Selic teria sido a melhor opção;
- De fevereiro/2016 a fevereiro/2018, o Tesouro IPCA+ 2035 teria sido a melhor opção;
- De fevereiro/2018 a outubro/2018, o Tesouro Selic teria sido a melhor opção;
- De outubro/2018 a abril/2019, o Tesouro IPCA+ 2035 teria sido a melhor opção.

De forma resumida: se o ciclo de queda da taxa básica de juros está chegando ao fim, invista em Tesouro Selic e venda Tesouro IPCA+ com prazos longos. Se o ciclo de alta da taxa básica de juros está chegando ao fim, invista em Tesouro IPCA+ com prazos longos e venda Tesouro Selic. Como a maioria destes ciclos são de médio a longo prazo, identificar esta tendência não é difícil, mas deve-se ficar atento aos resultados das reuniões do COPOM, assim como se o rendimento parcial auferido é vantajoso perante os descontos com o imposto de renda que incide sobre a venda.

Poderíamos executar uma estratégia similar com o Tesouro Prefixado. Este outro título, por não possuir proteção contra a inflação, torna-se atrativo quando um período de alta da inflação está chegando ao fim. Neste cenário, estes títulos estarão sendo negociados a taxas superiores à inflação do momento, pois caso contrário não haveria atratividade em comprá-los. Uma vez que a inflação passe a diminuir, os títulos valorizarão, já que a diferença entre os juros contratados e a taxa de inflação será maior, gerando uma expectativa de rentabilidade real superior ao momento em que ele foi contratado. Praticar a marcação a mercado com o Tesouro Prefixado tende a ser mais complexo e menos rentável, uma vez que estimar a tendência da inflação é complexo, e se ela disparar, poderá ser maior que a própria rentabilidade contratada, desvalorizando o título.

A gestão ativa (estratégia arrojada) pode produzir resultados excepcionais, mas requer uma maior dedicação do investidor. A gestão passiva (estratégia conservadora) tende a ser menos rentável, mas os resultados não deixam de ser satisfatórios. A opção pela gestão ativa ou pela gestão passiva dependerá do ciclo econômico do país e do perfil de risco do investidor.

Imóveis

Antes de entrarmos em detalhes sobre o investimento em imóveis, é importante diferenciar a compra de uma residência para uso próprio de imóvel para investimento. A primeira opção visa primeiramente o conforto da família, e, apenas eventualmente, o ganho de capital no futuro. Isso não pode ser confundido na hora de avaliar um imóvel para investir, pois a variável principal para investimento em imóveis é a rentabilidade a ser auferida, enquanto que na residência para uso próprio o conforto tende a ter um maior peso.

O investimento em imóveis é o algo mais próximo da renda variável que a maior parte das pessoas tem algum nível de conhecimento, uma vez que quase toda a população mora em imóveis residenciais (casas, apartamentos). Além deste tipo, tratam-se de imóveis para investimento: galpões, lojas comerciais, salas comerciais, terrenos, garagens, etc.

O preço dos imóveis, na média, segue um comportamento cíclico, ou seja, valorizam quando a economia de um país cresce e os incentivos para o financiamento são amplificados, e desvalorizam quando a economia apresenta sinais de retração. Quando olhamos caso a caso, outras variáveis também influenciam o comportamento do preço: projeção demográfica da região, localização, estado em que o imóvel se encontra, impostos e taxas que incidem no imóvel, qualidade da construção, atratividade para o turismo e custo de manutenção.

Na média, o investimento em imóveis físicos não vale a pena, pois a rentabilidade auferida com aluguéis ou com a valorização, em detrimento das desvantagens, lhe conferem um rendimento menor que outras alternativas de investimento com melhor relação risco/retorno. Para embasar essa opinião, o gráfico a seguir representa a variação do preço dos imóveis no Brasil, corrigido pela inflação (IPCA), durante o período de dezembro/1979 a junho/2015:

Figura 18 - Variação do preço dos imóveis corrigido pelo IPCA, de dez/1979 a junho/2015 (Fonte: índice FipeZap)

O comportamento apresentado no Brasil se assemelha a outros países. O gráfico a seguir reflete a variação de preços dos imóveis no Estados Unidos e foi criado por Robert Shiller, economista especializado no estudo de bolhas econômicas e ganhador do prêmio Nobel de 2013:

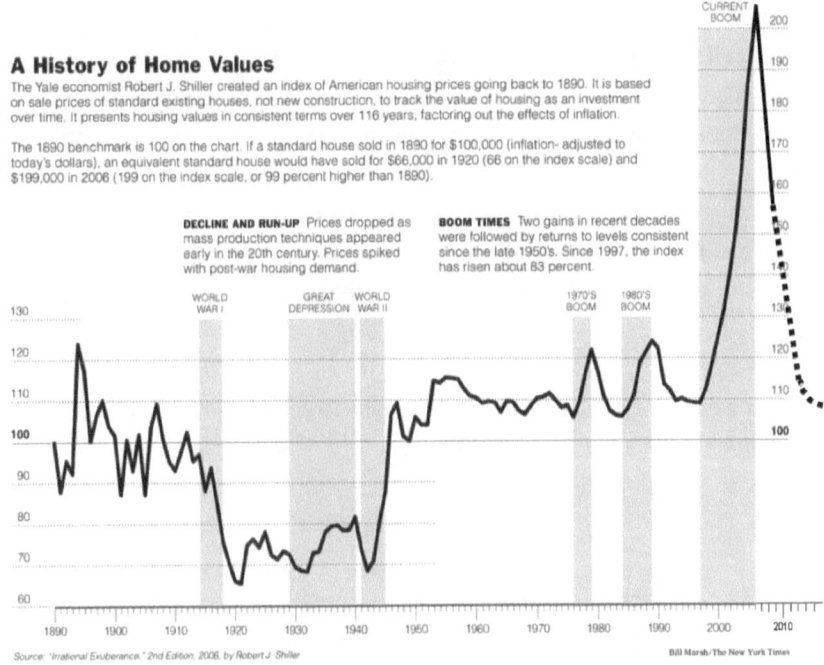

Figura 19 - Preço dos imóveis nos Estados Unidos, de 1890 até 2015, ajustado pela inflação
(Fonte: Robert Shiller)

Observem que, tanto nos Estados Unidos quanto no Brasil, o preço dos imóveis apresenta, no longo prazo e na média, um retorno muito próximo ao da inflação, se comportando de maneira cíclica. Este comportamento é explicado pelo fato de a demanda por imóveis estar diretamente ligada à renda das pessoas: o preço dos imóveis, seja para aluguel, seja para venda, deve caber no bolso da população, pois caso contrário eles ficariam vagos. Se a renda da população diminui, diminui também o preço de venda e o aluguel. Soma-se a isso o fato de o gasto com moradia representar um percentual expressivo do orçamento familiar. Como historicamente a renda da população apresenta uma tendência de leve alta, o preço dos imóveis apresenta uma precificação levemente acima da inflação. Se os mais ricos, de maneira irracional, optassem por adquirir imóveis pura e simplesmente para deixa-los vagos, sem demonstrar interesse em aluga-los, criariam uma demanda artificial por este tipo de ativo.

Com base nessas considerações, o investimento racional em imóveis envolve a capacidade de capturar distorções de oferta/demanda. Por exemplo, uma determinada região irá receber investimentos em infraestrutura. O preço do metro quadrado daquela região sofrerá uma valorização em função do aumento da demanda ocasionado pela melhora da infraestrutura. Uma vez que esta demanda fique estabilizada, o preço do metro quadrado, que já se encontra em um novo patamar, passará a ter novamente a tendência de seguir a inflação a longo prazo. De mesma forma, quando uma região perde atratividade, o preço do metro quadrado dos imóveis diminui. Uma vez que o preço do metro quadrado se estabilize, este novo patamar terá uma tendência de seguir a inflação a longo prazo.

Ao contrário do que é popularmente falado, o investimento em imóveis está longe de ser seguro. A tabela a seguir apresenta a lista de vantagens e desvantagens deste tipo de investimento:

Tabela 14 - Vantagens e desvantagens do investimento tradicional em imóveis

Vantagens	Desvantagens
Proteção contra a hiperinflação, a longo prazo	Baixa liquidez
Patrimônio físico, conferindo segurança	Elevado investimento inicial
Possibilidade de renda recorrente	Burocracia
Possibilidade de valorização	Despesas de vacância
	Taxas, comissões e impostos
	Acompanhamento constante
	Possibilidade de desvalorização
	Tendência de gerar concentração de portfólio em um único tipo de ativo
	Reformas periódicas

O investimento em imóveis físicos pode se rentabilizar de duas formas: com o ganho de capital auferido pela diferença entre o preço de venda e o preço de compra ou com o rendimento de aluguéis. Normalmente, o investimento na compra valerá à pena apenas se as condições a seguir forem satisfeitas:

- O preço a ser pago for significativamente abaixo da média da região (30% ou mais), mesmo considerando eventuais reformas;
- A região possuir uma população expressiva ou com uma tendência de crescimento populacional;
- A infraestrutura atual da região favorecer a sua localização;
- O entorno apresentar poucos sinais de desordenamento urbano (violência, favelização, abandono), exceto se existirem projetos aprovados de revitalização, devendo-se analisar criteriosamente este quesito;

Observe que, mesmo que as condições apresentadas sejam satisfeitas no momento da compra, elas podem se modificar no longo prazo, para melhor ou para pior.

Sobre o ganho de capital auferido pela diferença entre o preço de venda e o preço de compra incide uma alíquota de 15% de imposto de renda, mas todas as benfeitorias (obras, expansões, modernizações) realizadas podem ser lançadas na declaração de imposto de renda, aumentando o valor do imóvel e diminuindo a diferença entre o valor pago e o eventual valor de venda.

A cobrança do imposto de renda sobre aluguel segue a tabela progressiva do IR, ou seja, à medida em que o valor recebido aumenta, maior será a alíquota. De acordo com os dados atualizados para o ano de 2019, temos o seguinte:

- Rendimentos até R$1.903,98: isento de imposto de renda, mas deve-se informar o valor na declaração anual de imposto de renda;
- De R$1.903,99 até R$2.826,65: contribuem com uma alíquota de 7,5% e podem ter o benefício da parcela dedutível no valor de R$142,80;
- De R$2.826,66 até R$3.751,05: alíquota de 15% e parcela dedutível de R$354,80;
- Rendimentos entre R$3.751,06 e R$4.664,68: têm aplicação da alíquota de 22,5% e podem deduzir até R$636,13.
- Rendimentos acima de R$4.664,68: terão uma alíquota de 27,5% com parcela dedutível de R$869,36.

Uma alternativa é adquirir os imóveis por meio de uma pessoa jurídica (empresa) que admita a locação de imóveis. Esta estratégia gera uma vantagem tributária, uma vez que na pessoa jurídica, a tributação do aluguel de imóveis atinge a alíquota de 11,33% e, no caso de venda, a taxa é de 6,73% sobre o ganho de capital. Esta alternativa faz mais sentido apenas para quem recebe muita renda com imóveis, pois a manutenção de uma pessoa jurídica também gera despesas.

Sobre a rentabilidade dos aluguéis, o Brasil não possui nenhum índice que permita auferir a rentabilidade média histórica para períodos muito longos. Em linhas gerais, para se obter um rendimento líquido minimamente satisfatório (descontando impostos, taxas, comissões, vacância, reformas e inflação), é preciso conseguir uma taxa de ao menos 0,5% ao mês (um pouco mais de 6% ao ano) sobre o valor estimado do imóvel. Não é fácil conseguir esta taxa, conforme podemos observar no gráfico a seguir (que não desconta os impostos, taxas, comissões, vacância e reformas):

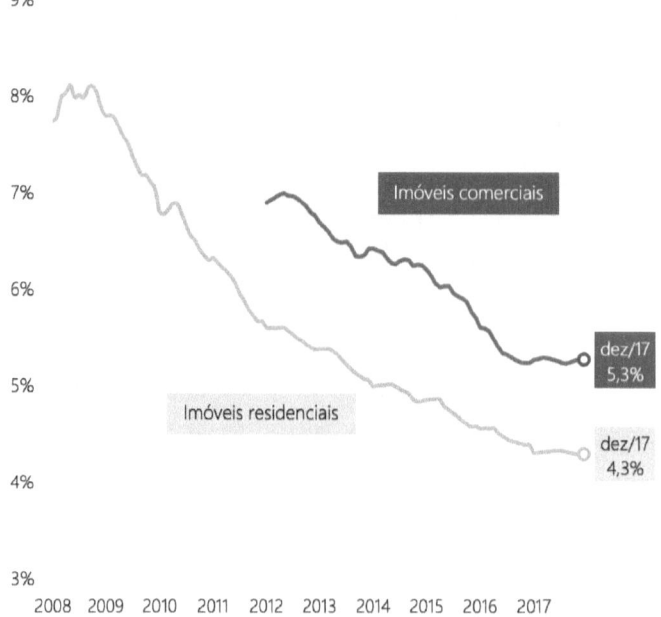

Figura 20 - Rentabilidade média dos aluguéis no Brasil, de 2008 a 2017 (Fonte: FipeZap)

Quando a rentabilidade dos aluguéis fica abaixo das taxas de rendimento reais oferecidas pelos títulos Tesouro IPCA+, a melhor decisão de investimento naquele momento acaba por ser não investir em imóveis para aluguel e sim investir nestes títulos (Princípio da Dominância). Por outro lado, dado o comportamento cíclico do preço dos imóveis, estas rentabilidades podem apresentar inversão a médio prazo.

Um investidor de imóveis, para ser bem-sucedido, deve ser um especialista no mercado imobiliário da região. Ele deve saber dos preços das vendas realizadas e dos aluguéis praticados no entorno, conhecer corretores imobiliários confiáveis, trabalhadores da construção civil, fornecedores de material para construção civil e despachantes e deve procurar saber dos imóveis que potencialmente entrarão à venda.

O investidor que atua em atividades relacionadas à construção civil possui uma grande vantagem competitiva. Engenheiros Civis, Arquitetos, Mestres de obras, Pedreiros, Corretores imobiliários, Empreiteiros, Fiscais de obras etc. sabem avaliar melhor as oportunidades, e podem economizar dinheiro em função da própria atividade que exercem. Arrisco dizer que o investimento em imóvel físico faz sentido apenas para quem atua ou já atuou nestas atividades.

O investimento em imóveis é moderadamente complexo e rentável satisfatoriamente apenas para uma minoria, devendo ser avaliado com critério. O investidor bilionário Lírio Parisotto disse, certa vez: *"se imóvel fosse bom, as construtoras não venderiam"*. Lírio diz que investimentos em imóveis não são adequados devido à instabilidade de receitas e as taxações acopladas aos imóveis, como a do condomínio, que sempre incide, rendendo o imóvel ou não.

Incorporação imobiliária

Uma outra forma de investimento em imóveis é através da incorporação imobiliária. Quando falamos de incorporação imobiliária, estamos falando de um tipo de investimento em que todo o processo de construção do imóvel, legalização e posterior venda é financiado ou realizado pelo investidor. Trata-se de uma forma de investimento historicamente mais rentável que a da compra e venda ou de renda de aluguéis, mas que depende do momento em que se encontra o ciclo do mercado imobiliário. Torna-se interessante quando o mercado imobiliário está prestes a iniciar um novo ciclo de alta de preços e quando a taxa básica de juros está em patamares baixos. Identificar o momento de fazer uma nova incorporação é o ponto crucial para tornar o investimento expressivamente rentável.

Existem muitos casos de sucesso de incorporação imobiliária, ou até mesmo, de reformas ou remodelações para posterior revenda. Em mercados imobiliários aquecidos, como é o caso de Portugal atualmente (2019), é possível acontecer situações espetaculares. Para exemplificar, podemos citar o caso do investidor Carlos Monteiro, que comprou um prédio velho no Centro de Lisboa por 347 mil euros. Após as reformas e remodelações efetuadas, vendeu todas as unidades por 5,7 milhões de euros. Outros exemplos podem ser encontrados nesta matéria da Forbes Portugal: https://www.forbespt.com/os-novos-ricos-do-imobiliario.

Em mercados onde o ciclo imobiliário está favorável, uma incorporação imobiliária pode render pelo menos de 25% a 30% de retorno ao ano. Uma forma simples de analisar a viabilidade deste tipo de investimento é seguir a regra dos 1/3 para 2 anos:

- 2/3 do potencial valor de venda será investido na compra do terreno, construção e regularização em até 2 anos;
- 1/3 será o lucro obtido com a venda.

Exemplo: *Suponha que em uma região o preço médio dos apartamentos de 3 quartos é de R$300 mil, e que um terreno com potencial construtivo para 6 apartamentos de 3 quartos está sendo vendido por R$400 mil. Calcula-se que a construção e regularização do prédio irá demorar 2 anos. Qual o valor máximo a ser gasto na construção e regularização deste prédio para que a regra dos 1/3 seja satisfeita?*

Construção e regularização (C) = ?
Terreno (T) = 400.000
Venda de todas as unidades (V) = 6 * 300.000 = 1.800.000,00.
Lucro (L) = 1/3 * V = 600.000
V = T + C + L

1.800.000 = 400.000 + C + 600.000
C = 1.800.000 - 400.000 - 600.000 = 800.000

Se o valor de R$800.000,00 for viável para construir e regularizar o prédio, o investimento se enquadrará na regra dos 1/3. O valor total investido será de R$1.200.000,00, distribuídos segundo uma curva de gastos S ao longo de 2 anos. Caso todas as unidades tenham sido vendidas até o final da construção a um preço médio de R$400.000,00, o lucro gerado será de R$600.000,00.

O retorno de 2 anos terá sido de 50% (600.000 dividido por 1.200.000), ou seja, um pouco menos de 25% ao ano a juros compostos. Como o desembolso dos 1.200.000 não acontecerá no primeiro momento, e sim ao longo de 2 anos, o dinheiro não desembolsado poderá estar investido em uma aplicação conservadora, potencializando o retorno sobre o investimento. Uma incorporação que consiga rentabilizar taxas superiores à 30% líquidos ao ano durante períodos favoráveis do ciclo imobiliário é considerada muito bem-sucedida.

Um incorporador que atua de maneira alavancada (com empréstimos) aumenta o risco do negócio, mas pode aumentar o retorno do investimento. Uma forma de diminuir este risco é vendendo as unidades na planta, pois dessa forma ele constrói o empreendimento utilizando capital de terceiros. A desvantagem deste modelo é que, caso durante a obra o valor dos imóveis na região valorize, este potencial de lucro adicional irá para o comprador que investiu na planta. Caso os imóveis da região desvalorizem, os compradores de imóvel na planta podem vir a solicitar o distrato (cancelamento da compra), gerando prejuízos para o incorporador e para o comprador.

Um incorporador cauteloso constrói empreendimentos sem alimentar expectativas futuras de valorização e nem recorrer a empréstimos. Quando estas duas situações não são satisfeitas, o empreendimento corre um risco substancialmente maior de fracasso, pois durante o período da construção o ciclo imobiliário pode entrar em uma fase de declínio, diminuindo o preço potencial de venda e causando prejuízos ao incorporador.

Tanto a incorporação imobiliária quanto a compra e venda de imóveis e imóveis para aluguel são formas complexas e trabalhosas de se investir. O investidor bem-sucedido em imóveis deve ser anticíclico, ou seja, investir em imóveis quando todos estão desconsiderando-os como alternativa de investimento. Isso, por outro lado, é custoso, não cabendo no bolso da grande maioria da população. Quase ninguém consegue comprar com facilidade diversos imóveis de forma diversificada em um curto prazo de tempo, mas existem alternativas para isso. A forma mais simples e prática, tanto para o pequeno quanto para o grande investidor, é através dos Fundos Imobiliários e REITs, que serão apresentados a seguir.

Fundos Imobiliários

Suponha que uma pessoa queira investir no mercado imobiliário e disponha de R$100.000,00, que é uma quantia pequena para viabilizar a aquisição de um imóvel. Suponha que este mesmo investidor demonstre interesse em um galpão industrial, anunciado para venda por R$1.500.000,00. Analisando a oportunidade, ele entende ser um bom negócio, pois conhece empresas dispostas a pagar até R$18.000,00 de aluguel por mês por galpões deste tipo.

Com o valor que dispõe, logicamente, não é possível adquirir o galpão. Este investidor decide então compartilhar o seu interesse com outros amigos, e três deles ficam convencidos de que se trata de um bom investimento.

Em uma reunião entre os quatro amigos investidores (A, B, C, D), fica decidido que cada um deles contribuirá com um determinado valor, de modo a totalizar o valor do galpão e viabilizar o investimento. O investidor A está disposto a investir R$500.000,00, o investidor B o valor de R$300.000,00 e o investidor C o valor de R$600.000,00, que junto com os R$100.000,00 do investidor D, totalizam os R$1.500.000,00 necessários à aquisição do galpão.

Os investidores também decidem que os rendimentos do galpão serão repartidos de acordo com o investimento realizado. Para facilitar os cálculos, foi decidido que uma cota do galpão corresponde a R$100.000,00, de modo que o investidor A possui 5 cotas, o investidor B possui 3 cotas, o investidor C possui 6 cotas e o investidor D possui uma cota, totalizando 15 cotas.

Para facilitar a administração do imóvel, eles decidem contratar uma corretora de imóveis, que de antemão consegue um uma empresa interessada em alugar o imóvel por R$16.670,00. A corretora de imóveis cobra 10% de taxa pelos serviços de intermediação, a serem calculados sobre o rendimento do imóvel. A taxa representa aproximadamente R$1.670,00 por mês em cima da proposta apresentada. Os investidores entendem ser um bom negócio, e decidem alugar o galpão. Como o valor líquido de aluguel fica em R$15.000,00, o possuidor de cada cota será remunerado por 15.000/15 = R$1.000,00/cota. Dessa forma, o investidor A receberá R$5.000,00/mês, o B receberá R$3.000,00/mês, o C receberá R$6.000,00/mês e o D receberá R$1.000,00/mês.

O episódio descrito anteriormente retrata, de forma simples, como funciona um Fundo de Investimento Imobiliário (FII). Logicamente, um FII é muito mais do que isso, pois trata-se de um produto financeiro que funciona de forma organizada, profissional, transparente e regulada.

Um FII é uma comunhão de recursos financeiros de pessoas distintas destinados à aplicação em empreendimentos imobiliários. Os FII surgiram como resultado da junção do mercado imobiliário com o mercado financeiro, simplificando expressivamente o investimento em imóveis.

Um FII é constituído sob a forma de um condomínio fechado, dividido em cotas, que representam parcelas dos empreendimentos imobiliários. Um FII possui natureza de pessoa jurídica, sendo gerido por meio de uma entidade administradora.

Todo FII possui um regulamento, que nada mais é que um documento que se assemelha ao contrato social ou estatuto social de uma empresa. Nele estarão contidas as regras gerais aplicáveis ao FII, como por exemplo: o seu objetivo (que definirá a natureza dos investimentos ou empreendimentos imobiliários que serão realizados), os tipos de ativos atrelados ao mercado imobiliário que irão compor o patrimônio do FII, o prazo de duração, o número de cotas, as formas de distribuição de rendimentos, a governança etc.

A entidade administradora também é responsável pelo funcionamento, manutenção e a representação do fundo perante terceiros. Cabe à entidade prestar diretamente (ou contratar terceiro para prestar, conforme aplicável) os serviços de análise e acompanhamento de projetos imobiliários (consultor imobiliário), atividades de tesouraria, controle e processamento dos títulos e valores mobiliários, escrituração de cotas, custódias dos ativos financeiros, contratar auditoria independente e realizar a gestão dos valores mobiliários integrantes da carteira do fundo.

A constituição, o funcionamento e a aprovação do regulamento de um FII dependem de uma avaliação e registro prévio da Comissão de Valores Mobiliários (CVM), que também é responsável pela fiscalização dos mesmos.

A CVM restringe o cargo de entidade administradora apenas a bancos comerciais, bancos múltiplos com carteira de investimento ou carteira de crédito imobiliário, bancos de investimento, sociedades corretoras ou sociedades distribuidoras de valores mobiliários, sociedades de crédito imobiliário, caixas econômicas e companhias hipotecárias.

A compra de cotas de um FII pode ocorrer no mercado primário (quando as cotas são operacionalizadas para serem vendidas pela primeira vez) ou no mercado secundário (através da bolsa de valores). Existem centenas de fundos imobiliários negociados na bolsa de valores, com valores de cotas acessíveis a qualquer investidor (existem fundos com cotas que custam menos de R$10,00). Comprar ou vender cotas de FII envolve muito pouco trabalho quando comparado com o investimento tradicional em imóveis. Este trabalho resume-se a nada mais do que alguns poucos cliques através do site do banco ou da corretora de valores onde possui conta.

Pelo fato de ser possível adquirir cotas a preços acessíveis, os FII's viabilizam ao pequeno investidor a possibilidade de se tornarem sócios de empreendimentos imobiliários de alta capitalização, como galpões industriais e logísticos, hospitais, prédios universitários, shopping centers, edifícios comerciais de alto padrão, agências bancárias ou mesmo a compra de títulos de crédito atrelados ao mercado imobiliário (CRI).

A grande maioria dos FII's remunera os investidores através dos proventos recebidos mensalmente. Os proventos dos FII's nada mais são que os rendimentos recebidos com os aluguéis dos imóveis ou dos juros das letras de crédito imobiliário que fazem parte do FII. Por regulamento da CVM, os administradores dos FII são obrigados a distribuir 95% dos proventos recebidos aos cotistas. Os proventos recebidos são isentos de imposto de renda, mas o ganho de capital obtido com a venda das cotas não é, sendo taxado em 15%, sem exceções.

Para analisarmos o comportamento dos FII's e considera-los como uma alternativa de investimento, é pertinente olhar a rentabilidade histórica do IFIX (índice dos fundos imobiliários da bolsa de valores do Brasil) em comparação com o IBOV (índice de ações Ibovespa). Ambos os índices já incorporam na sua rentabilidade a valorização das cotas e os proventos recebidos. O IFIX é um índice relativamente recente, de modo que só é possível compararmos estes dois índices durante o período de 14/09/2012 até a data atual.

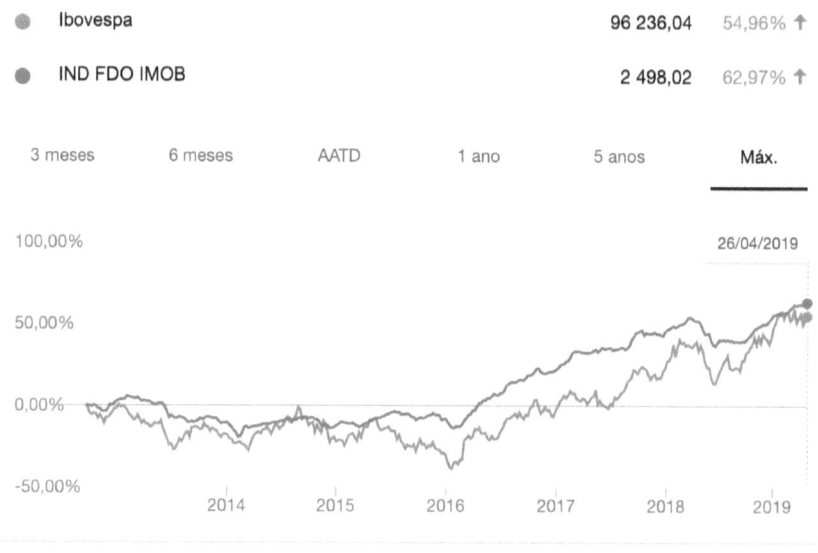

Figura 21 - IFIX e IBOV de 14/09/2012 até 26/04/2019 (Fonte: Google Finance)

Pelo gráfico apresentado, é fácil observar que o IFIX e o IBOV possuem correlação positiva, com o IFIX apresentando menos volatilidade que o IBOV. No período analisado, O IFIX apresentou uma rentabilidade levemente superior ao IBOV. Sob esse prisma, trata-se de um tipo de ativo historicamente rentável e que pode ser considerado como uma alternativa de investimento, mesmo para quem já investe em imóveis diretamente e deseja diversificar seus investimentos no mercado imobiliário.

A lista a seguir contempla uma série de vantagens e desvantagens do investimento em FII's quando comparado com o investimento tradicional em imóveis:

Tabela 15 - Vantagens e desvantagens do investimento em FII's em comparação com o investimento tradicional em imóveis

Vantagens	Desvantagens
Porte dos imóveis	Não se pode comprar exatamente o imóvel desejado, uma vez que toda a gestão é feita pelo administrador
Diversificação	Dificuldade de conhecer os imóveis
Liquidez	Impossibilidade de dar os imóveis como garantia
Custos reduzidos	Impossibilidade de barganhar na compra
Gestão profissional	Tributação de 20% sobre o ganho de capital. No investimento tradicional em imóveis a tributação é de 15%.
Ganho de escala	Não se tem controle total sobre os imóveis
Benefício fiscal (isenção de impostos sobre os proventos recebidos)	
Simplificação	
Não é necessário gerenciar relações interpessoais	

Conforme listado, os FII's possuem uma série de vantagens, mas não se pode esquecer que os FII's são lastreados em imóveis, ou seja, seria um contrassenso considerar FII's um investimento superior ao investimento em imóveis. Um produto financeiro, por si só, não pode valorizar eternamente mais do que os ativos que o lastreiam. Logo, é possível sim, obter uma rentabilidade maior em imóveis do que em FII's, mas certamente esta rentabilidade será obtida à custa de mais esforço e tempo de pesquisa e acompanhamento.

A grande maioria dos FII's no Brasil acaba por possuir ou desenvolver imóveis nas grandes cidades ou em polos logísticos, o que por si só elimina a possibilidade de ganho com incorporação imobiliária em pequenas cidades com potencial de crescimento. Se o investidor realizar três incorporações imobiliárias em sequencia e que sejam bem-sucedidas, poderá mais do que triplicar o capital empregado, elevando o seu patrimônio consideravelmente. Já os FII's, por possuírem elevada capitalização, acabam investindo em empreendimentos de maior porte, o que naturalmente reduz o ganho percentual de capital.

Estas considerações nos levam a pensar na seguinte pergunta: como os fundos imobiliários crescem, ou seja, como o seu patrimônio líquido cresce?

Com relação à esta pergunta, existem grandes diferenças entre ações e FII's. As empresas com ações listadas em bolsa podem reter parte do lucro para reinvestir em seu próprio crescimento, e com o passar do tempo, esse reinvestimento pode gerar mais lucro. Além disso, as empresas podem contrair dívida visando financiar a sua expansão.

Já os FII's, por regulamentação da CVM, são obrigados a distribuir 95% do lucro aos cotistas. Os 5% restantes são retidos com o intuito de promover pequenas manutenções e modernizações. Como agravante, os FII's no Brasil possuem grandes restrições para contrair dívidas, seja para crescer, seja para promover reformas mais profundas.

Ainda que um FII com gestão ativa possa realizar a permuta de imóveis, e essa permuta, se bem-sucedida, possa aumentar o patrimônio líquido, essa forma não é usual e nem tampouco capaz de fazer o FII crescer consideravelmente. Dessa forma, a forma mais utilizada para crescer é com a emissão de novas cotas (ou "*follow-on*").

Quando ocorre a emissão de novas cotas, os cotistas atuais possuem direito de preferência para adquirir estas novas cotas, normalmente a um preço abaixo do mercado, e na proporção da quantidade de cotas que possuem, a fim de terem o direito de não serem diluídos na sua participação total.

Classificação dos FII's

Os FII's possuem diversas formas de classificação. Nos parágrafos a seguir iremos caracterizar cada uma delas.

Quanto ao tipo de ativo, eles podem ser classificados em:

- **Fundos de tijolo**: são fundos que possuem imóveis físicos, como shoppings centers, edifícios comerciais, hotéis, galpões, hospitais, agências bancárias etc.;
- **Fundos de papel**: são fundos compostos por títulos de crédito do setor imobiliário, como por exemplo LCI e CRI;
- **Fundos híbridos**: compostos por ativos de tijolo e de papel;
- **Fundos de fundos (FOF)**: compostos por cotas de diversos outros fundos.

Quanto à diversificação de ativos e inquilinos:

- **Monoativo**: quando é composto por um único imóvel, ocupado por um ou múltiplos inquilinos;
- **Multiativo**: quando é composto por múltiplos imóveis, ocupados por um ou múltiplos inquilinos;
- Dizemos também que um FII é **multi-multi-multi** quando ele é composto por múltiplos imóveis, presente em múltiplas regiões e ocupado por múltiplos inquilinos.

Quanto ao objetivo presente no regulamento dos FII's, os mesmos podem ser classificados em:

- **Desenvolvimento para renda**: são os fundos que investem 2/3 ou mais do patrimônio líquido em incorporação imobiliária para fins de geração de renda com locação (arrendamento);
- **Desenvolvimento para venda**: são os fundos que investem 2/3 ou mais do patrimônio líquido em incorporação imobiliária para fins de alienação futura a terceiros (venda);
- **Renda**: são os fundos que investem 2/3 ou mais do patrimônio líquido em empreendimentos imobiliários já construídos, para fins de geração de renda com locação (arrendamento);
- **Títulos e valores imobiliários**: são os fundos que investem 2/3 ou mais do patrimônio líquido em títulos e valores mobiliários, como LCI, CRI, ações de empresas do setor de construção civil etc.;

- **Híbridos**: são os fundos que não concentram ao menos 2/3 do patrimônio líquido em nenhuma das opções anteriores.

Quanto ao prazo, os FII's podem ser classificados em:

- **Prazo determinado**: são FII's que entrarão somente em projetos pré-estabelecidos e com prazos definidos de duração. Via de regra, FII's com prazo determinado de duração farão a amortização do capital principal da sua data de encerramento. É mais comum encontrar FII's com prazo determinado cujo objetivo é o de desenvolvimento para venda.
- **Prazo indeterminado**: são FII's sem prazo para o resgate de cotas e do encerramento definitivo. Continuarão a existir até que haja uma decisão em acordo com os cotistas de fechá-lo. São mais comumente encontrados nos FII's cujo o objetivo seja o de Renda ou de Papel. É mais comum encontrar FII's com prazo indeterminando do que com prazo determinado.

A gestão de um FII pode ser caracterizada de duas formas:

- **Gestão ativa**: são os fundos que não possuem uma lista de imóveis definida, podendo o administrador comprar, vender, permutar etc., de acordo com as oportunidades do mercado;
- **Gestão passiva**: quando no regulamento do fundo está especificado o imóvel ou a lista de imóveis que farão parte do fundo;

Todos os ativos de um FII são geridos por meio de contratos. Nos contratos é que ficarão definidos a relação de papéis e responsabilidades entre os inquilinos e o FII, as questões de rescisão contratual, do ajuste do aluguel, do pagamento de taxas, impostos e multas etc. Um contrato pode ser típico ou atípico, conforme definição a seguir:

- **Contrato típico**: são os contratos convencionais, normalmente com duração média de cinco anos e multas por cancelamento entre três a seis meses, sendo reajustados anualmente por algum índice de inflação, como IPCA ou IGP-M. Normalmente, depois de três anos estes contratos podem passar por um período revisional, que pode lhe garantir perdas ou ganhos, quando comparado com a inflação do período.

- **Contrato atípico**: os aluguéis são negociados no início da operação e nenhuma das partes pode pedir revisão do mesmo durante a sua vigência. Caso uma das partes deseje cancelar o contrato, será necessário pagar uma multa equivalente a todo os aluguéis a vencer, até o fim do contrato. Costumam ter um prazo de dez anos ou mais, sendo corrigidos anualmente por algum índice de inflação, como IPCA ou IGP-M. Os contratos atípicos são menos comuns, sendo mais utilizados quando se constrói um determinado imóvel sob medida para um inquilino em específico ou quando o imóvel recentemente vendido é ocupado pelo antigo proprietário, que passa a ser inquilino.

Os alugueis cujos contratos sejam atípicos são mais previsíveis durante a vigência do contrato, mas são mais suscetíveis a sofrerem reajustes negativos, uma vez que estes contratos possuem um prazo de duração mais longo, sem direito a período revisional. Em função disso, pode ser que ao término do contrato o ciclo imobiliário esteja passando por um período de baixa, forçando os proprietários a diminuírem o valor cobrado de aluguel.

Para conhecer mais sobre como avaliar os FII's e entender a natureza deste tipo de investimento, é importante entender os termos adotados pelos profissionais que atuam ou investem neste mercado. O objetivo do quadro a seguir é servir ao leitor como um guia a ser consultado:

Tabela 16 - Termos relacionados aos fundos imobiliários (Fonte: Guia Suno Fundos Imobiliários com adaptações)

Termo, métrica, indicador	Definição
Adjusted Funds From Operation (AFFO) ou FFO ajustado.	Corresponde ao FFO somado às despesas financeiras não caixa, relacionadas à correção monetária sobre o saldo do endividamento.
Área Construída	Área total de construção do imóvel, incluindo garagens, recepção, lobby.
Área Bruta Locável (ABL)	É a área privativa disponível para locação, sendo informalmente conhecida como "área da vassoura" ou "área do carpete".

Absorção Bruta	Área total locada em um período de tempo, incluindo as renovações de contratos e contratos novos.
Absorção Líquida	É a Absorção Bruta menos a área locada do total de contratos existentes que não foram renovados. Ajuda a identificar se houve ou não aumento da área ocupada em determinado período de tempo.
Aluguel Mínimo Mensal (AMM)	Termo utilizado nos contratos com shopping centers, em que as lojas pagam um aluguel mínimo mensal ou uma porcentagem das vendas.
Built to Suit	Termo utilizado quando os imóveis são construídos sob medida para determinados inquilinos.
Cap rate	Também conhecido como taxa de capitalização. É o resultado da divisão dos rendimentos recebidos durante um ano pelo valor de mercado do imóvel. Esta métrica é fundamental para realizar a comparação entre diferentes ativos imobiliários.
Certificação LEED	LEED, acrônimo de *Leadership in Energy and Environmental Design*, é uma certificação que alguns edifícios possuem por serem projetos sustentáveis do ponto de vista ambiental.
Certificado de Recebíveis Imobiliários (CRI)	É um tipo de investimento destinado a financiar transações do mercado imobiliário.
CRI High Grade	CRI com baixo risco de crédito. Potencialmente com alto rating de agência de risco.
CRI High Yield	CRI com risco de crédito mais elevado, compensando esse risco mais alto com uma taxa de retorno maior.
Custo de Ocupação	Todo o custo despendido para ocupação por m², incluindo aluguel, IPTU, condomínio, taxa de incêndio etc.
Custo de Reposição	Custo necessário reconstruir um imóvel idêntico na mesma localização, incluindo material, mão de obra, terreno, taxas e despesas administrativas.
Custo de Vacância	Valor gasto pelo proprietário para manter o imóvel vago. Geralmente é o valor do condomínio mais o IPTU e a taxa de incêndio.
Discounted Cash Flow (DCF)	Fluxo de Caixa descontado. É um método para avaliar a riqueza econômica de um FII (ou empresa) dimensionada pelos benefícios de caixa a serem agregados no futuro e

	descontados por uma taxa de atratividade que reflete o custo de oportunidade dos provedores de capital.
Debt to Income (DTI)	Expresso em porcentagem, demonstra a capacidade de um tomador de empréstimo. É a divisão da parcela mensal do empréstimo pela renda de quem tomou o empréstimo. Muito utilizado na avaliação de Fundos de Papel.
Dividend Yield	Expresso em porcentagem, no contexto de FII's, é o lucro líquido por cota distribuído aos cotistas dividido pelo valor de mercado da cota. Não representa a real rentabilidade de um FII, já que a rentabilidade é a soma do dividend yield mais o percentual de valorização das cotas.
Loan to Value (LTV)	Expresso em porcentagem, é a divisão do valor de empréstimo pelo valor do imóvel dado como garantia. Muito utilizado na avaliação de Fundos de Papel.
Flight to Quality	É uma expressão utilizado no mercado imobiliário para designar um movimento de mudança dos locatários de imóveis de menor qualidade para imóveis de maior qualidade. É um fenômeno comum em momentos de crise, quando há um excesso de oferta de imóveis e os inquilinos aproveitam para negociar e migrar para imóveis de melhor qualidade com preço de locação reduzido e carências.
Funds From Operation (FFO)	Demonstra a real capacidade de geração de caixa de imóvel. É calculado subtraindo as despesas financeiras e impostos do resultado operacional, sendo efetivamente o valor líquido a ser recebido pelos cotistas.
Funds From Operation Yield (FFO Yield)	Expresso em porcentagem, é a divisão do FFO pelo valor do imóvel.
Leasing Spread	É a diferença entre o valor de um contrato novo de aluguel para um contrato antigo para o mesmo imóvel.
Net Operation Income (NOI)	É o resultado operacional do ativo imobiliário. É calculado subtraindo da receita de uma propriedade os custos e as despesas necessárias para a operação. Não incluir despesas financeiras. Para os familiarizados com finanças, NOI é o EBTIDA de uma propriedade voltada para geração de renda.

Payout ratio	É a porcentagem do lucro líquido que é distribuído aos cotistas. No caso dos FII's, por regulação da CVM, deve ser de no mínimo 95%.
Período de carência	Prazo com isenção de aluguel concedido ao locatário.
Preço pedido de locação	É o preço que o imóvel é anunciado, ofertado ao mercado diretamente pelo proprietário ou via corretores. É comum que na negociação de locação acabe ocorrendo alguma redução no preço e esse seja contratado por um valor menor que o preço pedido.
Rent roll	Lista de inquilinos de um imóvel. Inclui dados de locação, como metragem ocupada, duração do contrato e também pode incluir o valor pago por m² no aluguel.
Retrofit	É a reforma realizada em um edifício buscando a modernização e revitalização deste para torna-lo competitivo novamente.
Sale and Leaseback	É um acordo comercial em que um imóvel é vendido e, imediatamente, o vendedor torna-se inquilino do imóvel.
Taxa de ocupação	ABL ocupada do imóvel dividida pela ABL total.
Taxa de vacância	ABL vaga do imóvel dividida pela ABL total, sem considerar o período de carência.
Vacância física	Porcentagem não alugada do imóvel. Idêntico à taxa de vacância.
Vacância financeira	Porcentagem do imóvel que não está gerando renda. Isso pode ocorrer quando o imóvel está fisicamente vago ou fisicamente ocupado, porém em período de carência.
Valor Patrimonial	É o indicador que representa o valor de avaliação dos ativos de determinado fundo, sendo diferente do valor de mercado (da cota negociada em bolsa).

Quanto à qualidade das construções, tanto os edifícios comerciais (ou lajes corporativas) quanto os galpões logísticos, costumam receber classificações. Estas classificações variam desde o A+, AAA, AA, A, B, C ou mesmo sem classificação, quando se tratar de edifícios antigos sem nenhum tipo de modernização. A própria certificação LEED é um tipo de classificação e pode contribuir de maneira positiva na opinião do avaliador. Estes critérios podem variar de avaliador para avaliador, mas o importante é entender que quanto mais bem avaliado é o imóvel, mais atrativo ele se torna.

São aspectos a serem analisados na classificação dos edifícios comerciais: tamanho da laje, altura do pé direito, ar-condicionado central, presença de heliporto, elevadores inteligentes, número de vagas de garagem e tamanho das vagas, presença de dispositivos anti-incêndio, sustentabilidade, presença de geradores de energia etc.

No caso dos galpões logísticos, devem ser analisados: presença de cobertura termoacústica, capacidade do piso de suportar peso, presença de doca com niveladoras e alguns dos itens já mencionados na avaliação dos edifícios comerciais.

No caso dos demais tipos de imóveis, como hospitais, shopping centers, universidades, agências bancárias etc. a classificação acaba não sendo tão comum quanto para os galpões logísticos e lajes corporativas, sendo enfatizados outros aspectos, como grau de maturidade do imóvel, localização, qualidade do built to suit etc.

Critérios para se avaliar FII's

Todo investidor ambiciona selecionar FII's que tenham um desempenho superior ao índice IFIX a longo prazo. O IFIX é o resultado de uma carteira teórica de ativos, elaborada por cotas selecionadas de acordo com a sua liquidez e ponderadas nas carteiras por seu valor de mercado total (número total de cotas emitidas multiplicado por sua última cotação em mercado).

O objetivo do IFIX é ser o indicador do desempenho médio das cotações dos fundos imobiliários negociados nos mercados de bolsa de valores da B3. Ainda que até o presente momento não exista uma forma de investir de diretamente no IFIX (ou seja, como um ETF, como já existe no caso das ações), existem Fundos de Fundos (FOF) que investem apenas em FII's que façam parte do IFIX, com o objetivo de superar o próprio índice.

Os critérios de avaliação dos FII's variam de acordo com o seu tipo (Tijolo, Papel, Híbrido e FOF), mas é primordial entender que não é possível analisar a qualidade de um FII sob o prisma de apenas alguns critérios, ou seja, não há bala de prata. Em comum, pesa na avaliação de todos os tipos a análise da capacidade e a confiança no administrador e no gestor.

Para os FII's de Tijolos, que englobam os setores de Lajes Corporativas, Shoppings, Galpões Industriais e Logísticos, Residencial, Hospital, Hotel, Universidades etc., as perguntas e os critérios a seguir devem obrigatoriamente serem analisados:

- **Vacância**: Deve-se analisar a vacância histórica e atual de cada imóvel do fundo em comparação com a vacância histórica e atual da região em que cada imóvel está inserido. Caso a vacância histórica e atual seja menor, é um sinal de que aquele ativo possui maior atratividade do que os ativos da região.
- **Dividend yield**: Deve-se analisar se o dividend yield pago pelo FII é maior do que o retorno líquido que você poderia obter com o retorno dos

títulos tesouro IPCA+ de mais longo prazo. Se o título escolhido estiver pagando IPCA + 5% ao ano, deve-se comparar o 5% do título com o dividend yield. Como os FII's são tipos de ativos mais arriscados que os títulos públicos, deve-se considerar os FII's com prêmio de risco positivo. O prêmio de risco é a diferença entre o dividend yield e o 5% do título do tesouro IPCA + 5% ao ano. Logicamente, quanto maior o prêmio de risco, melhor. Esta comparação é válida por que o valor dos imóveis, na média, corrige-se pela inflação no longo prazo.

- **Valor patrimonial do fundo e da cota**: Pode ocorrer que um FII esteja sendo negociado abaixo de seu valor patrimonial. Sendo assim, os imóveis detidos pelo FII costumam ter um valor maior do que o que é representado pelo valor da cota no mercado. Suponha que um FII tenha o valor patrimonial de R$ 100 milhões e na bolsa de valores o seu valor de mercado seja de R$ 90 milhões. Se o gestor resolvesse vender os ativos do FII e liquidá-lo, seria possível que o gestor conseguisse realizar a venda por volta de R$ 90 milhões em todos os ativos do FII. Assim, o cotista poderia receber por suas cotas um valor cerca de 11% maior. Quanto maior a diferença positiva entre o valor patrimonial do FII em comparação com o seu valor de mercado, melhor.
- **Cap rate**: Diferente do dividend yield, que é a renda final paga ao cotista por um FII, o Cap rate avalia individualmente cada imóvel e a renda por ele proporcionada, sem considerar as despesas do FII, como taxas de gestão e administração. É uma métrica que representa a taxa de retorno implícita de um ativo imobiliário que é proporcionada pela sua renda. Avaliá-la é fundamental para o investidor verificar o retorno proporcionado pelos ativos no portfólio do FII. Quanto maior o Cap rate, melhor.
- **Preço/Valor patrimonial da cota (P/VP)**: O P/VP representa o ágio ou deságio em que aquele ativo está sendo negociado. Para calcular o valor patrimonial de uma cota, basta dividir o valor do patrimônio líquido do FII pelo número de cotas. Após isso, deve-se comparar o valor patrimonial da cota com o valor de mercado da cota. Para calcular essa relação, divide-se o valor de mercado da cota, pelo seu valor patrimonial. Se, por exemplo, a cota de um FII estiver sendo negociada na bolsa por R$ 155,00 e o seu valor patrimonial por cota seja de R$ 135,00, então o múltiplo P/VP (Preço sobre Valor Patrimonial) desse ativo será de 1,14, sendo negociando acima do seu valor patrimonial.

Cotas que estejam sendo negociadas bem abaixo do valor patrimonial podem representar oportunidades, mas também podem mostrar que há algum problema estrutural ou pontual dentro dos ativos de um FII. É sempre importante lembrar que não se deve avaliar um critério isoladamente.

- **Valor por m² cobrado no aluguel**: Deve-se verificar se o aluguel atual praticado por um imóvel do FII está de acordo com os valores praticados na mesma região, se está caro ou barato. Normalmente imóveis muito bem localizados, com vacâncias pequenas, têm um valor por m² mais elevado, e os imóveis em regiões com sobreoferta e menos procuradas, aluguéis menores. Ao verificar um valor de m² muito aquém da realidade de uma região, deve-se desconfiar se o imóvel possui atratividade ou se foi mal alugado. Neste mesmo sentido, se o valor de m² estiver muito acima da região e caso o locatário resolva sair do imóvel, pode ser que o gestor tenha dificuldades em conseguir um novo locatário com as mesmas condições.
- **Taxas de administração e gestão**: Para realizar a gestão e a administração do FII, todo gestor e administrador cobram taxas mensais. Elas podem ser pequenas proporcionalmente ao patrimônio do fundo e às suas receitas ou podem ser elevadas. Taxas de administração altas podem acabar prejudicando a rentabilidade final do FII e as distribuições de dividendos, sendo fundamental o investidor checar se as taxas que são cobradas estão de acordo com a média do mercado.
- **Vencimento dos contratos**: A análise das datas de vencimento dos contratos irá sinalizar a perenidade dos rendimentos futuros dos imóveis do FII. Muitas vezes, o próprio inquilino sinaliza antecipadamente se tem a intenção de renovar ou não um contrato. Dependendo do ciclo econômico imobiliário, a renovação pode representar um desafio ao gestor, resultando eventualmente em um aumento na vacância. Em outros casos, pode ser que o imóvel tenha passado por um *Built to Suit*, o que pode fazer com que seja mais difícil de aluga-lo no futuro a outros inquilinos.
- **Análise tangível dos imóveis**: caso os imóveis estejam próximos de lugares onde costume frequentar, faça uma visita e analise a sua tangibilidade. Converse com as pessoas que lá trabalham e busque informações sobre o seu grau de conservação e a possível instalação de imóveis concorrentes na região. Caso não seja possível realizar uma

visita, encontre-os no Google Maps e faça uma caminhada virtual pelo entorno. Veja fotos, pesquise informações adicionais, tais como: quais unidades serão entregues na região nos próximos anos, quais indústrias costumam se alocar ou se há incentivos para que determinadas indústrias se instalem lá, quando foi a última e quando será a próxima reforma prevista, verifique se há concentração de inquilino, analise se a cidade está crescendo na direção do imóvel ou se afastando dele.

- **Particularidades para a análise dos shoppings**: deve-se analisar qual a inadimplência atual o qual o nível tolerável de inadimplência, como as lojas estão se integrando ao e-commerce, qual o percentual do faturamento são das receitas de estacionamento, como o shopping reage à competição com outros shoppings, quais são as lojas âncoras, como são os seus contratos de aluguel (como é o AMM?), existe espaço para expansões, como está a fila de espera de futuros lojistas etc.

Os FII's de tijolo são mais tangíveis que os FII's de Papel. Em função disso, trazem uma visão mais subjetiva na análise dos critérios apresentados, uma vez que a opinião sobre imóveis que compõem um FII de Tijolo varia de investidor para investidor.

Os FII's de Papel não devem ser entendidos da mesma forma que os FII's de Tijolo. Enquanto que os FII's de Tijolo investem em imóveis de fato, os FII's de Papel investem majoritariamente em títulos financeiros atrelados ao mercado imobiliário, tais como: certificados de recebíveis imobiliários (CRI's) e letras de crédito imobiliário (LCI's). Os FII's de papel, por possuírem rentabilidades um pouco mais previsíveis, tendem a apresentam maior estabilidade patrimonial e menor volatilidade das cotas. Estas características fazem dos FII's de Papel o tipo mais negociado em bolsa. No caso dos FII's de Papel, as perguntas e os critérios a seguir devem obrigatoriamente serem analisados:

- **Competência do gestor**: será o gestor quem selecionará os títulos financeiros que irão gerar a renda ao FII. Ele deverá analisar a relação risco/retorno de cada título financeiro, assim como o indexador utilizado na sua remuneração: CDI, IPCA, IGP-M ou pré-fixado. O gestor também será o responsável por alocar os recursos da oferta de melhor forma possível e no menor tempo possível. O tempo que ele demora para fazer as alocações pode afetar a rentabilidade esperada do FII.

- **Diversificação**: FII's de Papel não devem ser concentrados em poucos títulos financeiros e nem em títulos de natureza similar. O ideal é que os títulos sejam diversificados em loteamentos, corporativos, residenciais etc. Até mesmo a diversificação da indexação é importante (IPCA, CDI, IGP-M etc.). Todo gestor deve observar o rating dos títulos: se são atrelados a dívidas de empresas bem avaliadas ou de empresas extremamente endividadas.
- **Dividend yield**: aqui a análise é um pouco diferente que no caso dos FII's de tijolos. Geralmente, os FII's de tijolo são mais afetados que os FII's de papel quando há uma tendência de elevação da taxa básica de juros da economia (CDI/Selic). No caso dos FII's de papel, estes normalmente possuem uma parcela dos títulos indexados à inflação e ao próprio CDI, ou seja, com a elevação do CDI ou com a elevação da inflação (IPCA ou IGP-M), que é comum em cenários de maior instabilidade, esses ativos tendem a pagar dividend yield maiores, podendo inclusive se valorizarem em momentos de maior volatilidade. Um outro detalhe importante nos FII's de papel é que a correção do valor patrimonial da cota pela inflação vem para o investidor através de fluxo de caixa (rendimentos distribuídos), junto com o cupom (juro real) que remunera cada título. Por isso, é importante reinvestir parte dos rendimentos distribuídos, no mínimo, o equivalente à inflação do período, para ter alguma preservação patrimonial ao longo do tempo.
- **Análise dos principais devedores dos títulos**: essa análise deverá contemplar perguntas como: qual é o histórico de inadimplência dos devedores, qual o impacto para a operação do devedor perder as garantias, qual o LTV (Loan To Value) médio da carteira de títulos, qual a diferença de taxas do CRI/LCI para outras dívidas do mesmo devedor etc.

Um investidor iniciante poderia optar por comprar cotas de um FOF que invista tanto em FII de tijolo quanto de Papel, já que desta forma ele estaria investindo em um FII diversificado, minimizando os riscos da concentração em poucos imóveis. Um FOF pode ser interpretado como um fundo multimercado de FII's. Dessa forma, o principal critério de avaliação de um FOF é a competência do gestor. Esta estratégia, apesar de possuir diversas vantagens e ser perfeitamente adotável, possui dois contrapontos: ao investir em um único FOF há o risco de concentração em apenas em um gestor de fundo. Caso este gestor sofra questionamentos pelo mercado ou mesmo pela CVM, isso se refletirá no preço das cotas. Outro contraponto é a duplicidade do pagamento de taxas de administração e gestão. Isto ocorre por que os FOF compram cotas de diversos FII's, sendo que cada FII tem um próprio gestor e administrador, já remunerado através de taxas.

Para analisar a competência do gestor é fundamental analisar os relatórios de gestão emitidos periodicamente. Uma boa forma de conhecer o mercado e entender os movimentos realizados pelos principais gestores é analisando os relatórios dos principais FOF's da bolsa.

Os FII's cujo objetivo é o Desenvolvimento passam por desafios similares ao da incorporação imobiliária. Ao cotista, caberá confiar na gestão do FII de que os projetos façam sentido e de que a execução dos mesmos será bem realizada. De modo geral, os riscos dos projetos de desenvolvimento estarão rapidamente refletidos no preço das cotas: quanto mais incerteza houver sobre a incorporação, menor será o preço da cota, e vice-versa.

Há a possibilidade de os FII's de Desenvolvimento operarem alavancado, sendo fundamental entender o que acontecerá se os projetos de incorporação darem errado. Outro critério importante é entender o histórico de projetos de Desenvolvimento do FII e do gestor.

Os FII's monoativo são mais suscetíveis ao risco de concentração. Se o monoativo é multi-inquilino, esse risco é minimizado, mas ainda assim há o risco de a região onde o ativo está inserido sofrer uma desvalorização imobiliária ou sobreoferta. Só faz sentido investir em FII's monoativo se eles fizerem parte de uma carteira diversificada com outros FII's, pois caso contrário a relação risco/retorno deste FII tenderá a ser desfavorável.

Todas as perguntas e critérios apresentados podem ser respondidos com o auxílio de sites específicos sobre FII's, mapas geográficos e de análise populacional. Listo a seguir os que mais utilizo:

- Funds Explorer (https://www.fundsexplorer.com.br/)
- FII's (https://fiis.com.br/)

- Clube FII (https://www.clubefii.com.br/)
- Eduardo Cavalcanti FII's (https://eduardocavalcantifiis.com/)
- Tetzner (https://tetzner.wordpress.com/)
- Population Explorer (https://www.populationexplorer.com)
- Google Maps (https://www.google.com/maps)

Quando pensamos no risco de investirmos em FII's, logo pensamos como deve ser a volatilidade desse tipo de ativos. A volatilidade dos FII's está muito relacionada com o ciclo da taxa básica de juros (Selic), do mercado imobiliário e da análise tangível de seus ativos.

Os FII's são quase concorrentes dos títulos IPCA+ mais longos, pois possuem a obrigação de render mais do que estes títulos, ou seja, oferecer um prêmio de risco sobre os títulos públicos. Este prêmio de risco existe por que subentende-se que os FII's são ativos mais arriscados. Quando os títulos IPCA+ estão pagando maiores taxas, as cotas dos FII's tendem a se desvalorizar, de modo que os rendimentos dos FII's possam novamente oferecer um prêmio de risco maior que o dos títulos IPCA+.

O que é considerado pelo mercado no que se refere a prêmio de risco é que o critério de risco adotado na comparação entre o IFIX e o Tesouro IPCA+ é o risco de crédito. Esse risco é a possibilidade da perda resultante da inadimplência da instituição que emitiu e vendeu seus títulos no mercado. Felizmente, o mercado ignora, na hora de precificar o prêmio de risco, o risco de marcação à mercado dos títulos públicos.

Na prática, os títulos IPCA+ longos apresentam uma volatilidade maior do que os IFIX, sendo quase comparável à volatilidade das ações, conforme podemos ver no estudo realizado por Thiago Fleith Otuki, colaborador do Clube FII, que analisou a volatilidade entre diversos tipos de ativos de 2015 a 2017:

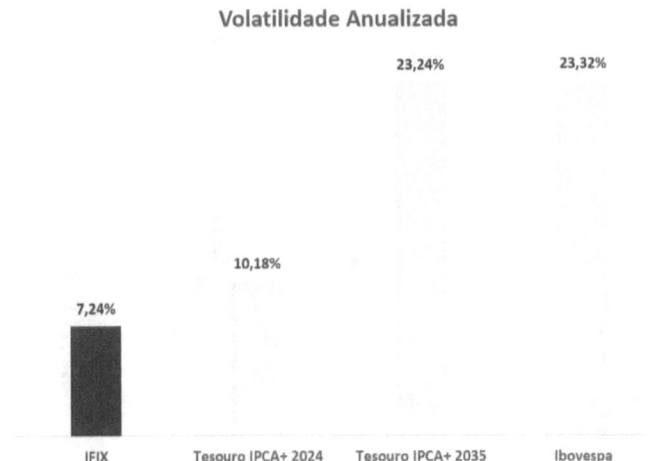

Figura 22 – Volatilidade entre diferentes tipos de ativos. Quanto maior, mais volátil é o tipo de ativo. Período analisado: 2015 a 2017. (Fonte: Clube FII)

Nesta mesma análise, observou-se que alguns dos FII's mais negociados no mercado poderiam ter uma volatilidade mais próxima dos títulos IPCA+ mais longos, tal como ocorreu com o HGLG11 (FII de Tijolo - Logística), HGBS11 (FII de Tijolo - Shopping), KNRI11 (FII Híbrido - Renda), BRCR11 (FII Híbrido - Renda) e, em menor grau, com o BBPO11 (FII de Tijolo – Lajes Corporativas, agência bancárias).

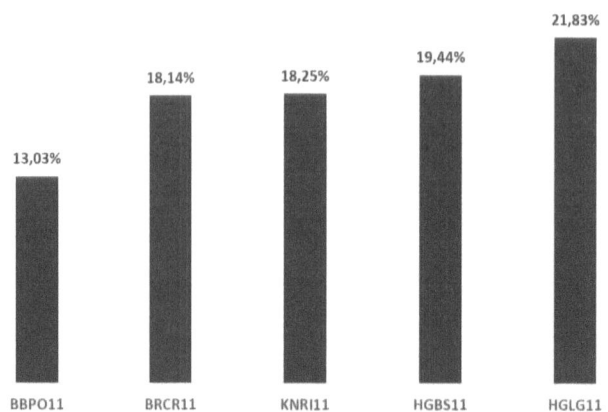

Figura 23 - Volatilidade de alguns dos mais negociados tipos de FII's. Quanto maior, mais volátil é o FII. Período analisado: 2015 a 2017. (Fonte: Clube FII)

Podemos observar que um Título IPCA+ com prazo longo, ou mesmo uma LTN com prazo longo, são ativos livres de risco de crédito, mas possuem um risco de volatilidade relacionado à marcação a mercado, próximo a ativos considerados mais arriscados, como as ações.

A conclusão sobre o estudo é que a diversificação se encaixa muito bem nos FII's. Na média, os FII's são menos arriscados do que o Tesouro IPCA+, mas ao estimar a volatilidade de alguns dos fundos mais importantes, é possível perceber que esta está mais próxima do Ibovespa do que do IFIX. A diversificação tende a reduzir a volatilidade, sem prejudicar a rentabilidade almejada. A quantidade de FII's, bem como a diversidade de tipos a serem adotados, serão analisados quando falarmos sobre como diversificar uma carteira de investimentos de acordo com o perfil do investidor.

Na próxima seção analisaremos como são os fundos imobiliários nos Estados Unidos, o maior mercado do mundo deste tipo de ativo.

Real Estate Investment Trust (REITs)

A ascensão dos fundos imobiliários como alternativa de investimento é um fenômeno razoavelmente recente no Brasil e em muitos países do mundo. Até o presente momento, tal alternativa de investimento tem se mostrado um produto financeiro resiliente. Quando comparamos com os Estados Unidos, encontramos um produto bastante similar e que surgiu na década de 1960, conhecido como *Real Estate Investment Trust* (REIT).

Para termos uma noção da dimensão do mercado de REITs nos Estados Unidos, os maiores fundos possuem uma capitalização maior do que todos os Fundos Imobiliários presentes no Brasil e até mesmo da grande maioria das empresas negociadas na bolsa de valores B3. Nos Estados Unidos, a diversidade de setores imobiliários é tão expressiva que é possível encontrar REITs que investem na construção de penitenciárias, *resorts*, espaço publicitário de *outdoors*, antenas de telefonia, parques de campismo, *datacenters*, etc.

Aproximadamente 80 milhões de norte-americanos investem em REITs, que o configura como um tipo de ativo tão popular quanto as ações. Está na cultura do povo americano saber se dar com a volatilidade dos ativos em renda variável, visando a aposentadoria.

Os REITs, na verdade, são empresas que atuam no mercado imobiliário, enquanto que os FII's brasileiros, apesar de também serem pessoas jurídicas, ainda são categorizados como fundos. Ser uma empresa permite, por exemplo, que os REITs operem de forma alavancada. Não ter dívidas pode ser um ponto positivo, pois assim o fundo tem poucas chances de falir, mas também pode ser um ponto negativo, pois isso faz com que ele não tenha a possibilidade de crescer de forma mais significativa.

Para se qualificar como REIT, uma empresa deve satisfazer alguns critérios, como por exemplo:

- Ter pelo menos 100 acionistas;

- Ser administrada por um conselho de administração;
- Pagar pelo menos 90% de seu lucro tributável em forma de dividendos todos os anos;
- Ter pelo menos 3/4 de seus ativos totais investidos em imóveis;
- Ter pelo menos 3/4 de sua receita bruta proveniente de aluguéis de imóveis, de juros de hipotecas ou de vendas de imóveis;
- Ser uma entidade tributável, assim como uma corporação;
- Não ter mais de 50% de suas ações concentradas em cinco ou menos pessoas.

A Nareit (Associação Nacional de REITs) é uma associação norte-americana responsável por representar todos os tipos de REITs (negociados em bolsas, não negociados e privados). Esta associação disponibiliza uma série de informações importantes sobre esse mercado, sendo uma ótima maneira de aprofundar o conhecimento sobre os REITs. De acordo com a Nareit, o mercado de REITs nos Estados Unidos tem investimentos imobiliários, que juntos, valem mais de 3 trilhões de dólares.

O investimento em REITs tem se mostrado bastante rentável a longo prazo, ainda que apresentando um grau de volatilidade quase que comparado com o das ações. Aliás, quando comparamos o principal índice de REITs com dois dos principais índices de ações no mercado americano, observamos que os REITs apresentaram, na média, um ganho superior, conforme podemos ver na figura a seguir:

Figura 24 – Comparação entre o retorno total dos REITs (linha azul escuro) com as ações (S&P 500 e Russel 2000), no período de dezembro/1989 até março/2019 (Fonte: Nareit, FactSet)

O gráfico apresentado evidencia, a despeito da excelente valorização histórica dos REITs, a grande queda brusca ocorrida em 2008, que corresponde ao período da grande recessão, ou crise do *subprime*, que teve suas origens principalmente na concessão de crédito imobiliário para hipotecas de clientes com perfil de qualidade duvidosa, afetando REITs e ações. Esta crise não impediu a plena recuperação dos mercados nos anos seguintes, mas serviu de alerta sobre os riscos que todo investimento em renda variável está sujeito.

O gráfico a seguir traz o retorno ano a ano dos REITs, incluindo a valorização das cotas e dos dividendos distribuídos, onde mais uma vez se evidencia a queda brusca ocorrida em 2008:

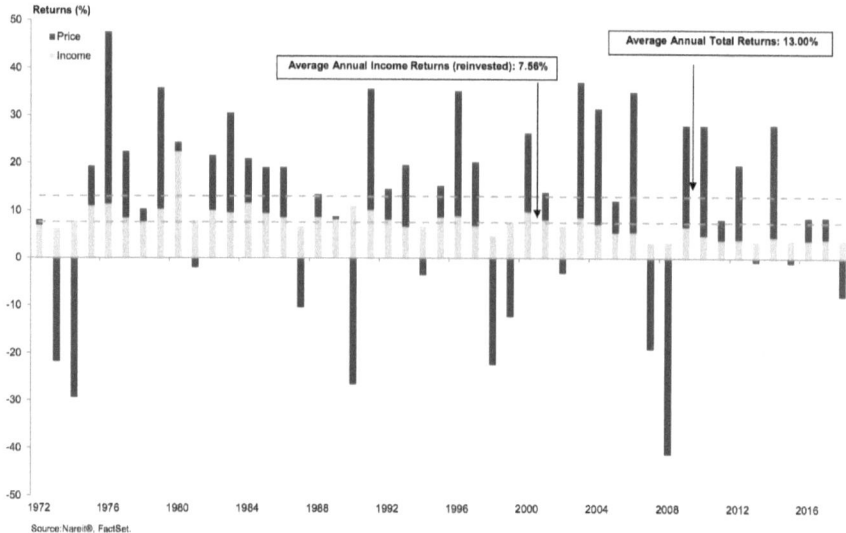

Figura 25 – Retorno total dos REITs ano-a-ano (índice FTSE Nareit All Equity REITs), de 1972 a 2018 (barras azuis escuras representam a valorização da cota; as barras azuis claras representam os dividendos). (Fonte: Nareit, FactSet)

Pelo gráfico apresentado é possível observar a alta representatividade dos dividendos na valorização total dos REITs. Se as cotas não se valorizassem e todos os dividendos recebidos fossem reinvestidos, este investimento teria trazido um retorno médio anual de 7,56% ao ano. Considerando a valorização das cotas, o retorno total chegaria a incríveis 13% ao ano.

Quando analisamos o retorno ano a ano das ações na bolsa de valores americana, observamos que a valorização destas é muito mais causada pela valorização dos papéis do que pela distribuição de proventos, conforme pode ser visto no gráfico a seguir:

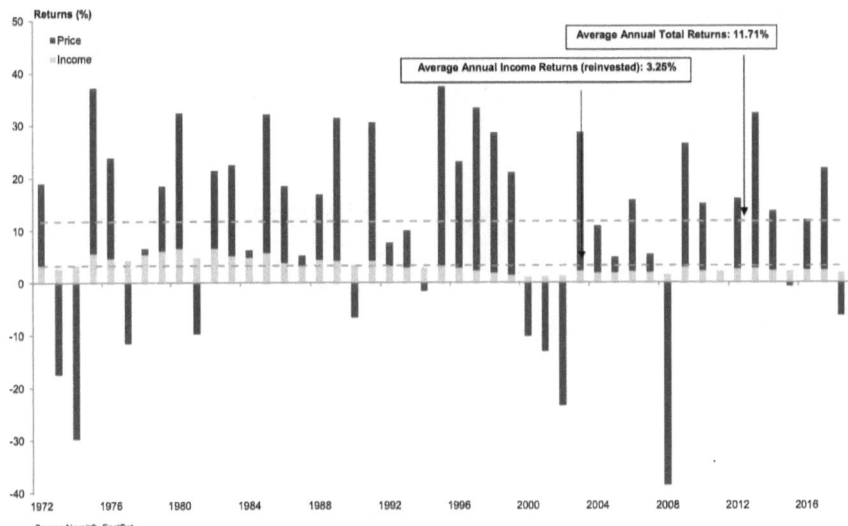

Figura 26 – Retorno total das ações do S&P-500 ano-a-ano, de 1972 a 2018 (barras azuis escuras representam a valorização da cota; as barras azuis claras representam os dividendos). (Fonte: Nareit, FactSet)

De maneira análoga, se os papéis não se valorizassem e todos os dividendos recebidos fossem reinvestidos, este investimento teria trazido um retorno médio anual de 3,25% ao ano. Considerando a valorização das ações, o retorno total chegaria a 11,71% ao ano.

Os dividendos de REITs, ao contrário dos FII's, são geralmente taxados com imposto de renda de 30% sobre o valor distribuído para os investidores não-residentes nos EUA. Esta taxação se dá diretamente na fonte, seguindo o mesmo padrão de taxação das ações convencionais negociadas em bolsa americana. Na bolsa brasileira as regras são um pouco diferentes e serão explicadas no próximo capítulo. Isso por si só não torna o investimento em REIT menos atrativo que os FII's, uma vez que investir em REIT é estar exposto a moeda forte, em um mercado extremamente consolidado e igualmente rentável.

Enquanto que nos FII's os proventos costumam ser distribuídos mensalmente, nos REITs os proventos, em sua maioria, são distribuídos semestralmente. Os proventos compõem uma parcela significativa do rendimento dos REITs e dos FII's, de modo que para o investidor que está interessado no aumento de patrimônio, é fundamental reinvestir todos os proventos recebidos de modo a conseguir acelerar este aumento. Para os investidores que já atingiram um patrimônio relevante e já são independentes financeiramente, os REITs se configuram como um dos melhores instrumentos para geração de renda passiva, funcionando como uma proteção de longo prazo contra a inflação.

Quanto ao tipo de ativo em que investem, os REITs podem ser classificados em:

- **Propriedade (*Equity*) ou de Capital**: São responsáveis pela aquisição, gestão, construção, renovação e venda de imóveis. As receitas de investimento imobiliário são geradas principalmente a partir de rendimentos de aluguel de suas participações imobiliárias.
- **Hipoteca (*Mortgage*)**: Geralmente emprestam dinheiro a compradores de imóveis ou adquirem hipotecas existentes ou títulos garantidos por hipotecas (MBS). Enquanto que os REIT de capital normalmente geram seus rendimentos através de aluguel de imóveis, os REITs de hipotecas geram principalmente suas receitas com os juros que ganham em seus empréstimos hipotecários.
- **Híbridos**: Utilizam as duas estratégias descritas anteriormente.

Quando falamos sobre as formas de negociação, os REITs podem ser classificados em:

- **Públicos negociados**: são negociados nas bolsas de valores dos Estados Unidos, sendo acessíveis a qualquer investidor. São registrados e regulados pela *Securities Exchange Commission* (SEC, equivalente à CVM no Brasil);
- **Públicos não negociados**: São registrados e regulados pela SEC, mas não são negociados em bolsa de valores, sendo, portanto menos líquidos e menos voláteis.
- **Privados**: Não são registrados e nem regulados pela SEC, e também não são negociados em bolsa de valores.

Para o investidor pessoa física que almeja atingir a independência financeira, a forma mais fácil de participar deste mercado é através dos REITs negociados em bolsa de valores. Existem centenas de REITs negociados em bolsa. A lista a seguir contempla alguns exemplos:

Tabela 17 - Exemplos de REITs negociados em bolsa de valores nos Estados Unidos (maio/2019)

REIT	Ticker	Segmento	Valor de mercado (US$ Bilhões)
American Tower Corporation	AMT	infraestrutura de telecomunicações	84,68
Apple Hospitality	APLE	Hotelaria	3,71
ARMOUR Residential	ARR	residenciais	1,13
AvalonBay Communities Inc	AVB	residenciais	27,85
Chatham Lodging Trust	CLDT	Hotelaria	0,96
Digital Realty Trust Inc	DLR	telecomunicações e serviços digitais	25,99
EPR Properties	EPR	varejo	5,99
Essex Property Trust Inc	ESS	residências	19,24
Farmland Partners Inc	FPI	diversificado	0,24
Iron Mountain Inc	IRM	Indústrias	8,93
Kite Realty Group Trust	KRG	varejo e shopping	1,43
Ladder Capital	LADR	empréstimos hipotecários de propriedades comerciais	2,10
Merlin Properties	MRPRF	propriedades comerciais	6,34
Park Hotels & Resorts Inc	PK	Hotelaria	6,37
Preferred Apartment Communities Inc	APTS	Residenciais	0,70
Realty Income Corporation	O	propriedades comerciais	21,40
Simon Property Group	SPG	centros comerciais	63,46
Stag Industrial Inc	STAG	Indústrias	3,76
Tanger Factor Outlet	SKT	Varejo e shopping	1,85
Ventas Inc	VTR	Saúde	22,49
Vonovia	VONOY	Apartamentos	26,15
Welltower	WELL	Saúde	30,81

Para quem não está familiarizado, o *ticker* é o código de negociação do REIT. Através deste código é possível, por meio de uma corretora de valores ou banco de investimento com acesso à bolsa de valores americana, adquirir cotas dos REITs correspondentes. O Portal Yahoo Finanças disponibiliza diversas informações e respeito de ativos de renda variável. Faço um convite ao leitor que acesse-o por meio do link (https://br.financas.yahoo.com/), na barra superior de Buscar, digitar o ticker dos REITs da lista anterior e ir se familiarizando com os indicadores e notícias deste tipo de ativo.

Tanto os REITs quanto os FII's são alternativa de investimento para geração de renda, já que pagam, percentualmente, proventos expressivos, além de oferecer algum grau de proteção contra a inflação. Enquanto que os FII's são comparáveis aos títulos do Tesouro IPCA+ de longo prazo, os REITs são comparáveis com os títulos do tesouro americano de longo prazo (10 anos). A meta de todo REIT é render mais do que estes títulos, pois embutem um risco maior. A vantagem é que, ao contrário dos títulos americanos, os REITs possuem maiores chances de crescer ao longo do tempo, seja em função do aumento dos fluxos de caixa, seja com a aquisição de novas propriedades.

No mercado acionário é mais frequente encontrar empresas que valorizem 100%, 200%, 300% ou mais em um ano, ou até mesmo milhares de vezes em décadas. Por outro lado, também é mais fácil encontrar empresas que vão à falência. No caso dos FII's e REITs, se forem vistos como um grupo, estes acabam por possuir um desempenho histórico superior, já que individualmente ficam mais próximos do retorno médio de sua classe.

No gráfico a seguir é possível verificar que os REITs apresentaram uma volatilidade (mensurado através do desvio padrão do preço das cotas) menor se comparado com os índices de ações Nasdaq Composite e Russell 2000 Growth, mas superior ao S&P-500, considerando apenas o preço das cotas/ações. Indiferente à volatilidade, os REITs tiveram um desempenho melhor, no período de 20 anos (março de 1999 até março de 2019):

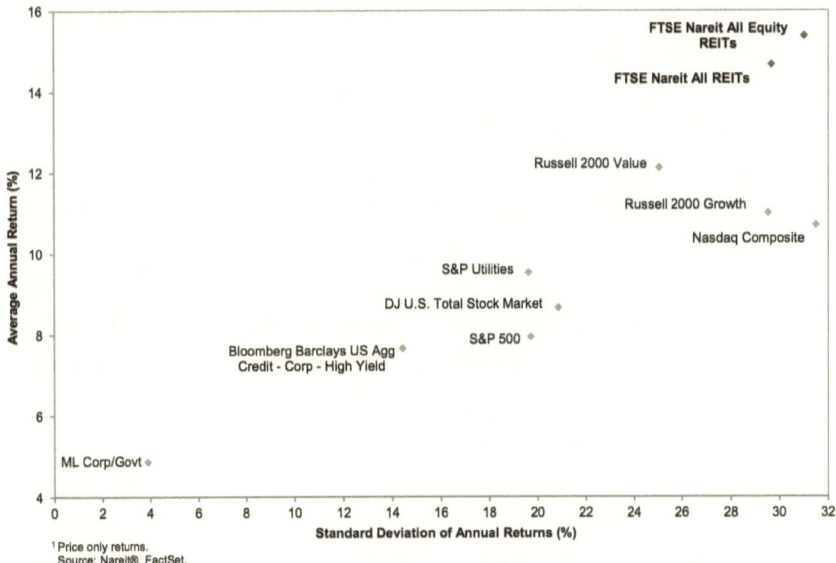

Figura 27 – Média de retorno anual vs desvio padrão dos últimos 20 anos. Período de março de 1999 a março de 2019. (Fonte: Nareit, FactSet)

O gráfico anterior também nos passa a seguinte informação: o que reduz a volatilidade dos REITs são essencialmente os proventos distribuídos. Se considerarmos apenas o preço das cotas, a volatilidade deste tipo de ativo no mercado americano é equivalente a alguns dos índices de ações mais voláteis da bolsa americana.

A conclusão mais clara sobre os FII's e REITs em comparação com as ações é que, apesar de seu retorno histórico ter sido superior nas últimas décadas, isso não quer dizer que eles sejam melhores. Ambos são tipos de ativos de renda variável que possuem uma baixa correlação positiva, e que são, em essência, investimentos diferentes.

Os critérios para se avaliar REITs guardam similaridades com os FII's, com a necessidade de se avaliar o nível de endividamento dos mesmos, já que possuem maior liberdade para operar de forma alavancada. Neste quesito, deve-se analisar os indicadores de endividamento dos REITs.

Idealmente, um REIT deve obter dívidas apenas com taxas de juros menores que as projeções de dividendos futuros dos projetos que essas dívidas possam financiar, para que o AFFO (Adjusted Funds From Operations, ver definição no capítulo sobre FII's) por cota possa crescer de forma sustentável.

Não há um consenso sobre o quanto um REIT pode se endividar. Falando de uma maneira generalista, quando a relação dívida/faturamento anual atinge uma proporção maior do que 0,5, pode-se dizer que o REIT passa a apresentar um nível de endividamento desconfortável.

As informações, métricas, indicadores e fatos relevantes sobre os REITs podem ser encontrados em diversos sites especializados. Infelizmente, a grande maioria deles provê conteúdo apenas em inglês, sendo necessário um esforço maior do investidor não familiarizado com esta língua. A lista a seguir contempla os que eu mais utilizo:

- **Nareit** (https://www.reit.com/): Está entre as fontes mais abrangentes de artigos e dados históricos sobre REITs. O site disponibiliza relatórios de pesquisa junto com notícias e artigos educacionais. Dois serviços de relatórios notáveis e gratuitos da Nareit são o **REITWatch** e o **T-Tracker**;
- **Yahoo Finanças** (https://br.financas.yahoo.com/): fornece informações básicas sobre diferentes tipos de ativos, incluindo REITs;
- **MarketWatch** (https://www.marketwatch.com/): portal de informações diárias sobre o mercado financeiro;
- **Dividend.com** (https://www.dividend.com/): fornece dados de dividendos para REITs;
- **GuruFocus** (https://www.gurufocus.com/): O GuruFocus e o Nareit são os únicos dois sites que aparentemente reportam diretamente o FFO (ver definição no capítulo sobre FII's), embora no caso da Nareit esta informação esteja disponível dentro de relatórios, e não em um formato de tabela. O GuruFocus não usa o FFO diretamente das demonstrações financeiras de um REIT, mas calcula isso adicionando depreciação, eliminação e amortização de lucro líquido das operações contínuas;
- **Morningstar** (https://www.morningstar.com/): Fornece o retorno médio de cinco anos dos dividendos dos REITs, bem como outros dados e múltiplos úteis de desempenho operacional. O site também mostra quais fundos mútuos detêm um determinado REIT e a porcentagem do fundo investido nesse REIT;

- **Reuters** (https://www.reuters.com/): inclui notícias de ganhos e de desenvolvimento, bem como recomendações e revisões de analistas, estimativas de consenso (e tendências aplicáveis), resultados não recorrentes e um resumo estimado. A Reuters também lista as equipes e executivos de gerenciamento dos REITs, juntamente com sua compensação básica e a sua compensação salarial por meio de opções;
- **SeekingAlpha** (https://seekingalpha.com/): fornece transcrições de teleconferências de resultados. Também possui uma ampla gama de comentários sobre REITs e análise de REITs; como contraponto, qualquer pessoa pode contribuir para o SeekingAlpha, sendo, portanto, um portal de análise não avaliada;
- **StockRover** (https://www.stockrover.com/): fornece informações sobre REITs, bem como nível de crescimento, rentabilidade e saúde financeira. Também inclui indicadores e dados históricos de retorno. Permite também a comparação de desempenho de um REIT com outros índices, como o S&P-500.

Os investimentos imobiliários fizeram e sempre farão parte do espectro de investimento da maioria dos investidores. Afinal, sem imóvel não existem as empresas, as moradias, as cidades, os datacenters etc. Ainda que o investimento em imóveis tradicionais seja custoso e burocrático para muitas pessoas, os FII's e os REITs são modalidades de investimento democráticas, acessíveis ao pequeno, médio e grande investidor.

Se uma pessoa deseja ser independente financeiramente, deve investir como os que já alcançaram este objetivo. Ora, a grande maioria dos bilionários do mundo aplicam nestes tipos de ativos, assim como aplicam nas ações, tema do próximo capítulo.

Ações

No ano de 2006, enquanto trabalhava prestando serviços para a área de Tecnologia da Informação da Petrobras que atendia projetos ligados à Engenharia, tive a oportunidade de conhecer a história de um engenheiro chamado Vilibaldo Maier. Naquela altura eu já investia em ações a cerca de quatro anos, mas ainda não tinha a experiência necessária para ser considerado um investidor de sucesso. A história de Vilibaldo Maier foi tema da revista Você S.A., cuja reportagem reproduzo a seguir:

O engenheiro Vilibaldo Maier, de 68 anos, trabalhou na Petrobras durante décadas e ali se aposentou. Como a maioria dos colegas, levava um padrão de vida de classe média que o salário lhe permitia. Mas, como muitos brasileiros, sempre acalentou o sonho de um dia ficar rico e viver de renda. Um dia, na década de 1970, ele foi convidado a ingressar no Petros, o fundo de previdência da estatal. "Eu Ficava pensando como era possível depositar R$100 reais e no futuro a empresa me pagar R$1.000 reais", diz. "Aí, eu me questionei: se a Petros vai investir meu dinheiro, porque eu mesmo não posso fazê-lo?" Então, virou investidor. Em setembro de 1971, quanto tinha apenas 33 anos, comprou seu primeiro lote de ações. Durante 30 anos, ele reservou o equivalente a R$1.000 reais para investir todo mês. Assim, de assalariado, o engenheiro virou multimilionário.

O hoje sossegado investidor narra sua trajetória com orgulho. Vilibaldo leva uma vida tranquila numa cidade da Serra Gaúcha. Ele gosta de fazer caminhadas no parque, não ostenta sua riqueza e quem o vê dirigindo um carro popular duvida que tenha alcançado a independência financeira. Seu maior prazer é viajar pelo mundo. Vai para o exterior todo ano. Paga as viagens com uma pequena parte da renda de dividendos de sua carteira de ações. Como virou acionista de boas companhias de capital aberto, tem direito a receber em forma de dividendos ou de juros sobre o capital próprio parte do lucro das empresas. Só no ano passado, os dividendos representaram um ganho em torno de R$1 milhão de reais.

Mágica, sorte, coisa de especialista? Nada disso. O que aconteceu ao engenheiro pode se repetir na vida de qualquer pessoa com o mínimo de disciplina financeira. Para isso, é necessário evitar a tentação de comprar ações, esperar sua valorização e vendê-las com lucro para usar o dinheiro como complemento do salário. "Nos primeiros seis anos de aplicação na bolsa não tive ganhos significativos", conta o ex-funcionário público." Mas como reinvestia todo o dinheiro dos dividendos, fui formando meu patrimônio. "No início, o engenheiro até fez pequenos saques da renda gerada pelos dividendos, mas logo percebeu que esse dinheirinho extra não faria grande diferença na sua remuneração mensal, ao contrário do que ocorria se o reinvestisse sistematicamente. Ele aguentou firme todos os altos e baixos da bolsa nos últimos 30 anos. Esse foco no longo prazo fez toda diferença. Quem em época de pessimismo do mercado vende suas ações assume um prejuízo que poderia ser revertido em lucro à medida que a bolsa se recupera nos anos seguintes. Quem também só enxerga oportunidades na bolsa quando o mercado está otimista tende a esperar grandes lucros em curto prazo, e isso é muito difícil de acontecer.

O ideal é maximizar seus ganhos com a reaplicação de todo o lucro obtido com sua carteira de ações. O que inclui a própria valorização do preço de cada ação e a renda com os dividendos. Não é difícil demonstrar como o reinvestimento ajuda você a ganhar mais. "Quem tem R$100.000 reais numa carteira de ações que paga média de 5% de dividendos anuais, recebe no primeiro ano R$5.000 reais e reinveste no ano seguinte receberá dividendos maiores porque o total investido aumentou", diz Théo Rodrigues, diretor-geral do Instituto Nacional dos Investidores (INI).

Esta estratégia é comum nos Estados Unidos. Você já deve ter ouvido falar das Beardstown Ladies — senhoras entre 50 e 85 anos que montaram um clube de investimentos e ficaram ricas. Elas vivem da renda de dividendos milionários. Aqui no Brasil, algumas empresas da bolsa criaram programas para que a operação já seja feita automaticamente, como Vale do Rio Doce, Itaú e Bradesco. Comprar ações dessas empresas e autorizar o reinvestimento automático é uma boa solução para investidores indisciplinados ou inexperientes. Converse com sua corretora de valores e procure o departamento de relação com investidor (RI) da empresa para adotar essa estratégia. Você também pode dar preferência em sua aplicação na bolsa a empresas que tradicionalmente pagam bons dividendos. Aqui vale lembrar que, em geral, uma empresa em crescimento não distribuirá mais do que a metade de seus lucros, já que ela precisa reinvestir no próprio crescimento. Uma boa relação de ganho com dividendo situa-se entre 3% e 6% do valor da ação.

No ano de 2010 eu virei funcionário da Petrobras, e uma das primeiras decisões que o funcionário deve tomar assim que entra na empresa é definir se irá optar ou não em contribuir para o fundo de pensão (Petros). A história de Vilibaldo Maier me serviu de inspiração e foi um dos fatores que fizeram com que eu optasse por não contribuir com o fundo de pensão, decisão esta que considero, em 2019, extremamente acertada.

As ações, também conhecidas como papéis, representam a menor fração do capital social de uma empresa, ou seja, é o resultado da divisão do capital social em partes iguais.

O capital social corresponde ao dinheiro (ou aos bens) que os sócios contribuíram para abrir uma empresa. Em outras palavras, o capital social é formado por parcelas do patrimônio líquido de uma empresa, representado na forma de ações (se for sociedade anônima) ou quotas (se for uma sociedade por quotas de responsabilidade limitada). O capital social, assim, é a própria empresa.

As sociedades anônimas com ações negociadas em bolsa de valores também são conhecidas como companhias abertas. De acordo com Peter Lynch, um dos *investment giants* do século XX, "*a companhia aberta é a instituição mais democrática do mundo: não importam raça, sexo, religião ou nacionalidade, qualquer um pode tornar-se sócio de uma empresa de capital aberto, por meio da compra de ações. É um exemplo da verdadeira igualdade de oportunidade.*"

Através do investimento em ações o investidor se torna literalmente sócio, sem necessariamente precisar estar envolvido com as preocupações do dia a dia da empresa.

Uma dúvida pertinente que o investidor iniciante costuma ter é: por que as empresas optam por se tornarem companhias abertas, ou seja, abrirem o seu capital a terceiros?

Segundo o professor Luigi Zingales, professor da Universidade de Chicago e coautor do clássico artigo acadêmico "Por que as empresas abrem capital: uma análise empírica", abrir o capital traz uma série de vantagens para as empresas, que listarei a seguir:

- Cria-se uma fonte alternativa de financiamento a longo prazo, não somente com o capital obtido com a emissão primária de ações, mas também com a possibilidade de se emitir debêntures (títulos de dívida);
- Aumenta-se o poder de barganha com instituições financeiras, já que se criam novas alternativas de captação de capital;
- Permite uma maior diversificação de portfolio para aqueles que detinham todas as ações inicialmente;
- Aumenta-se a disciplina de gestão, uma vez que a empresa passa a ter algumas obrigações, como divulgação de resultados e balanços;
- Aumenta a liquidez das ações da empresa, trazendo outras duas consequências positivas: a) ativos mais líquidos tendem a valer mais; b) as ações podem ser usadas como moeda de troca em aquisições e também para atrair profissionais e outros sócios para a empresa;
- Dá-se maior visibilidade para a empresa, colocando-a no radar de investidores e até de clientes;
- Aproveita-se as janelas de oportunidades para vender parte da empresa em épocas onde o setor onde atua está muito bem precificado pelo mercado;

A abertura do capital por meio da oferta pública inicial de ações (IPO – *Initial Public Offering*), não é barata, pois gasta-se um valor considerável com comissões, honorários e avaliações. Ainda assim, na opinião do professor Luigi Zingales, vale a pena, muito em função do fato de que a disciplina de gestão forçada promove a criação de políticas para geração de valor, beneficiando não só os acionistas, mas também os clientes.

No mercado acionário brasileiro, as ações das empresas de capital aberto podem ser classificadas em:

- Ordinárias nominativas (ON): Confere ao titular acionista o direito de voto em assembleia, mas não dão direito preferencial a dividendos (mas podem receber dividendos).
- Preferenciais nominativas (PN): Oferece a seu titular acionista prioridades no recebimento de dividendos e/ou, no caso de dissolução da empresa, no reembolso de capital.

Observe que os dois tipos de ações existentes são nominativas. Isso quer dizer que, nos livros de registro da empresa, o detentor delas é devidamente identificado. O fato de as ações ON garantirem o direito a voto em assembleias as torna muito cobiçadas por quem deseja ter maior poder sobre os rumos da empresa.

Além das duas classificações citadas, há ainda as UNIT's, que são pacotes de ações compostas de ações ON e PN. Donos desse tipo de papel têm os mesmos direitos quanto ao recebimento de dividendos e direito a voto que ações PN ou ON, proporcionais à participação de cada papel dentro da UNIT. Algumas empresas também personalizam diferentes classes de ações, tais como PN classe A ou PN classe B. A explicação mais comum para isso é a empresa querer customizar alguma característica de direitos daquela classe.

É possível identificar se a ação a ser adquirida é ON, PN ou UNIT pelo código de negociação (*ticker*). Os códigos de negociação terminados em:

- 3 referem-se às ações ON. Exemplo: PETR3, MDIA3, VALE3, LREN3.
- 4 referem-se às ações PN. Exemplo: PETR4, ITSA4, SAPR4.
- 5 referem-se às ações PN classe A. Exemplo: CRPG5, USIM5.
- 6 referem-se às ações PN classe B. Exemplo: CRPG6, ELET6.
- 11 referem-se às ações UNIT (exemplo: SANB11, SAPR11), mas também podem se referir a ETFs (*Exchange Traded Funds*, que veremos em capítulo específico) e BDRs (*Brazilian Deposits Receipts*, ou seja, ações de empresas estrangeiras negociadas na bolsa de valores B3).

Antes da reformulação do mercado de capitais no Brasil, ocorrida em 1976, as empresas podiam emitir até dois terços de suas ações como PN. A Lei das Sociedades Anônimas mudou essa relação, permitindo que seja emitida, no máximo, uma PN para cada ON. Essa regra só vale para empresas que abriram capital depois da instituição da Lei. As empresas que já tinham capital aberto antes disso estão sujeitas à regra anterior, ainda que tenham a possibilidade de abdicar do direito de emitir PN's.

Ainda que na bolsa de valores existam muitas empresas negociadas com ambos os tipos de ações, é cada vez mais comum as empresas optarem por terem apenas ações ordinárias nominativas (ON), uma vez que no mais alto nível de governança definido pela B3 as empresas podem manter somente ações ON.

Governança Corporativa

O nível de governança corporativa deve ser definido durante o processo de abertura de capital, podendo ser modificado no futuro. Quanto mais elevado o nível de governança corporativa, mais transparente deve ser a empresa e mais resguardados estarão os seus sócios, em especial os sócios minoritários. A B3, que é a empresa responsável pela bolsa de valores no Brasil, elenca diversos níveis de governança corporativa, sendo o "Novo Mercado" o que exige maior nível de comprometimento da gestão com a governança. Os níveis de governança também são conhecidos como segmentos de listagem.

Um dos critérios de avaliação das empresas é justamente a forma como ela trata a governança corporativa. Visando dar a devida importância ao assunto, optei por apresentar todos os quadros resumidos dos segmentos de listagem da B3:

Comparativo dos segmentos de listagem							
	Bovespa Mais	Bovespa Mais Nível 2	Novo Mercado (até 28/12/2017)	Novo Mercado (a partir de 02/01/2018)	Nível 2	Nível 1	Básico
Capital social	Somente ações ON	Ações ON e PN	Somente ações ON	Somente ações ON	Ações ON e PN (com direitos adicionais)	Ações ON e PN (conforme legislação)	Ações ON e PN (conforme legislação)
Percentual mínimo de ações em circulação (free float)	25% a partir do 7º ano de listagem	25% a partir do 7º ano de listagem	25%	25% ou 15%, caso o ADTV (average daily trading volume) seja superior a R$ 25 milhões	25%	25%	Não há regra específica
Ofertas Públicas de Distribuição de ações	Não há regra específica	Não há regra específica	Esforços de dispersão acionária	Esforços de dispersão acionária, exceto para ofertas ICVM 476	Esforços de dispersão acionária	Esforços de dispersão acionária	Não há regra específica
Vedação a disposições estatutárias	Quórum qualificado e "cláusulas pétreas"	Quórum qualificado e "cláusulas pétreas"	Limitação de voto inferior a 5% do capital, quórum qualificado e "cláusulas pétreas"	Limitação de voto inferior a 5% do capital, quórum qualificado e "cláusulas pétreas"	Limitação de voto inferior a 5% do capital, quórum qualificado e "cláusulas pétreas"	Não há regra específica	Não há regra específica
Composição do conselho de administração	Mínimo de 3 membros (conforme legislação), com mandato unificado de até 2 anos	Mínimo de 3 membros (conforme legislação), com mandato unificado de até 2 anos	Mínimo de 5 membros, dos quais, pelo menos, 20% devem ser independentes, com mandato unificado de até 2 anos	Mínimo de 3 membros (conforme legislação), dos quais, pelo menos, 2 ou 20% (o que for maior) devem ser independentes, com mandato unificado de até 2 anos	Mínimo de 5 membros, dos quais, pelo menos, 20% devem ser independentes, com mandato unificado de até 2 anos	Mínimo de 3 membros (conforme legislação), com mandato unificado de até 2 anos	Mínimo de 3 membros (conforme legislação)
Vedação à acumulação de cargos	Não há regra específica	Não há regra específica	Presidente do conselho e diretor presidente ou principal executivo pela mesma pessoa	Presidente do conselho e diretor presidente ou principal executivo pela mesma pessoa. Em caso de vacância que culmine em acumulação de cargos, são	Presidente do conselho e diretor presidente ou principal executivo pela mesma pessoa	Presidente do conselho e diretor presidente ou principal executivo pela	Não há regra específica

Figura 28 - Comparativo entre os níveis de governança corporativa da B3. Quadro 1. (Fonte: B3)

Comparativo dos segmentos de listagem							
	Bovespa Mais	Bovespa Mais Nível 2	Novo Mercado (até 28/12/2017)	Novo Mercado (a partir de 02/01/2018)	Nível 2	Nível 1	Básico
			(carência de 3 anos a partir da adesão)	obrigatórias determinadas divulgações.	(carência de 3 anos a partir da adesão)	mesma pessoa (carência de 3 anos a partir da adesão)	
Obrigação do conselho de administração	Não há regra específica	Não há regra específica	Manifestação sobre qualquer oferta pública de aquisição de ações de emissão da companhia (com conteúdo mínimo)	Manifestação sobre qualquer oferta pública de aquisição de ações de emissão da companhia (com conteúdo mínimo, incluindo alternativas à aceitação da OPA disponíveis no mercado)	Manifestação sobre qualquer oferta pública de aquisição de ações de emissão da companhia (com conteúdo mínimo)	Não há regra específica	Não há regra específica
Demonstrações financeiras	Conforme legislação	Conforme legislação	Traduzidas para o inglês	Conforme legislação	Traduzidas para o inglês	Conforme legislação	Conforme legislação
Informações em inglês, simultâneas à divulgação em português	Não há regra específica	Não há regra específica	Não há regra específica, além das DFs (vide item acima)	Fatos relevantes, informações sobre proventos (aviso aos acionistas ou comunicado ao mercado) e press release de resultados	Não há regra específica, além das DFs (vide item acima)	Não há regra específica	Não há regra específica
Reunião pública anual	Facultativa	Facultativa	Obrigatória (presencial)	Realização, em até 5 dias úteis após a divulgação de resultados trimestrais ou das demonstrações financeiras, de apresentação pública (presencial, por meio de teleconferência, videoconferência ou outro meio que permita a participação a distância) sobre as informações divulgadas	Obrigatória (presencial)	Obrigatória (presencial)	Facultativa
Calendário de eventos corporativos	Obrigatório	Obrigatório	Obrigatório	Obrigatório	Obrigatório	Obrigatório	Facultativo

Figura 29 - Comparativo entre os níveis de governança corporativa da B3. Quadro 2. (Fonte: B3)

	Comparativo dos segmentos de listagem						
	Bovespa Mais	Bovespa Mais Nível 2	Novo Mercado (até 28/12/2017)	Novo Mercado (a partir de 02/01/2018)	Nível 2	Nível 1	Básico
Divulgação adicional de informações	Política de negociação de valores mobiliários	Política de negociação de valores mobiliários	Política de negociação de valores mobiliários e código de conduta	Regimentos do Conselho de Administração, de seus comitês de assessoramento e do Conselho Fiscal, quando instalado Código de conduta (com conteúdo mínimo) Políticas de (i) remuneração; (ii) indicação de membros do Conselho de Administração, seus comitês de assessoramento e diretoria estatutária; (iii) gerenciamento de riscos; (iv) transação com partes relacionadas; e (v) negociação de valores mobiliários, com conteúdo mínimo, exceto a de remuneração Divulgação (i) anual de relatório resumido do comitê de auditoria estatutário contemplando os pontos indicados no regulamento; ou (ii) trimestral de ata de reunião do Conselho de Administração, informando o reporte do comitê de auditoria não estatutário	Política de negociação de valores mobiliários e código de conduta	Política de negociação de valores mobiliári os e código de conduta	Não há regra específica
Concessão de Tag Along	100% para ações ON	100% para ações ON e PN	100% para ações ON	100% para ações ON	100% para ações ON e PN	80% para ações ON (conforme legislação)	80% para ações ON (conforme legislação)
Saída do segmento/Oferta Pública de	Realização de OPA, no mínimo, pelo	Realização de OPA, no mínimo, pelo	Realização de OPA, no mínimo,	Realização de OPA por preço justo, com quórum de aceitação ou concordância com a saída do	Realização de OPA, no mínimo,	Não aplicável	Não aplicável

Figura 30 - Comparativo entre os níveis de governança corporativa da B3. Quadro 3. (Fonte: B3)

	Comparativo dos segmentos de listagem						
	Bovespa Mais	Bovespa Mais Nível 2	Novo Mercado (até 28/12/2017)	Novo Mercado (a partir de 02/01/2018)	Nível 2	Nível 1	Básico
Aquisição de Ações (OPA)	valor econômico em caso de cancelamento o de registro ou saída do segmento, exceto se houver migração para Novo Mercado	valor econômico em caso de cancelamento de registro ou saída do segmento, exceto se houver migração para Novo Mercado ou Nível 2	pelo valor econômico em caso de cancelamento de registro ou saída do segmento	segmento de mais de 1/3 dos titulares das ações em circulação (ou percentual maior previsto no Estatuto Social)	pelo valor econômico em caso de cancelamento de registro ou saída do segmento, exceto se houver migração para Novo Mercado		
Adesão à Câmara de Arbitragem do Mercado	Obrigatória	Obrigatória	Obrigatória	Obrigatória	Obrigatória	Facultativa	Facultativa
Comitê de Auditoria	Facultativo	Facultativo	Facultativo	Obrigatória a instalação de comitê de auditoria, estatutário ou não estatutário, que deve atender aos requisitos indicados no regulamento: composição e atribuições	Facultativo	Facultativo	Facultativo
Auditoria interna	Facultativa	Facultativa	Facultativa	Obrigatória a existência de área de auditoria interna que deve atender aos requisitos indicados no regulamento	Facultativa	Facultativa	Facultativa
Compliance	Facultativo	Facultativo	Facultativo	Obrigatória a implementação de funções de compliance, controles internos e riscos corporativos, sendo vedada a acumulação com atividades operacionais	Facultativo	Facultativo	Facultativo

Figura 31 - Comparativo entre os níveis de governança corporativa da B3. Quadro 4. (Fonte: B3)

Muitos dos termos citados nestes quadros podem levar o investidor iniciante a pensar que este tema é demasiadamente complexo, e que ele nunca conseguirá ser um especialista no assunto. Ele também pode se sentir inseguro para fazer os primeiros investimentos e tomar as suas próprias decisões. O que eu posso dizer é que, à medida que o leitor ler e ouvir sobre o assunto, mais experiente ele será e mais bem embasadas serão as suas decisões. Tenho como filosofia de vida o entendimento de que a aquisição de conhecimento deve ser um processo rotineiro, prazeroso e cultivado enquanto se é vivo, e não apenas enquanto se é estudante.

Além do segmento de listagem, alguns dos termos citados nos quadros merecem a nossa atenção: *free float, tag along* e OPA.

Free float

O *free float* (livre circulação, em tradução literal) representa o percentual de ações da companhia aberta que estão em livre circulação no mercado, ou seja, negociadas diretamente na bolsa de valores, permitindo o acesso ao pequeno investidor.

As ações que não são consideradas em circulação são:

- As ações detidas pelo acionista controlador e por pessoas vinculadas a ele;
- As ações detidas pelos administradores da empresa ou membros do conselho de administração;
- As ações que estão em tesouraria;
- As ações preferenciais de classe especial (*golden shares*). Estas ações, cujo titular é o Estado, estão disponíveis em algumas empresas com participação do governo e em sociedades de economia mista. Elas permitem ao seu titular poderes especiais na tomada de decisões estratégicas, como por exemplo, o poder de veto para fusões, venda ou mesmo na realização de determinados investimentos.

Vale aqui um esclarecimento sobre as diferenças entre acionista controlador e acionista majoritário: quem possui o controle de uma companhia é o acionista ou grupo de acionistas detentor do maior número de ações ON. Um acionista controlador não necessariamente precisa ter mais do que 50% das ações ON.

Na maior parte das vezes o acionista majoritário é também o acionista controlador, mas existem casos em que isso não ocorre. Um acionista majoritário é uma pessoa física ou jurídica que possui mais de 50% das ações em circulação de uma empresa. Nada impede que um acionista majoritário seja detentor de uma participação expressivamente grande de ações PN e pequena de ações ON. Neste cenário hipotético, este acionista majoritário pode não ter uma quantidade expressiva de votos em assembleias, fazendo com que tenha um poder reduzido. Os detentores de ações ON são os que, de fato, tem direito a voto em assembleia e podem, no caso de participação relevante em ações ON, designar membros para o conselho de administração.

Conforme pudemos observar no quadro resumo dos segmentos de listagem da B3, dependendo do segmento de listagem, pode haver um percentual mínimo necessário de ações em circulação da empresa (*free float*), variando entre 15% ou 25%, sendo este percentual calculado sobre o total de ações ON e PN.

Ainda que raro, podem existir empresas com 100% de *free float*. Podem existir também casos de baixíssimo *free float* das ações ON e expressivo *free float* nas ações PN, perfazendo, na média, o percentual mínimo necessário para o segmento de listagem. Caso a empresa em questão seja do segmento de listagem Tradicional, não haverá nenhum percentual mínimo obrigatório.

A princípio podemos pensar que quanto maior o *free float*, maior será a liquidez da ação, ou seja, maior o seu volume de negociação. Na verdade, podem existir empresas com baixo *free float* e alta liquidez, assim como empresas com alto *free float* e baixa liquidez. Isto acontece por que outras variáveis influenciam na liquidez, tais como: o valor de mercado da empresa; o valor unitário de uma ação no mercado; se a empresa faz parte da composição de algum índice; se a empresa possui alguns sócios minoritários com elevada participação acionária ou até mesmo o setor de atuação em que ela está inserida.

Para as empresas que não fazem parte do segmento de listagem do Novo Mercado, é sensato analisar o *free float* das ações ON e das ações PN. As ações PN, pelo fato de não terem direito a voto, denotam um cenário de menor proteção ao acionista minoritário. Além disso, no caso de uma oferta para realizar a troca do controle da empresa, ele pode não ter nenhuma garantia de receber parte do prêmio de controle, que é o valor a mais que é pago ao acionista controlador.

As empresas que possuem um *free float* baixo de ON e *free float* mais alto de PN ou, mesmo de UNIT, denotam uma menor proteção, no que se refere aos riscos envolvidos na troca de controle, para o acionista minoritário, em especial se as ações PN não possuírem *tag along*.

Tag along

O *tag along* é um mecanismo previsto na Lei das Sociedades Anônimas (Lei das S.A.) que visa dar maior garantia aos acionistas minoritários no caso de mudanças no controle da companhia. Para quem investe em ações para o longo prazo, é fundamental entender a existência deste mecanismo.

Se uma empresa possui acionista controlador definido, pode ocorrer uma alienação de controle de companhia. Quando uma empresa garante 100% de *tag along*, isso quer dizer que o acionista minoritário receberá 100% do valor pago por ação ao acionista controlador no caso da alienação do controle da empresa. Se o *tag along* for de 80%, o acionista minoritário receberá esta proporção do valor pago por ação ao acionista controlador.

Uma empresa pode ter o percentual de *tag along* diferente entre as ações ON e as ações PN. O mínimo exigido pela Lei das S.A. para as ações ON é de 80%, mas nada é mencionado para as ações PN, podendo, em algumas empresas com menor nível de governança corporativa, encontrar ações PN sem *tag along* (0%).

Pelo fato de a Lei das S.A. não fazer menção aos portadores de ações PN no que se refere a *tag along*, é importante analisar se a empresa estende o benefício para os acionistas dessas ações, sendo esta informação encontrada no estatuto da empresa.

No que se refere à troca de controle da empresa, não faz sentido que um controlador aceite um preço de oferta menor do que o preço médio das ações ON em *free float*.

O *tag along* não tem relação com o fechamento de capital, apenas com a alienação de controlador. Pode ocorrer que, tendo a alienação de controlador efetivada, o novo controlador tenha o interesse em fechar o capital da empresa, num processo conhecido como OPA para cancelamento de registro de companhia aberta.

OPA

Uma OPA, ou Oferta Pública de Aquisição, é uma operação por meio da qual um acionista ou uma sociedade pretende comprar uma participação (OPA para aquisição de controle) ou a totalidade das ações de uma empresa cotada em bolsa de valores (OPA para cancelamento de registro de companhia aberta, também conhecida como OPA para fechamento de capital).

A OPA para aquisição de controle costuma ocorrer nas situações em que empresas que não possuem um controlador definido. O intuito é adquirir o controle de companhia com capital pulverizado, realizando uma oferta para aquisição de ações ON de diversos acionistas.

No caso das OPA para cancelamento de registro de companhia aberta (fechamento de capital), esta pode partir do atual controlador ou da própria empresa como um todo, incluindo acionistas minoritários, através de votação em assembleia.

As motivações para a realização de uma OPA podem ser desde o fato de o ofertante considerar o preço das ações muito descontados, até a percepção de existirem excelentes projetos futuros que poderão ser executados sem a necessidade de captação de recursos.

Uma OPA é considerada hostil quando o conselho de administração não é informado da oferta ou quando a sociedade ou o acionista que fez a oferta decide avançar com a OPA mesmo depois do conselho de administração a ter recusado. Por outro lado, quando o conselho de administração considera a proposta vantajosa para os acionistas e recomenda-lhes que aceitem a oferta, diz-se que a OPA é amigável.

O preço justo estipulado pelo ofertante da OPA deverá ser baseado em um laudo, a ser realizado por uma empresa avaliadora independente. Este preço deverá ser igual ou maior ao do laudo, que deverá levar em conta os seguintes fatores:

- o preço médio da ação nos últimos 12 meses;
- as projeções de fluxos de caixa futuros;
- o patrimônio líquido por ação da empresa.

Caso mais de 10% dos acionistas das ações ON não concordem com o valor proposto na OPA, em até 15 dias depois da publicação do edital eles deverão se organizar para convocar uma assembleia, na qual deverão defender a falha na metodologia do laudo de avaliação para que o leilão seja adiado e uma nova avaliação seja feita por outra empresa.

Se o preço final da oferta for maior do que o preço das ações que circulam no mercado, diz-se que há um prêmio a ser pago aos demais acionistas para que abram mão da sociedade. Nada impede, porém, que o laudo de avaliação precifique as ações a um preço menor do que o que se pratica, mas isso reduz drasticamente as chances de adesão à OPA.

Uma OPA, para ser realizada, precisa da aprovação de mais de dois terços dos acionistas minoritários com direito a voto, ou seja, daqueles que possuem ações ON em *free float*. Normalmente o acionista pode dar o seu voto, favorável ou contrário, por meio de um canal de comunicação com a corretora de valores. Um ponto de atenção é que, caso o acionista não se manifeste, o voto é descartado. Portanto, caso uma OPA seja desfavorável aos acionistas minoritários, é necessária a mobilização destes acionistas detentores das ações ON para votarem contra a realização da OPA.

Quanto menor o *free float* de ações ON, mais fácil se torna convencer os acionistas minoritários a concordarem com o fechamento de capital. A existência de poucos acionistas minoritários detentores de percentuais expressivos de ações ON também é um fator a se considerar, já que eles, em conjunto, podem corresponder aos mais de dois terços necessários de acionistas para aprovar o fechamento de capital.

Para o acionista minoritário que pensa em investir para longo prazo, uma forma de aumentar o grau de proteção contra incertezas relacionadas à troca de controlador e ao fechamento de capital é considerar uma carteira de ações formada por:

(1) empresas com alto segmento de listagem, em especial do Novo Mercado, que permite apenas ações ON;
(2) ações com 100% de *tag along*, preferencialmente ON;
(3) empresa com um percentual de *free float* médio para alto, em especial nas ações ON;
(4) empresas com boa liquidez, em especial nas ações ON;
(5) empresas que não dependam exclusivamente ou majoritariamente de receitas provenientes de contratos de serviço com outra(s) empresa(s) do acionista controlador.

Um exemplo de empresa que se encaixa no perfil acima, sob a ótica da Governança Corporativa, é a WEG S.A., conforme podemos visualizar nas tabelas a seguir:

Estrutura Societária

COMPOSIÇÃO ACIONÁRIA – POSIÇÃO DA WEG S.A. EM 28/12/2018

Acionistas	Total de Ações	%
Controladores	1.354.113.985	64,5
WPA Participações e Serviços S.A.	1.051.180.002	50,1
Famílias dos Fundadores (direta)	302.933.983	14,4
Administradores	2.354.595	0,1
Conselho de Administração	344.089	0,0
Diretoria	2.010.506	0,1
Conselho Fiscal	4.236.356	0,2
Ações em Tesouraria	1.494.283	0,1
Outros (em circulação)	740.696.136	35,3
Total Geral	2.098.658.999	100,0

Figura 32 - Estrutura societária da WEG S.A., em 28/12/2018 (fonte: RI da WEG S.A.)

Segmento de Listagem:	Novo Mercado
Tag Along ON:	100%
Tag Along PN:	-
Tag Along UNIT:	-
Free Float ON:	35%
Free Float PN:	-
Free Float Total:	-
Sócio Majoritário:	Wpa Participações E Serviços S.A.
% Majoritário ON:	50%
% Majoritário PN:	-
Governo ON:	Não
% Governo ON:	-
Reclame Aqui:	Bom
% Ibovespa:	0,86%
Site de RI:	Link

Figura 33 - critérios de governança da WEG S.A. (fonte: www.eduardocavalcanti.com, acessado em 08/05/2019)

Por outro lado, um exemplo de empresa com perfil de governança ruim, sob a ótica da governança corporativa, é a Telefônica S.A. (ou VIVO S.A.):

Estrutura Societária

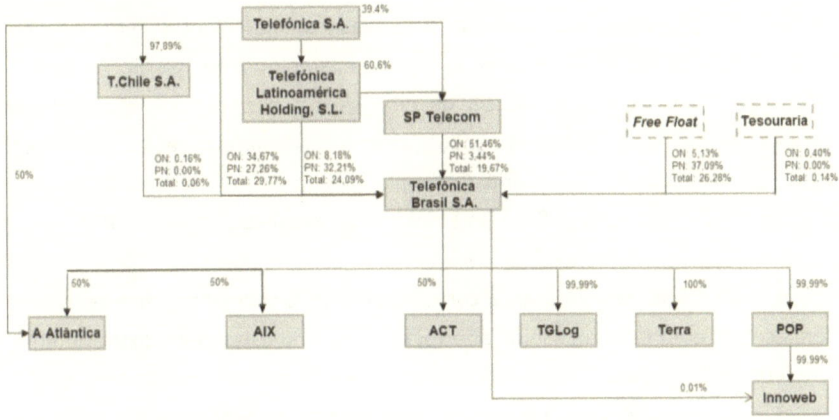

Figura 34 - Estrutura societária da Telefônica S.A., em 02/01/2019 (fonte: RI da Telefônica S.A.)

Segmento de Listagem:	Tradicional
Tag Along ON:	80%
Tag Along PN:	0%
Tag Along UNIT:	-
Free Float ON:	5%
Free Float PN:	30%
Free Float Total:	22%
Sócio Majoritário:	Sp Telecomunicações Participações Ltda
% Majoritário ON:	51%
% Majoritário PN:	3%
Governo ON:	Não
% Governo ON:	-
Reclame Aqui:	Não Recomendada
% Ibovespa:	1,20%
Site de RI:	Link

Figura 35 - Critérios de governança da Telefônica S.A. (fonte: www.eduardocavalcanti.com, acessado em 08/05/2019)

Em um estudo empírico desenvolvido pelo analista de investimentos Eduardo Cavalcanti (https://eduardocavalcanti.com/), observou-se que as empresas do mais alto segmento de listagem (Novo Mercado) tendem a apresentar, se analisadas como um conjunto, retornos superiores a longo prazo do que as empresas dos mais baixos segmentos de listagem. Este estudo, por si só, não invalida a possibilidade de existirem empresas com excelentes retornos nos últimos anos e baixos segmentos de listagem (exemplo: Transmissão Paulista – TRPL3, TRPL4), e nem a existência de empresas que participavam do maior segmento de listagem (Novo Mercado), mas que fecharam capital de forma prejudicial ao acionista minoritário (exemplo: Multiplus S.A. – MPLU3) ou que entraram em recuperação judicial (exemplo: OGX Petróleo S.A. – OGXP3).

Ainda que o critério da governança corporativa seja fundamental para se avaliar e conhecer as empresas de capital aberto, é necessário estender o conhecimento sobre outras questões. Nesse sentido, uma das primeiras abordagens que o investidor deve considerar é categorizar as empresas de modo a entender quais diferentes estratégias de investimento podem ser mais eficazes.

Classificação das empresas, segundo Peter Lynch

O hoje aposentado Peter Lynch é considerado um dos maiores investidores da história, sendo considerado um dos quatro *investment giants* do século XX, de acordo com a Forbes. O fato de ter tido sucesso nos investimentos o motivou a escrever alguns dos melhores livros sobre investimentos em ações já lançados, como "*One Up on Wall Street*", em 1989, "*Beating the Street*", em 1993 e "*Learn to Earn*", em 1995.

Ao ler os seus livros, observei que Peter Lynch tinha uma pré-disposição pelas ações com maior potencial de crescimento, de modo que a avaliação sobre a dimensão da empresa era um critério-chave utilizado por ele. Na sua visão, as empresas gigantes, mesmo sendo lucrativas e bem geridas, dificilmente conseguiriam crescer na mesma velocidade com que já cresceram, de modo que esta percepção deveria ser levada em conta nas expectativas sobre o retorno esperado dos investidores. Por exemplo, trazendo para a realidade brasileira, a lista a seguir apresenta as 10 maiores empresas do Brasil em termos de valor de mercado, em abril de 2019:

Tabela 18 - Lista das dez maiores empresas em valor de mercado, em abril/2019. (Fonte: B3)

Empresa	Segmento de listagem	Área de atuação	Valor de mercado (capitalização R$)
Petrobras	Nível 2	Petróleo	375 bilhões
Itaú Unibanco	Nível 1	Finanças e Seguros	310 bilhões
Ambev S/A	Tradicional	Alimentos e Bebidas	291 bilhões
Bradesco	Nível 1	Finanças e Seguros	269 bilhões
Vale	Novo Mercado	Mineração	265 bilhões
Santander	Tradicional	Finanças e Seguros	171 bilhões
Banco do Brasil	Novo Mercado	Finanças e Seguros	143 bilhões
Itaúsa	Nível 1	Holding diversificada	106 bilhões
Telefônica Brasil	Tradicional	Telecomunicações	76 bilhões
B3	Novo Mercado	Infraestrutura financeira	71 bilhões

Sabendo que Produto Interno Bruto (PIB) do Brasil em abril/2019 era de R$ 1,812 trilhões, qual a probabilidade de uma empresa como a Petrobras, Itaú Unibanco, Ambev, Bradesco ou Vale crescer ao menos 10x nos próximos 10 anos (algo próximo de 26% ao ano de rentabilidade)? Esse era o tipo de pergunta que Peter Lynch se fazia quando definia as expectativas de retorno das empresas que investia.

Uma vez conhecido o tamanho da empresa, Peter Lynch classificava-a em uma das seis categorias definidas por ele, apresentadas a seguir:

1- Empresas de crescimento lento

Ações desta categoria representam grandes empresas que se encontram em um elevado estágio de maturidade, que não necessariamente possuem uma elevada capitalização. Empresas que apresentam elevado *market share* (participação de mercado) em segmentos de negócio com poucas perspectivas de crescimento podem se enquadrar nesta categoria.

Para estas empresas, espera-se um crescimento anual pouco acima do crescimento do PIB. Neste perfil podem se encaixar algumas empresas de utilidade pública, como aquelas que atuam no setor de energia elétrica e que distribuem um elevado percentual dos lucros (*payout*) aos acionistas, podendo existir casos de empresas que distribuem até 100% dos lucros (dividend payout), retendo pouco ou nenhum capital para novos investimentos. Vale aqui um adendo: se a empresa em questão estiver distribuindo frequentemente mais do que 100% dos lucros aos acionistas, é necessário ligar um sinal de alerta para entender as razões, pois no pior do casos ela pode estar se desfazendo do dinheiro em caixa, se desfazendo de ativos ou mesmo tentando atrair investidores com a promessa de pagamento de altos dividendos.

A estratégia de remunerar os investidores com um percentual elevado dos lucros não é necessariamente ruim. Em alguns casos, distribuir os proventos pode ser a melhor decisão para maximizar a geração de valor para o acionista. Por isso, é necessário analisar detalhadamente cada caso.

Para Peter Lynch, não fazia sentido investir em empresas desse tipo. Segundo suas próprias palavras:

> *"Você não encontrará muitas ações com crescimento de 2% a 4% em meu portfólio, pois, se as empresas não estão indo a lugar algum de forma rápida, o mesmo se passa com o preço de suas ações. Se o crescimento dos lucros é aquilo que enriquece uma empresa, então qual é o sentido em perder tempo com empresas preguiçosas?"*

Ao escolher empresas desta categoria o investidor deve verificar se os dividendos são pagos regularmente e se são rotineiramente aumentados. Além disso, o investidor deve verificar também se o dividend payout é baixo. Se for baixo, a empresa possui uma flexibilidade maior para atravessar momentos difíceis. Se o *dividend payout* for muito alto, e dependendo do setor, a distribuição do lucro pode ser mais irresponsável.

Com relação ao setor de energia elétrica, o subsetor de transmissão de energia costuma operar com alta previsibilidade de receitas, de modo que muitas dessas empresas encontram-se nesta categoria e costumam praticar *dividend payouts* elevados.

2- Empresas de crescimento moderado

Nesta categoria encontram-se as grandes empresas que, apesar de não apresentarem as maiores taxas de crescimento do mercado, ainda podem apresentar um crescimento relevante, quando comparadas às empresas de crescimento lento.

Não é comum o investidor obter, neste tipo de ação, retornos elevados. Portanto, para Peter Lynch, quando os retornos se tornam muito elevados em ações deste tipo, talvez seja a hora de deixar o papel. Segundo o próprio Peter Lynch:

> "Ações de crescimento moderado são ações de empresas que eu geralmente adquiro para obter um ganho de 30% a 50%, para posteriormente vendê-las e repetir o processo com ações similares que ainda não se valorizaram."

Peter Lynch ainda aconselha a sempre manter algumas ações confiáveis no portfólio, pois estas empresas podem representar algum nível de proteção ao portfólio em períodos de crise sistêmica, já que, geralmente, quando a economia vai mal, as empresas desta categoria podem apresentar um desempenho satisfatório, se comparado a um cenário caótico.

Uma questão importante para avaliar as empresas desta categoria é observar a relação histórica entre o preço por ação/lucro por ação (P/L). Podem existir momentos em que esta relação esteja em mínimos históricos por fatores não relacionados à empresa, oferecendo, neste caso uma possibilidade de compra a preços atrativos.

3- Empresas de crescimento rápido

É nessa categoria que se encontram as empresas favoritas de Peter Lynch. Estas são normalmente empresas novas e/ou pequenas capazes de crescer mais de 20% ao ano, ou seja, empresas capazes de multiplicar o valor de mercado em 10x em um prazo de 10 anos (Peter Lynch chamava esse tipo de empresa de *tenbaggers*). Segundo o escritor, escolhendo sabiamente as ações, você pode até se deparar com algumas que se valorizem mais de 100 vezes (*hundredbaggers*). O próprio mercado acionário brasileiro apresenta algumas ações desse tipo. Estas empresas normalmente são *small caps* (acrônimo de baixa capitalização).

Na visão de Peter Lynch, com um portfólio de ações composto por pequenas alocações, uma ou duas escolhas certeiras em ações desta categoria podem fazer fortunas, sendo fundamental não vender as ações simplesmente por que se valorizaram 50% ou 100%. Para Peter Lynch, seguir tal comportamento seria como "retirar as flores e regar as ervas daninhas".

Estas empresas não necessariamente estão em indústrias de crescimento rápido. Um modelo de negócio bem-sucedido pode levar ao crescimento rápido de uma empresa mesmo em uma indústria de baixo crescimento, como foi o caso da varejista Magazine Luiza (MGLU3), que de 2015 até o momento em que escrevo este livro (maio/2019), acumula uma alta expressiva, tornando-a uma autêntica *hundredbaggers*.

Em seu livro, Peter Lynch cita o exemplo da rede de hotéis Marriott, que na década de 1980, mesmo em uma indústria que crescia 2% ao ano, conseguiu crescer mais de 20% ao ano implementando um bom modelo de negócio.

Geralmente o investimento neste tipo de empresa envolve um risco maior quando comparado às outras categorias anteriormente mencionadas, pois o sucesso do investimento depende de um forte crescimento futuro da empresa. Entretanto, desde que mantenham o desempenho, Lynch acredita que esta categoria de ativos envolve os grandes vencedores no mercado de ações. Segundo as palavras de Peter Lynch:

> *"Procuro aquelas que possuem bons balanços contábeis e que estejam obtendo lucros substanciais. O truque é descobrir quando deixarão de crescer e quanto pagar pelo seu crescimento."*

Ao optar por investir em empresas de crescimento rápido, é responsabilidade do investidor verificar se o produto que supostamente enriqueceria a empresa corresponde a uma grande parte de seu negócio. Empresas com crescimento superior a 25% ao ano tendem a não conseguir sustentar o ritmo de crescimento por muito tempo.

4- Empresas cíclicas

As empresas cíclicas são aquelas cujas vendas e lucros aumentam ou diminuem de maneira regular ou previsível. Em um setor cíclico, os negócios se expandem e se contraem repetidas vezes ao longo das décadas. Um ciclo, por outro lado, pode se repetir apenas depois de alguns anos, como é o caso de setor de construção civil, indústria automobilística, aviação ou de empresas ligadas a *commodities*, como petróleo e minério de ferro.

Ao sair de um período de recessão em direção a uma economia aquecida, as empresas cíclicas crescem, e os preços das suas ações tendem a subir mais rápido que os preços das empresas de crescimento moderado. Por outro lado, as ações de empresas cíclicas podem oscilar mais de 50% do valor rapidamente. Comprar ações de empresas cíclicas no momento errado do ciclo pode trazer prejuízos no curto prazo ou no mínimo uma perda de custo de oportunidade. Em alguns casos, talvez você tenha que esperar 10 anos ou mais até que ocorra outro movimento contínuo de alta.

Segundo Peter Lynch:

> *"O momento é essencial nas ações cíclicas, e você deve ser capaz de detectar os primeiros sinais de que o negócio está perdendo ou ganhando ritmo."*

Ao optar por investir em algumas empresas cíclicas, o investidor deve estar atento aos estoques e a relação entre oferta e demanda. Normalmente, o melhor momento para comprar estas empresas é quando os seus indicadores fundamentalistas estão ruins: isto quer dizer que elas estão passando pelo período de baixa do ciclo, tendo que operar com margens reduzidas ou até mesmo prejuízo. De forma análoga, o melhor momento para se desfazer das ações dessas empresas é quando os indicadores fundamentalistas apontam que a empresa está subprecificada.

5- Empresas em recuperação (*turnaround*)

Empresas desta categoria estão passando por dificuldades, necessitando muitas vezes de renegociar empréstimos com credores, converter dívida em ações, cortar custos, demitir uma grande quantidade de funcionários ou tendo que se desfazer de ativos estratégicos. Podem também, eventualmente, estar passando por um processo de recuperação judicial, necessitando de empréstimos emergenciais para tentar voltar a apresentar resultados satisfatórios.

Trata-se da categoria de empresas para investir mais arriscada, podendo as ações destas empresas literalmente virar pó. Apesar disso, caso a empresa consiga passar pelo processo de *turnaround* de forma bem-sucedida, pode acabar por se transformar em uma ação de crescimento rápido. A Apple foi, em uma época passada, uma empresa desta categoria, tendo sido socorrida por um empréstimo da Microsoft ao antigo rival de Bill Gates, Steve Jobs.

Para esta categoria, esclarecer algumas perguntas é fundamental: Como a empresa supostamente se recuperará? Ela livrou-se de divisões não lucrativas? Quanto a empresa tem em caixa? Qual é a estrutura de dívida e quanto tempo ela pode operar no vermelho enquanto resolve seus problemas sem ir à falência? Os custos estão sendo cortados? Em caso afirmativo, qual será esse efeito?

Existem também casos em que empresas sólidas são controladas por organizações fracas, próximas à falência. Quando separadas, a valorização da empresa pode ser surpreendente. Peter Lynch, em seu livro, menciona o caso da Toys 'R' US. Quando a empresa foi separada de sua controladora, a cotação de suas ações multiplicou por 57. Para analisar casos assim, é fundamental analisar a estrutura societária da empresa. Curiosamente, em 2018 a Toys 'R'US declarou falência, vítima da concorrência das vendas *online*.

Apesar de ser uma categoria de ações extremamente arriscada, Peter Lynch foi extremamente bem-sucedido com este tipo de ações. Uma de suas grandes apostas foi o caso de *turnaround* da fabricante de veículos Chrysler. Peter Lynch começou a comprar quando a ação da empresa quando ela estava cotada a US$6, no início de 1982. A recuperação da empresa acabou por ser bem-sucedida, e após dois anos desde que tinha começado a comprar, a ação já multiplicara por cinco. Em 1987, a cotação superava a marca de US$90, multiplicando o investimento inicial por cerca de quinze vezes em cinco anos.

6- Empresas com ativos ocultos (subprecificadas)

Esta categoria corresponde às empresas que são proprietárias de algum tipo valioso de ativo sobre o qual você tem conhecimento, que até mesmo o mercado possa ter conhecimento, mas que, por algum motivo irracional, é ignorado. Peter Lynch cita alguns exemplos de ativos desta categoria:

"Atualmente, tenho ações da Liberty Corp., uma empresa de seguros cujas propriedades em TV são mais valiosas do que o preço que paguei pela ação. Uma vez que você descobriu que as propriedades em TV valiam US$ 30 por ação e que a ação era cotada a US$ 30, você poderia ter sacado a sua calculadora de bolso e subtraído US$ 30 de US$ 30. O resultado seria o custo de seu investimento em um valioso negócio de seguros: zero."

"Em 1976, a Pebble Beach estava sendo comercializada no mercado de ações americano ao preço de US$25 milhões. Menos de três anos depois, a Twentieth Century-Fox comprou a empresa por US$72 milhões. Você deve estar pensando que a TC-Fox não fez um bom negócio, porém a realidade é que a empresa comprada estava muito mal precificada três anos antes. Um dia depois da compra, a Twentieth Century vendeu uma pedreira da Pebble Beach (um dos muitos ativos da companhia) por US$30 milhões. Isso significa que um único ativo da empresa valia mais do que o preço total da mesma três anos antes.

Segundo Peter Lynch, oportunidades assim estão por toda parte. Invariavelmente é necessário conhecer profundamente a empresa para encontrar ativos mal precificados que os outros não enxergam. Uma vez encontrados ativos assim, tudo o que o investidor precisa é ter paciência para aguardar a correção do preço.

Ao investir em ações desta categoria, pergunte-se: Qual é o valor dos ativos? Qual o valor das dívidas que deve ser deduzido desses ativos? A empresa está adquirindo novas dívidas, tornando os ativos menos valiosos?

Independentemente da categorização das ações, Peter Lynch enumera algumas dicas para o investidor selecionar boas ações para investir, das quais destaco algumas a seguir:

- *Compreenda a natureza das empresas que possui e as razões específicas para manter a ação;*
- *Apostas duvidosas quase nunca compensam;*
- *Desconfie de empresas com taxas de crescimento de 50% a 100% por ano;*
- *É melhor perder o primeiro movimento de uma ação e esperar para ver se os planos da empresa estão funcionando;*
- *Invista em empresas simples que pareçam enfadonhas, ordinárias, desprezadas e sem atrativos para o Mercado;*
- *As empresas de crescimento rápido moderado (20% a 25%) de setores sem crescimento são os investimentos ideais;*
- *Considere cuidadosamente a relação entre preço e lucro. Se a ação estiver grosseiramente superestimada, ainda que tudo mais esteja certo, você não ganhará nenhum dinheiro;*
- *Quando estiver em dúvida, espere mais um pouco;*
- *Seja paciente. As ações não sobem simplesmente por serem monitoradas;*
- *Destine pelo menos uma hora por semana para uma investigação sobre investimentos. Somar dividendos e descobrir lucros e perdas não contam;*

Peter Lynch foi um investidor menos ortodoxo que muitos dos que utilizam uma abordagem de investimentos focada no longo prazo, conhecida como *Buy and Hold* (comprar e manter), que é comumente praticada por Warren Buffett e seus seguidores. Pela forma como Lynch categorizava as ações e definia os seus processos de tomada de decisão, é possível observar que em alguns casos ele vendia ações após obter valorizações de 30% ou 50%, sem pudores. Também não se importaria em investir em empresas passando por um processo de *turnaround*, ou que não estejam dando lucros consistentes, coisa que os adeptos do *Buy and Hold* não costumam fazer.

Uma coisa que aprendi desde quando comecei a investir em ações é que existe uma grande diversidade de estratégias que costumam dar certo, mas todas as que dão certo focam essencialmente na análise das perspectivas futuras das empresas, que é o que podemos traduzir como "empresa com valor".

Nesse sentido, desejo ao leitor iniciante que descarte o quanto antes qualquer vontade em investir em ações utilizando abordagens de análise técnica, análise gráfica, *day trade*, etc. Não conheço nenhum investidor que, seguindo estas abordagens, sobreviveu na bolsa no longo prazo (com aumentos consistentes de patrimônio). Sobre isso, a conclusão de uma pesquisa encomendada pela CVM para a Fundação Getúlio Vargas em 2019 foi a de que mais de 90% dos investidores que tentam viver de *day trade* têm prejuízos. Podemos dizer, portanto, que o *day trade* é uma forma poderosa de perder dinheiro.

Entendendo informações básicas de balanços e indicadores

Para que o investidor possa ter a capacidade de entender se uma empresa é atrativa ou não, é necessário, no mínimo, avaliar os relatórios de divulgação de resultados. Felizmente, muitos sites na internet auxiliam na análise desses relatórios, destrinchando grande parte das informações e agrupando-as em indicadores fundamentalistas. Ainda que eles não substituam integralmente a necessidade de se analisar outras fontes de informação, eles agilizam o processo de tomada de decisão. Um dos sites que mais utilizo é o Fundamentus (www.fundamentus.com.br).

A figura a seguir é a visão detalhada das principais informações e indicadores de uma determinada empresa pesquisada no site Fundamentus, que no caso é a WEG S.A. (WEGE3):

Papel	WEGE3	Cotação	18,61
Tipo	ON N1	Data últ cot	08/05/2019
Empresa	WEG SA ON N1	Min 52 sem	14,94
Setor	Máquinas e Equipamentos	Max 52 sem	19,92
Subsetor	Motores, Compressores e Outros	Vol $ méd (2m)	47.739.000
Valor de mercado	39.056.000.000	Últ balanço processado	31/03/2019
Valor da firma	39.617.900.000	Nro. Ações	2.098.660.000

Oscilações		Indicadores fundamentalistas			
Dia	2,59%	P/L	28,71	LPA	0,65
Mês	-0,75%	P/VP	5,02	VPA	3,71
30 dias	-2,41%	P/EBIT	21,23	Marg. Bruta	29,2%
12 meses	11,91%	PSR	3,16	Marg. EBIT	14,9%
2019	6,83%	P/Ativos	2,56	Marg. Líquida	11,0%
2018	-3,86%	P/Cap. Giro	9,23	EBIT / Ativo	12,1%
2017	58,25%	P/Ativ Circ Liq	21,87	ROIC	16,0%
2016	6,22%	Div. Yield	1,8%	ROE	17,5%
2015	-1,64%	EV / EBIT	21,53	Liquidez Corr	1,87
2014	33,17%	Giro Ativos	0,81	Div Br/ Patrim	0,44
		Cres. Rec (5a)	8,5%		

Dados Balanço Patrimonial			
Ativo	15.227.000.000	Dív. Bruta	3.454.420.000
Disponibilidades	2.892.550.000	Dív. Líquida	561.869.000
Ativo Circulante	9.089.840.000	Patrim. Liq	7.777.770.000

Dados demonstrativos de resultados			
Últimos 12 meses		Últimos 3 meses	
Receita Líquida	12.351.000.000	Receita Líquida	2.932.380.000
EBIT	1.840.020.000	EBIT	428.342.000
Lucro Líquido	1.360.160.000	Lucro Líquido	306.849.000

Figura 36 – Principais informações e indicadores da ação WEGE3. Acesso em 09/05/2019. (Fonte: Fundamentus)

Destaco a seguir a descrição e a utilidade de cada um dos quadros detalhados, começando pelas informações do cabeçalho:

Informação	Descrição	Comentários
Papel	Código da ação (ticker).	
Tipo	ON = Ordinária, PN = Preferencial, PNA = Preferencial classe A, etc.	
Empresa	Nome comercial da empresa.	

Setor	Classificação setorial.	Analisar o setor e o subsetor é fundamental para entender os indicadores. É necessário sempre comparar os indicadores de uma determinada empresa com as que atuam nos mesmos setores/subsetores, pois setores/subsetores diferentes podem apresentar uma dinâmica de entrega de resultados completamente distinta.
Subsetor	Classificação por segmento de atuação.	
Valor de mercado	Valor de mercado da empresa. Calculado multiplicando o preço da ação pelo número total de ações.	
Valor da firma	Valor da firma (Enterprise Value). É calculando somando o valor de mercado da empresa com a sua dívida líquida.	Quando o valor da firma é negativo, é sinal de que a sua dívida líquida é maior do que o seu valor de mercado.
Cotação	Cotação de fechamento da ação no último pregão.	
Data últ. cotação	Data do último pregão em que o ativo foi negociado.	Ativos com baixíssima liquidez podem ficar vários dias sem uma única negociação.
Min 52 sem	Menor cotação da ação nos últimos 12 meses.	A partir destas informações é possível analisar se a cotação atual está mais próximo da máxima ou da mínima dos últimos 12 meses.
Max 52 sem	Maior cotação da ação nos últimos 12 meses.	
Vol $ méd (2m)	Volume médio diário de negociação nos últimos 2 meses (R$).	Quanto maior o volume médio, maior a liquidez da ação. Ações com baixíssima liquidez aumentam a dificuldade de conseguir vender os papeis em momentos de crise.
Últ balanço processado	Data do último balanço divulgado pela empresa que consta no banco de dados.	Todos os indicadores são calculados considerando os últimos 12 meses finalizados na data deste balanço.

Nro. Ações	Número total de ações, somadas todas as espécies (ON, PN etc.).	Inclui as ações dos controladores e em tesouraria.

A seguir, o quadro de dados de balanço patrimonial e demonstrativo de resultados:

Informação	Descrição	Comentários
Ativo	Todos os bens, direitos e valores a receber de uma entidade.	
Disponibilidades	Contas que representam bens numerários (dinheiro).	
Ativo Circulante	Bens ou Direitos que podem ser convertidos em dinheiro no curto prazo.	
Dív. Bruta	Dívida Bruta é obtida somando-se as dívidas de curto e longo prazo mais as debêntures de curto e longo prazo.	
Dív. Líquida	Dívida Bruta menos Disponibilidades.	Se este valor é negativo, significa que a empresa possui caixa líquido negativo.
Patrim. Líq.	O patrimônio líquido representa o que os sócios ou acionistas têm na empresa em um determinado momento.	No balanço patrimonial, a diferença entre o valor dos ativos e dos passivos e resultado de exercícios futuros representa o Patrimônio Líquido, que é o valor contábil devido pela pessoa jurídica aos sócios ou acionistas.
Receita Líquida	É a soma de todas as vendas da empresa em determinado período deduzido de devoluções, descontos e alguns impostos.	

EBIT	Acrônimo de Earns Before Interest and Taxes, ou Lucro antes dos impostos ou juros.	É uma aproximação do lucro operacional da empresa.
Lucro Líquido	É o que sobra das vendas após todas as despesas.	

Nenhuma informação ou indicador devem ser analisados de maneira isolada, pois um indicador pode influenciar outro indicador. Eventualmente, alguns resultados não recorrentes podem distorcer os indicadores, causando alguma confusão na avaliação das empresas. Em função disso, é sempre importante analisar a ocorrência de resultados não recorrentes. Indicadores apenas indicam tomando como base resultados passados, e não substituem a necessidade de se analisar outras questões relacionadas às perspectivas futuras da empresa.

O quadro a seguir detalha os indicadores fundamentalistas expostos:

Indicador	Descrição	Comentários
P/L	Preço da ação dividido pelo lucro por ação. O P/L é o número de anos que se levaria para reaver o capital aplicado na compra de uma ação, através do recebimento do lucro gerado pela empresa, considerando que estes lucros permaneçam constantes.	Utilizado para se analisar se a empresa está cara ou barata. Quanto menor, melhor, exceto quando for negativo. Empresas com altas taxas de crescimento costumam apresentar P/L alto em função das expectativas futuras de crescimento. Empresas com P/L muito baixo também podem apresentar outros fatores de risco que as façam serem subprecificadas.
P/VP	Preço da ação dividido pelo valor patrimonial por ação. Informa o quanto o mercado está disposto a pagar sobre o patrimônio líquido da empresa.	Utilizado para se analisar se a empresa está subprecificada. Quanto menor, melhor. Em teoria, se o P/VP for menor que 1, o patrimônio líquido da empresa vale mais do que a própria empresa. Não leva em consideração a dívida líquida da empresa. Empresas estatais costumam

		apresentar relação P/VP e P/L menores que os seus concorrentes, pois o mercado entende ser um fator de risco ter o Governo como acionista controlador.
P/EBIT	Preço da ação dividido pelo EBIT por ação. EBIT é o lucro antes dos impostos e despesas financeiras. O EBIT é uma boa aproximação do lucro operacional da empresa.	Utilizado para se analisar o peso dos impostos e despesas financeiras (tais como pagamento de prestação de dívidas) sobre o lucro líquido. Quanto menor, melhor, exceto quando for negativo.
PSR	Price Sales Ratio: Preço da ação dividido pela Receita Líquida por ação.	Importante para analisar o quanto a empresa gera de receita por ação. Este indicador costuma ser utilizado para se analisar empresas de varejo, que costumam apresentar receitas líquidas elevadas para margens líquidas pequenas. Quanto menor, melhor.
P/Ativos	Preço da ação dividido pelos ativos totais por ação.	
P/Cap. Giro	Preço da ação dividido pelo capital de giro por ação. Capital de giro é o ativo circulante menos o passivo circulante.	
P/Ativ Circ Liq	Preço da ação dividido pelos ativos circulantes líquidos por ação.	Ativ Cir Liq é obtido subtraindo os ativos circulantes pelas dívidas de curto e longo prazo, ou seja, após o pagamento de todas as dívidas, quanto sobraria dos ativos mais líquidos da empresa (caixa, estoque etc.).
Div. Yield	Dividend Yield. Dividendo pago por ação dividido pelo preço da ação. É o rendimento gerado para o dono da ação pelo pagamento de dividendos.	Expresso em porcentagem, inclui no cálculo os juros sobre capital próprio.

EV/EBIT	Valor da firma (Enterprise Value) dividido pelo EBIT.	Uma outra forma de analisar se a empresa está barata. Quanto menor, melhor.
Giro Ativos	Receita líquida dividida por Ativos Totais.	Indica a eficiência com a qual a empresa usa seus ativos para gerar vendas.
Cresc. Rec (5a)	Crescimento da receita líquida nos últimos 5 anos.	Expresso em porcentagem, quanto maior, melhor.
LPA	Lucro por ação.	
VPA	Valor Patrimonial por Ação: valor do patrimônio líquido dividido pelo número total de ações.	
Marg. Bruta	Lucro Bruto dividido pela Receita Líquida. Indica a porcentagem de cada R$1,00 de venda que sobrou após os custos dos produtos/serviços vendidos.	Expresso em porcentagem, quanto maior, melhor.
Marg. EBIT	EBIT dividido pela Receita Líquida. Indica a porcentagem de cada R$1,00 de venda que sobrou após o pagamento dos custos dos produtos/serviços vendidos, das despesas com vendas, gerais e administrativas.	Expresso em porcentagem, quanto maior, melhor.
Marg. Líquida	Lucro líquido dividido pela Receita Líquida.	Expresso em porcentagem, quanto maior, melhor. Alguns setores, como o de varejo e aviação, costumam operar com margens baixas, o que costuma ser um fator de risco.
EBIT / Ativo	EBIT dividido por ativos totais.	Expresso em porcentagem, quanto maior, melhor.
ROIC	Retorno sobre o Capital Investido. Calculado dividindo-se o EBIT por (Ativos - Fornecedores - Caixa). Informa o retorno sobre o capital total aplicado.	Expresso em porcentagem, quanto maior, melhor. Ajuda a determinar o desempenho financeiro de uma empresa. O ROIC é similar ao ROE, porém o ROE refere-se apenas ao retorno sobre o capital próprio, enquanto o ROIC

		refere-se ao retorno sobre o capital total investido – soma do capital próprio e do capital de terceiros.
ROE	Retorno sobre o Patrimônio Líquido: lucro líquido dividido pelo Patrimônio Líquido.	Expresso em porcentagem, quanto maior, melhor. Trata-se de um indicador poderoso, pois indica a capacidade da empresa de gerar lucro com o patrimônio líquido. Em teoria, empresas com ROE inferior à taxa SELIC são pouco rentáveis, enquanto que empresas com ROE superior à taxa Selic + 5% são extremamente rentáveis.
Liquidez Corr	Liquidez Corrente. Ativo Circulante dividido pelo Passivo Circulante. Reflete a capacidade de pagamento da empresa no curto prazo.	Quanto maior, melhor.
Div Br / Patrim	Dívida Bruta Total (Dívida + Debêntures) dividido pelo Patrimônio Líquido.	Importante indicador do nível de endividamento de uma empresa. Alguns setores/subsetores atuam com um elevado nível de endividamento, como o setor elétrico. Outros, como o setor de seguros/resseguros, idealmente devem trabalhar sem dívida. Quanto menor, melhor.

Além dos indicadores listados no Fundamentus, destaco outros que costumo analisar:

Indicador	Descrição	Comentários
Dív. Liq / Patrim (DL/PL)	Dívida Líquida dividida pelo Patrimônio Líquido.	Quanto menor, melhor. Mede o quanto do patrimônio líquido da empresa equivale a sua dívida líquida. Por exemplo, um DL/PL de 0,5 para determinada empresa significa que a mesma possui 50% do patrimônio em dívidas. É

		importante que esse indicador esteja abaixo de 100% e de preferência seja menor que 50%, podendo existir exceções.
Dividend Payout	Representa o percentual do lucro que é distribuído aos acionistas.	Expresso em porcentagem. Um *dividend payout* baixo não necessariamente indica que uma empresa é ruim, uma vez que o conselho de administração pode achar melhor reinvestir os lucros em outras oportunidades e projetos que façam a empresa crescer de tamanho. Por exemplo, a empresa de Warren Buffett, a Berkshire Hathaway, nunca pagou um único dividendo aos seus acionistas, apresentando um *dividend payout* de 0%.
Dív. Liq / EBTIDA	Dívida Líquida pelo EBTIDA	Quanto menor, melhor. Mede a relação entre a dívida líquida e o lucro operacional da empresa (aproximado). Idealmente deve ser abaixo de 3.

Além destas informações, o Fundamentus também exibe gráficos históricos de indicadores e histórico de cotações, bem como os proventos distribuídos. Trata-se de uma ferramenta satisfatória para quem está aprendendo a analisar ações.

Ainda que todos os indicadores tenham que ser sempre analisados em conjunto, uma pergunta chave persiste: **como escolher empresas para investir?** Esta pergunta leva a outros questionamentos:

- Como saber se uma empresa é boa?
- Como saber se uma empresa é barata?
- Como saber se uma empresa é boa e barata?
- Se uma empresa é boa, o preço pago por ela importa a longo prazo?
- Como saber se uma empresa não é mais boa o suficiente para continuar investindo?

Estas e outras perguntas foram, são e serão eternamente objeto de estudo de acadêmicos, investidores, gestores e escritores. Desde que comecei a investir, já li centenas de livros e conteúdos relacionados a investimento, biografias, entrevistas, relatórios de gestores etc. Os livros apontam dezenas de estratégias distintas para avaliação de empresa. Muitas delas, de fato, convergem para resultados positivos. Outras são baseadas puramente em percepções.

Os modelos clássicos de mensuração de ativos citados na maioria dos livros são o modelo de Gordon e o de Fluxo de Caixa Descontado (FCD). Estes modelos, contudo, possuem algumas limitações, pois pressupõem que os fluxos de dividendos e ganhos de capital apresentarão previsibilidade conhecida. Nos casos em que tais fluxos se tornam infrequentes, tais modelos tornam-se completamente ineficazes. A validade dos pressupostos utilizados, portanto, é fundamental para o bom funcionamento destes modelos. Na prática, é muito difícil para o investidor conseguir estimar valores que sejam completamente corretos.

Um dos livros que li, contudo, me chamou muito a atenção, pela simplicidade do método apresentado e pelos resultados alcançados. O que eu posso lhe dizer é que, após o ano de 2008, passei a investir em ações usando uma estratégia adaptada da que foi apresentada por este livro. A estratégia, é, ao mesmo tempo, alinhada com os princípios do *value investing* moderno e com a filosofia de investimentos de Peter Lynch. Desde então, tenho tido retornos consistentemente superiores ao Ibovespa. Maiores detalhes serão apresentados no próximo capitulo.

Estratégias de investimento em ações

O *value investing* pode ser considerado um paradigma de investimento que envolve comprar ativos com alguma margem de segurança (subprecificados), utilizando análise fundamentalista. Pode-se dizer que o pai do *value investing* foi Benjamin Graham, professor e mentor intelectual de Warren Buffett.

Graham avaliava, essencialmente, a questão da subprecificação dos ativos, ou seja, ativos que estavam mal avaliados pelo mercado. Graham considerava como boa opção de investimento somente as ações "barganhas" que poderiam, no futuro, voltar a se recuperar. Se em dois anos essas barganhas não voltassem a crescer, Graham se desfazia delas. Caso as ações delas subissem 50%, ele as vendia.

Graham, no entanto, nunca se preocupou em distinguir as empresas que possuíam e as que não possuíam algumas vantagens competitivas de longo prazo. Essas vantagens competitivas poderiam ser, por exemplo, uma cadeia logística diferenciada, contratos de exclusividade de longo prazo, benefícios fiscais que lhe permitiam operar com uma maior margem líquida, a capacidade de tornar os seus clientes dependentes de seus serviços etc.

Buffett foi um fiel seguidor da filosofia de Graham enquanto trabalharam juntos. Em algum momento, após a aposentadoria de Graham, Buffett passou a refletir a respeito de algumas empresas que haviam sido potenciais objetos de investimento de Graham, percebendo que algumas dessas barganhas decretavam falência após um tempo, enquanto que outras que supostamente seriam vendidas depois de se valorizarem 50%, continuavam crescendo ano após ano.

Focando nas empresas que continuavam prosperando, Warren Buffett percebeu que estas companhias possuíam alguns fatores determinantes que permitiam que elas continuassem prosperando. Esses fatores criavam condições para que estas empresas cobrassem valores mais altos pelos seus produtos, ou vendessem mais produtos que os seus concorrentes. Além disso, Warren Buffett constatou que se estes fatores determinantes pudessem ser mantidos por um longo período, então o valor intrínseco do negócio cresceria ano após ano. Neste sentido, faria sentido para Warren Buffett manter seus investimentos nestas empresas o quanto tempo pudesse.

Estes fatores determinantes lhe conferiam vantagens competitivas que diminuíam consideravelmente o risco de falência das empresas, chegando próximo de zero. Assim, quanto mais os especuladores faziam o preço da ação cair, menor era o risco de perder dinheiro, e maior era o potencial de retorno a longo prazo.

Uma forma de analisar se uma empresa possui vantagens competitivas é analisando "As cinco forças de Porter", que consistem em analisar a capacidade da empresa de se proteger de seus concorrentes:

- **Rivalidade entre os concorrentes**: considera a atividade e a agressividade dos concorrentes diretos, ou seja, aqueles que vendem os mesmos produtos e serviços que a empresa analisada;
- **Poder de barganha dos clientes**: é a capacidade que os clientes têm em barganhar com as empresas do setor e subsetor. Essa força de Porter tem total relação com a decisão de compra do consumidor, que leva em conta os atributos dos produtos e serviços, principalmente aqueles relacionados à qualidade e ao preço;
- **Poder de barganha dos fornecedores**: Assim como os clientes, os fornecedores também podem barganhar. Mas isso ocorre em outros tipos de situações, como por exemplo: quando há poucos fornecedores para atender aquele mercado; quando os produtos são diferenciados ou exclusivos ou ainda quando a troca de fornecedor representa um custo muito alto; quando o setor de negócios não possui representatividade no faturamento do fornecedor;
- **Barreiras à entrada de novos concorrentes**: Novos concorrentes só vão entrar no mercado depois de analisarem as barreiras existentes e do poder de reação das empresas que já estão presentes. As barreiras são elementos que impactam negativamente o surgimento de novas empresas. Entre os principais obstáculos é possível citar: economia de escala, acesso aos canais de distribuição, capital necessário para financiar a entrada no mercado etc.;

- **Ameaça de produtos ou bens substitutos**: São produtos ou serviços de empresas concorrentes (ou eventualmente de tecnologias disrruptivas) que não são iguais aos da empresa analisada, mas atendem a uma necessidade similar dos consumidores.

Uma empresa com vantagens competitivas é menos suscetível às forças de Porter. Muitos monopólios acabam por apresentar resistências às forças de Porter. O ponto a ser analisado, neste caso, é se o monopólio é em função de uma política governamental ou se foi atingindo por competência técnica. Monopólios estatais não necessariamente operam com eficiência, podendo, muitas vezes, apresentarem prejuízos recorrentes.

O *value investing* clássico, portanto, foca na subprecificação dos ativos e na venda de ativos que se valorizam após um certo potencial ou que não se valorizam após um certo tempo. O *value investing* moderno, além de focar na subprecificação dos ativos, considera também a avaliação das vantagens competitivas, que enquanto persistirem farão o adepto deste paradigma de investimento se comportar como um *Buy and Hold*, mantendo as ações por tempo indeterminado.

O fato de o *value investing* ter surgido numa época anterior à segunda guerra mundial fez com que este paradigma, ao longo das décadas, tivesse sua eficácia questionada. Afinal, como poderia uma metodologia tão antiga se mostrar eficiente em um universo dinâmico, bem noticiado e com elevado poder computacional para analisar números e realizar análises preditivas, como nos dias de hoje?

Estas discussões ficaram especialmente intensas com o surgimento da "Hipótese do Mercado Eficiente" (HME). A HME é uma teoria formulada em 1970 por Eugene Fama, economista norte-americano e ganhador do prêmio Nobel de 2013, juntamente com Lars Peter Hansen e Robert Shiller.

A HME essencialmente diz que os preços do mercado sempre refletem todas as informações existentes. Logo, não existe a possibilidade de existirem ações baratas ou caras. Neste sentido, conseguir retornos acima da média do mercado, pelo menos no longo prazo, não seria possível, independentemente do tipo de análise realizada (técnica ou fundamentalista).

Os superinvestidores de Graham-Doddsville

Na década de 80, Warren Buffett foi convidado para um congresso na Universidade de Columbia para debater com opositores do *value investing* e defensores da HME se "as visões ultrapassadas" dos investidores em *value investing grahamianos* ainda faziam sentido. O discurso de defesa de Buffett tornou o termo "Os superinvestidores de Graham-Doddsville" popularmente conhecido. Benjamin Graham e David Dodd foram coautores do livro *Security Analysis*, um dos principais livros sobre *value investing* já lançados.

Reproduzo a seguir o discurso de Warren Buffett, na íntegra:

Será que a abordagem da análise de investimentos de Graham e Dodd, que diz "procure valores com uma margem de segurança significativa relativa aos preços" está ultrapassada? Muitos dos professores que hoje escrevem livros dizem que sim. Eles argumentam que o mercado acionário é eficiente (Hipótese de Mercados Eficientes), isto é, que os preços das ações refletem tudo que é conhecido sobre as perspectivas das companhias e o estado da economia. Não existem ações subvalorizadas, afirmam esses teóricos, porque há analistas de títulos sabidos que utilizam todas as informações disponíveis para sempre garantirem preços apropriados. Os investidores que parecem superar o mercado ano após ano são apenas sortudos. "Se os preços refletem completamente as informações disponíveis, esse tipo de investimento competente é descartado", escreveu um autor contemporâneo.

Bem, pode ser que sim. Porém, desejo apresentar a você um grupo de investidores que tem, ano após ano, batido o índice de 500 ações da Standard & Poor's. A hipótese de que eles fazem isso por acaso merece, pelo menos, ser examinada. Crucial a esse exame é o fato de que esses vencedores eram todos bem conhecidos por mim e pré-identificados como investidores superiores, tendo a identificação mais recente ocorrido há mais de 15 anos. Não fosse isso - isto é, se eu tivesse apenas pesquisado recentemente centenas de registros para selecionar alguns nomes para vocês esta manhã - . eu lhes teria aconselhado a parar a leitura aqui mesmo. Acrescentaria que todos esses registros foram verificados por auditores. Eu deveria acrescentar, ainda, que conheci muitas pessoas que investiram com esses gestores e que os cheques recebidos por elas ao longo dos anos foram compatíveis com os históricos apresentados.

Antes de começarmos esse exame, gostaria que vocês imaginassem um concurso nacional de cara-ou-coroa. Vamos imaginar que consigamos a participação dos 225 milhões de americanos amanhã de manhã e solicitemos que todos apostem um dólar. Todo dia, ao nascer do sol, eles jogarão uma moeda. Se adivinharem corretamente, ganharão um dólar daqueles que apostaram errado. A cada dia os perdedores serão excluídos e no dia seguinte as apostas crescerão à medida que todos os prêmios anteriores forem novamente colocados em jogo. Após dez jogadas em dez manhãs, sobrariam aproximadamente 220.000 pessoas nos Estados unidos que haviam adivinhado corretamente dez jogadas consecutivas. Cada uma delas ganharia pouco mais de US$1.000.

Em seguida, esse grupo provavelmente começaria a ficar um pouco mascarado com esta história, pois faz parte da natureza humana. Eles poderiam tentar ser modestos, mas em coquetéis revelariam ocasionalmente a membros atraentes do sexo oposto a sua técnica e os insights maravilhosos que eles trazem para o terreno do cara-ou-coroa.

Supondo que os vencedores estão recebendo recompensas apropriadas dos perdedores, em mais dez dias teríamos 215 pessoas que adivinharam com sucesso vinte jogadas de moeda consecutivas. Com esse exercício, cada uma delas teria transformado um dólar em pouco mais de US$1 milhão. Duzentos e vinte e cinco milhões de dólares teriam sido perdidos e US$225 milhões teriam sido ganhos.

A essa altura, esse grupo realmente perderia a cabeça. Provavelmente, seus integrantes escreveriam livros sobre "Como transformei um dólar em um milhão em vinte dias trabalhando trinta segundos pela manhã". Pior ainda, eles provavelmente começariam a viajar pelo país falando em seminários sobre técnicas eficientes de jogar moedas e confrontando professores céticos com a pergunta "Se isso é impossível de ser feito, por que existem 215 de nós?".

A essa altura, algum professor de administração provavelmente seria grosseiro o suficiente para levantar a hipótese de que se 225 milhões de orangotangos tivessem realizado o mesmo exercício, os resultados seriam iguais, 215 orangotangos egocêntricos com vinte jogadas vencedoras consecutivas.

Eu afirmaria, entretanto, que existem algumas diferenças importantes nos exemplos que eu apresentei. Em primeiro lugar, se (a) você tivesse pegado 225 milhões de orangotangos distribuídos, grosso modo, da mesma forma que a população americana; se (b) restassem 215 vencedores após vinte dias; e se (c) visse que quarenta vieram de um zoológico específico em Omaha (cidade natal de Warren Buffett), você teria certeza de que algo estranho estava acontecendo. Provavelmente você sairia e perguntaria ao zelador do zoológico qual a alimentação dada aos animais, se eles fazem exercícios especiais, que livros eles leem e sabe-se lá mais o quê. Ou seja, se você encontrasse quaisquer concentrações de sucesso realmente extraordinárias, seria interessante identificar concentrações de características incomuns que poderiam ser fatores causais.

A investigação científica naturalmente segue tal padrão. Se você estivesse tentando analisar as possíveis causas de um tipo de câncer raro - com, digamos, 1.500 casos por anos nos EUA - e descobrisse que quatrocentos deles ocorreram em uma pequena cidade mineradora em Montana, seu interesse seria grande em investigar a água local ou a ocupação dos atingidos ou outras variáveis. Você sabe que não é por acaso que quatrocentos vieram de uma área pequena. Você não necessariamente conheceria os fatores causais, mas saberia onde procurar.

Acredito que existem várias maneiras de definir uma origem que não seja a geográfica. Além de origens geográficas, pode existir aquilo que denomino origem intelectual. Estou convencido de que você encontrará um número desproporcional de jogadores de moeda bem-sucedidos no mundo dos investimentos oriundos de uma pequena vila intelectual que poderia ser chamada de "Graham-Doddsville". Uma concentração de vencedores, que não pode ser explicada simplesmente pelo acaso, mas pode ser rastreada até essa vila intelectual específica.

Poderiam existir condições que tornariam mesmo essa concentração sem importância. Talvez cem pessoas estivessem simplesmente seguindo o palpite de alguma personalidade terrivelmente persuasiva. Quando essa pessoa pedisse cara, cem seguidores automaticamente apostariam da mesma forma. Se o líder for um dos 215 restantes no fim, o fato de que cem tiveram a mesma origem intelectual nada significaria. Você simplesmente estaria identificando um caso com uma centena. Da mesma forma, suponhamos que você viva em uma sociedade fortemente patriarcal e cada família americana convenientemente consista de dez membros. Ademais, suponha que a cultura patriarcal seja tão forte que, quando os 225 milhões de pessoas jogarem no primeiro dia, cada membro de uma família se identifique com a jogada do pai. Agora, no final do período de vinte dias, você teria 215 vencedores e descobriria que vieram de apenas 21,5 famílias. Alguns tipos ingênuos poderiam dizer que isso indica um fator de hereditariedade enorme como explicação para o sucesso no cara-ou-coroa. Porém, claro, essa ocorrência não teria significado algum porque simplesmente significaria que não havia 215 vencedores individuais, mas sim 21,5 famílias aleatoriamente distribuídas que haviam ganhado.

Nesse grupo de investidores bem-sucedidos que desejo considerar, existem um patriarca intelectual comum, Benjamin Graham. Porém, as crianças que deixaram a casa desse patriarca intelectual preveem os resultados do arremesso de uma moeda de formas muito diferentes. Foram a lugares diferentes e compraram e venderam ações e companhias diferentes. No entanto, têm um desempenho conjunto que simplesmente não pode ser explicado pelo acaso. De forma alguma isso pode ser explicado pelo fato de que todos estão apostando na moeda de forma idêntica por ter um líder sinalizando as jogadas a serem feitas. O patriarca meramente estabeleceu o arcabouço intelectual para apostar no resultado das jogadas, mas cada estudante decidiu sobre sua própria maneira de aplicar a teoria.

O tema intelectual comum dos investidores de Graham-Doddsville é o seguinte: eles buscam discrepâncias entre o valor do negócio e o preço de pequenas partes daquele negócio no mercado. Essencialmente, eles exploram essas discrepâncias sem a preocupação dos teóricos de mercados eficientes quanto à compra das ações se realizar nas segundas ou nas terças-feiras ou em janeiro ou julho etc. Incidentalmente, quando homens de negócios compram negócios - que é justamente o que os investidores Graham & Dodd fazem por meio de ações negociáveis -, duvido que muitos estejam levando em consideração nessa decisão de compra o dia da semana ou o mês no qual a transação ocorrerá. Se não há diferença alguma quanto ao fato de todo um negócio estar sendo comprado em uma segunda ou sexta-feira, fico pasmado com o fato de os acadêmicos investirem tanto tempo e esforço para verificarem se o dia da semana faz diferença na compra de porções pequenas daqueles mesmos negócios. Nossos investidores Graham & Dodd, desnecessário dizer, não discutem o beta, o Modelo de Precificação do Custo de Capital (CAPM - Capital Asset Pricing Model) ou covariância dos retornos de certos papéis. Esses assuntos não têm qualquer interesse para eles. Na verdade, a maioria deles teria dificuldade em definir tais termos; os investidores simplesmente focam em duas variáveis: preço e valor.

Sempre considerei extraordinário que sejam feitos tantos estudos sobre o comportamento de preço e volume, matéria da análise técnica. Você pode se imaginar comprando um negócio inteiro simplesmente porque o preço do negócio havia subido substancialmente na semana passada e na semana retrasada? Claro, a razão pela qual tantos estudos são feitos sobre variáveis como preço e volume é que agora, na era dos computadores, há uma quase infinidade de dados disponíveis. Não é necessariamente porque tais estudos têm qualquer utilidade; é simplesmente porque os dados estão acessíveis e os acadêmicos trabalharam arduamente para aprenderem as técnicas matemáticas necessárias para manipulá-los. Uma vez que essas capacidades tenham sido adquiridas, parece pecaminoso deixar de usá-las, mesmo que o uso não tenha utilidade alguma ou tenha uma utilidade negativa. Como diz um amigo meu, ao homem com um martelo, tudo lhe parece um prego.

Creio que o grupo que identifiquei com base em uma origem intelectual comum vale a pena ser estudado. A propósito, apesar de todos os estudos acadêmicos sobre a influência de variáveis, tais como, preço, volume, sazonalidade, volume de capitalização etc., no desempenho das ações, nenhum interesse foi demonstrado no estudo dos métodos dessa concentração incomum de vencedores orientados para o valor.

Começo este estudo de resultados retornando a um grupo de quatro pessoas que trabalharam na Graham-Newman Corporation de 1954 a 1956. Havia apenas quatro - não selecionei esses nomes de milhares. Eu próprio me ofereci para ir trabalhar de graça na Graham-Newman após ter sido aluno de Graham, mas ele considerou a proposta cara. Ele levava essa coisa de valor muito a sério! Após importuná-lo muito, ele finalmente me contratou. Havia três sócios e quatro de nós em um nível de "peão". Todos quatro saíram entre 1955 e 1957, quando a firma foi dissolvida, e é possível rastrear o histórico de três deles.

O primeiro exemplo é o de Walter Schloss. Walter nunca foi à universidade, mas estudou com Benjamin Graham à noite no Instituto de Finanças de Nova York. Walter deixou a Graham-Newman em 1955 e obteve o desempenho apresentado aqui ao longo de 28 anos.

Aqui está o que o autor "Adam Smith" - após eu ter-lhe contado sobre Walter - escreveu sobre ele em Supermoney em (1972):

> *"Ele não possui conexões ou acesso a informações de grau de investimento. Quase ninguém em Wall Street o conhece e ele não recebe quaisquer sugestões. Ele procura números em manuais e manda buscar os relatórios anuais, e isso é tudo. Ao me apresentar a [Schloss], Warren tinha também, na minha opinião, descrito a si mesmo. "Ele nunca esquece que está lidando com o dinheiro de outras pessoas, e isso reforça sua aversão normal e forte à perda." Ele é totalmente íntegro e possui uma visão realista de si mesmo. Para ele, o dinheiro é real e as ações são reais, surgindo daí uma atração pelo princípio da "margem de segurança".*

Walter diversificou enormemente e hoje possui bem mais de cem ações. Ele sabe como identificar papéis negociados a um preço consideravelmente abaixo de seu valor para um proprietário privado. E isso é tudo que faz. Ele não se preocupa com o fato de ser janeiro, ou com o fato de ser segunda-feira, e não está nem aí se for um ano de eleições. Ele simplesmente acredita que se um negócio vale US$1 e pode ser adquirido por US$0,40, algo bom pode acontecer ao comprador. E ele repete esse processo seguidamente. Ele possui muito mais ações do que eu e está muito menos interessado na natureza subjacente *do negócio: não parece que tenho muita influência sobre Walter. Esse é um de seus pontos fortes; ninguém tem muita influência sobre ele.*

Apresentada a tabela do Histórico de Walter J. Schloss Ltd. (1956 – 1983).

O segundo caso é o de Tom Knapp, que também trabalhou na Graham-Newman comigo. Tom formou-se em química em Princeton antes da guerra; quando voltou da guerra, virou um vagabundo de praia. Um dia, ele leu que Dave Dodd iria lecionar um curso noturno sobre investimentos na Columbia. Tom fez o curso como ouvinte, mas ficou tão interessado no assunto que se inscreveu na Columbia Business School, onde cursou o programa de MBA. Ele fez o curso de Dodd novamente e também o de Benjamin Graham. Por acaso, 35 anos depois telefonei para Tom com o objetivo de conferir alguns dos fatos aqui descritos e o encontrei novamente na praia. A única diferença é que agora ele era dono da praia!

Em 1968, Tom Knapp e Ed Anderson, também discípulo de Graham, em conjunto com um ou dois outros colegas com interesses semelhantes, formaram a Tweedy, Browne Partners, e seus resultados de investimento aparecem na tabela abaixo. A Tweedy Browne construiu esses históricos com uma diversificação muito ampla. Ocasionalmente, ela adquiriu o controle de negócios, mas o histórico dos investimentos passivos é igual ao registro dos investimentos em posições de controle.

Apresentada a tabela do histórico de Tweedy, Browne Inc (1969 – 1983).

A Tabela 3 Descreve o terceiro membro do grupo que formou a Buffett Partnership em 1957. A melhor coisa que ele fez foi pedir demissão em 1969. Desde então, de certa forma, a Berkshire Hathaway tem sido uma continuação da parceria em alguns aspectos. Não existe qualquer índice único que possa apresentar a vocês que eu consideraria um teste justo da gestão de investimentos feita pela Berkshire. Porém, penso que, seja qual for a forma que você queira calcular, a gestão foi satisfatória.

Apresentada a tabela do histórico da Buffett Partnership (1957 – 1969).

A Tabela 4 mostra o histórico de Sequoia Fund, o qual é administrado por uma pessoa que conheci em 1951 em uma aula de Benjamin Graham, Bill Ruane. Após se formar na Harvard Business School, ele rumou para Wall Street. Percebeu que precisava obter uma educação em negócios de verdade e, portanto, foi fazer o curso de Benjamin Graham na Columbia, onde nos encontramos no início de 1951. O desempenho de Bill de 1951 a 1970, trabalhando com valores relativamente pequenos, foi muito acima da média. Quando encerrei a Buffett Partnership, pedi a Bill que montasse um fundo para lidar com todos os nossos sócios, então ele montou o Sequoia Fund. Ele o montou em um momento terrível, logo antes de minha saída. Ele foi direto para o mercado de dois níveis, com todas as dificuldades que este representava em termos de desempenho comparativo para os investidores orientados para o valor. Tenho prazer em informar que meus sócios, de maneira surpreendente, não apenas permaneceram com ele, mas colocaram mais dinheiro, gerando o resultado feliz aqui apresentado.

Não é uma questão de avaliar o passado com base na visão retrospectiva. Bill foi a única pessoa que recomendei para meus sócios. Também disse, naquele momento, que se ele atingisse uma vantagem de quatro pontos por ano acima do Standard & Poor´s, isso teria sido um desempenho sólido. Bill atingiu cifras bem superiores trabalhando com montantes progressivamente maiores de dinheiro. Isso torna as coisas muito mais difíceis. O tamanho é o freio do desempenho. Não há dúvidas sobre isso, o que não significa que não seja possível ter um desempenho acima da média quando se fica maior, mas a margem encolhe. E se você alguma vez estiver administrando dois trilhões de dólares, e isso é a avaliação do valor total dos papéis na economia americana, não pense que conseguirá um desempenho acima da média!

Apresentada a tabela do histórico do Sequoia Fund (1971 – 1983).

Eu deveria acrescentar que nos registros que examinamos até agora, em todo o período, não houve praticamente qualquer duplicação entre as carteiras. Esses são homens que selecionam papéis com base em discrepâncias entre preço e valor, mas fazem suas escolhas de formas muito diferentes. As maiores propriedades de Walter são nomes "tradicionais" como a Hudson Pulp & Paper, Jeddo Highland Coal, New York Trap Rock Company e todos aqueles outros nomes que vêm imediatamente à mente até do leitor menos assíduo das páginas de negócios. As seleções da Tweedy, Browne têm um grau de identificação ainda menor por parte dos investidores. Por outro lado, Bill trabalha com grandes companhias. A duplicação entre essas carteiras foi muito, muito pequena. Esses históricos não refletem uma pessoa pedindo cara ou coroa e cinquenta pessoas seguindo sua orientação.

A Tabela 5 é o histórico de um amigo meu que se formou pela Harvard Law School e abriu um grande escritório de advocacia. Voltamos a nos ver em 1960 e eu lhe disse que advogar era bom como diversão, mas que ele podia fazer melhor. Ele montou uma sociedade bem oposta à de Walter. Sua carteira se concentrou em um número pequeno de papéis e, portanto, seus resultados foram muito mais voláteis, mas ele se baseou na mesma abordagem do desconto sobre o valor. Estava disposto a aceitar altas e baixas de desempenho maiores e se revelou uma pessoa com tendência à concentração, conforme os resultados mostrados. Por acaso, esse histórico se refere a Charlie Munger, meu sócio por um longo tempo na operação da Berkshire Hathaway. Quando ele dirigia sua sociedade, no entanto, a composição de sua carteira destoava quase completamente da minha e das dos outros colegas mencionados anteriormente.

Apresentada a tabela do histórico de Charles Munger (1962 – 1975).

A Tabela 6 é o histórico de um colega que foi companheiro de Charlie Munger - outro tipo cuja formação não era em administração de empresas - e que se formara em matemática na USC. Ele trabalhou por algum tempo como vendedor na IBM após se formar. Depois que cheguei ao Charlie, Charlie chamou seu colega. Esse é o histórico de Rick Guerin. As carteiras geridas por Rick, de 1965 a 1983, tiveram um aumento de 22.200%, comparado com o ganho composto de 31,6% do S&P, um resultado que, provavelmente por ele não ter se formado em uma escola de administração, ele considera estatisticamente significante.

Apresentada a tabela do histórico da Pacific Partners (1965 – 1983).

Um aparte aqui: é extraordinário para mim que a ideia de comprar notas de um dólar por quarenta centavos arrebate uma pessoa imediatamente ou então não arrebata nunca mais. É como uma vacina. Se a ideia não pega a pessoa imediatamente, você pode falar com ela por anos a fio e mostrar-lhe registros que não fará a menor diferença. Ela simplesmente não parece capaz de entender o conceito, por mais simples que seja. Um cara como Rick Guerin, sem qualquer educação formal em negócios, entende logo a abordagem de valor dos investimentos e a aplica cinco minutos mais tarde. Nunca vi ninguém que tenha se convertido gradualmente a essa abordagem ao longo de um período de dez anos. Não parece ser uma questão de QI ou de treino acadêmico. Há um reconhecimento instantâneo ou não há nada.

A Tabela 7 é o histórico do Stan Perlmeter. Stan se formou em artes liberais pela Universidade de Michigan e foi sócio da agência de publicidade Bozell & Jacobs. Acabamos trabalhando no mesmo edifício em Omaha. Em 1965, ele percebeu que eu tinha um negócio melhor do que o dele, então deixou a agência. Foram necessários apenas cinco minutos para Stan abraçar a abordagem de valor.

Perlmeter não compra aquilo que Walter Schloss compra, que por sua vez não compra aquilo que Bill Ruane compra. Esses são desempenhos alcançados de forma independente. Porém, cada vez que Perlmeter compra uma ação é porque está obtendo mais em troca de seu dinheiro do que está pagando. Essa é a única coisa na qual ele pensa. Ele não se preocupa com as projeções de lucros trimestrais, não se preocupa com os lucros do ano seguinte, não pensa que dia da semana é, não se importa com o que os analistas de investimento de qualquer lugar dizem, não se interessa pela evolução dos preços, volume ou qualquer coisa. Ele simplesmente pergunta: Qual o valor do negócio?

A Tabela 8 e a Tabela 9 são históricos de dois fundos de pensão os quais estive envolvido. Eles não foram selecionados a partir de dezenas de fundos de pensões com os quais me envolvi, mas sim os únicos que influenciei. Em ambos os casos, indiquei a eles gestores voltados para o valor. Muito, muito poucos fundos de pensão são administrados com base no valor. A Tabela 8 apresenta o fundo de pensão da Washington Post Company. Ele era gerenciado por um grande banco alguns anos atrás, e sugeri que os resultados seriam melhores se fossem selecionados gestores que tivessem uma orientação para o valor.

Como se pode ver, em geral, o fundo esteve sempre entre os de melhor desempenho após a troca de administradores que sugeri. A Post instruiu os gestores para manterem pelo menos 25% dos recursos em obrigações, o que não necessariamente teriam escolhido por si mesmos. Logo, incluí o desempenho das obrigações simplesmente para mostrar que esse grupo não possui conhecimento especializado sobre obrigações. Eles nunca afirmariam o contrário. Mesmo com o obstáculo da alocação de 25% do fundo para uma área que não era a sua, eles ficaram entre os melhores administradores de fundos. A experiência da Washington Post não cobre um período muito logo, mas representa muitas decisões de investimento feitas por três gestores que foram identificados especificamente por sua orientação para o valor.

A Tabela 9 é o histórico do fundo da FMC Corporation. Eu não administro pessoalmente um centavo dele, mas em 1974 influenciei sua decisão para que fossem selecionados gestores orientados para o valor. Antes daquela época, os gestores eram selecionados da mesma forma que fazem a maioria das companhias maiores. Eles agora são o número um na pesquisa Becker entre os fundos de pensão de porte semelhante desde essa "conversão" para a abordagem de valor. Ano passado, o fundo tinha oito gestores de investimentos com um vínculo superior a um ano. Sete deles tiveram um desempenho acumulado melhor do que o da S&P. Todos os oito tiveram um desempenho melhor no ano passado do que a S&P. A diferença líquida até o presente momento, entre um desempenho mediano e o efetivo do fundo FMC é de US$243 milhões. A FMC atribui isso às orientações dadas à companhia a respeito da seleção de gestores. Aqueles gestores não são, necessariamente, os que eu escolheria por minha conta, mas eles têm um comum o fato de selecionarem papéis com base no valor.

Em resumo, esses são nove históricos de "jogadores de moedas" de Graham-Doddsville. Não os selecionei com base no que sei hoje, mas a partir de um universo de milhares. Não é como se eu estivesse recitando os nomes de uma porção de vencedores da loteria - pessoas que nunca vi ou ouvi falar antes de ganharem a loteria: selecionei essas pessoas há anos por causa de seu arcabouço de tomada de decisões de investimento. Sabia o que haviam aprendido e, além disso, eu tinha algum conhecimento pessoal sobre seu caráter, inteligência e temperamento. É muito importante entender que esse grupo correu muito menos riscos do que a média; observe seu desempenho nos anos em que o mercado geral não se move bem. Embora tenham estilos muito diferentes, esses investidores, mentalmente, sempre compram o negócio, não compram a ação. Alguns deles às vezes compram negócios inteiros. Com muito mais frequência, eles simplesmente compram participações pequenas em certos negócios. Suas atitudes, seja na compra de todo, seja na de uma parte ínfima de um negócio, são iguais. Alguns mantêm carteiras com dezenas de ações, outros se concentram em um punhado delas. Porém, todos exploram a diferença entre o preço de mercado de um negócio e seu valor intrínseco.

Estou convencido de que existe muita ineficiência no mercado. Esses investidores de Graham-Doddsville exploraram com sucesso a lacuna existente entre preço e valor. Quando o preço de uma ação pode ser influenciado por uma "manada" em Wall Street, com preços estabelecidos, na margem, pela pessoa mais emocional ou mais gananciosa ou mais deprimida, é difícil defender a posição de que o mercado sempre gera cotações racionalmente. Na verdade, com frequência, os preços de mercado são insensatos.

Gostaria de dizer algo importante sobre risco e retorno. Às vezes, risco e retorno são correlacionados de forma positiva. Se alguém me dissesse, "tenho aqui um revólver de seis tiros e acabo de colocar uma bala nele. Por que você não gira o tambor e aperta o gatilho apenas uma vez? Se você sobreviver, lhe dou US$1 milhão", eu não aceitaria, talvez afirmando que US$1milhão não é suficiente. Então, ele talvez me oferecesse US$5 milhões para apertar o gatilho duas vezes - isso é que seria uma correlação entre risco e retorno.

No caso do investimento em valor é justamente o contrário. A compra de uma nota de US$1 a sessenta centavos é mais arriscada do que a compra da mesma nota por quarenta centavos, mas a expectativa de recompensa é maior no segundo caso. Quanto maior o potencial de recompensa na carteira de valor, menor o risco.

Um exemplo rápido: a Washington Post Company em 1973 estava sendo negociada por menos de US$80 milhões. Naquela época, você poderia vender seus ativos para qualquer um entre dez compradores por pelo menos US$400 milhões, provavelmente muito mais. A companhia era dona do Post e da

Newsweek, além de várias estações de televisão em grandes mercados. Aquelas mesmas propriedades, hoje, valem US$2 bilhões, portanto a pessoa que as tivesse comprado por US$400 milhões não estaria alucinada.

Agora, se a ação tivesse caído ainda mais, até um preço que representasse uma avaliação de US$40 milhões em vez de US$80 milhões, seu beta teria sido maior. E para as pessoas que acreditam que o beta mede risco, o preço mais barato teria feito a ação parecer mais arriscado. Isso é verdadeiramente uma situação saída das páginas de Alice no País das Maravilhas. Nunca fui capaz de entender por que é mais arriscado comprar US$400 milhões em propriedades por US$40 milhões em vez de US$80 milhões. E, na verdade, se você compra um grupo de tais papéis e conhece algo sobre a cotação dos negócios, não há essencialmente risco algum em comprar US$400 milhões por US$80 milhões, sobretudo se você o faz por meio da compra de dez pilhas de US$40 milhões por US$8 milhões cada. Já que você não tem em mãos os US$400 milhões, precisa então se certificar de que está se juntando a pessoas honestas e razoavelmente competentes, mas essa não é uma tarefa difícil.

Você também precisa ter conhecimento para ser capaz de fazer uma estimativa muito aproximada do valor intrínseco dos negócios. Porém, não é necessário se preocupar com o último centavo. Isso era o que Benjamin Graham queria dizer com margem de segurança. Você não tenta comprar negócio que valem U$83 milhões por US80 milhões. Você se permite uma enorme margem. Na construção de uma ponte, você insiste que ela deve aguentar uma carga de 15.000kg, mas permite que apenas caminhões de 5.000kg a atravessem. Esse mesmo princípio funciona nos investimentos.

Concluindo, os leitores com um espírito mais empresarial podem se perguntar por que escrevo este artigo. Um grande aumento nos convertidos à abordagem de valor necessariamente causaria uma diminuição nas diferenças entre preço e valor. Posso apenas dizer que o segredo já foi revelado há cinquenta anos, desde que Benjamin Graham e David Dodd escreveram Security Analysis. No entanto, não vi tendência de aumento no investimento em valor nos 35 anos que o pratico. Parece haver alguma característica humana perversa que gosta de dificultar as coisas. No mundo acadêmico, em última análise, houve efetivamente um retrocesso no ensino do investimento em valor ao longo dos últimos 30 anos. É provável que continue dessa forma. Navios navegarão ao redor do mundo, mas a Sociedade da Terra Plana continuará a florescer. Continuará a haver discrepâncias amplas entre o preço e o valor no mercado, e aqueles que lerem Graham & Dodd continuarão a prosperar.

Uma vez que as palavras de Buffett pareciam encerrar uma verdade óbvia, a plateia irrompeu em aplausos e lançou uma série de perguntas na sua direção, às quais ele respondeu com prazer e detalhadamente. A teoria da caminhada aleatória era baseada em estatísticas e fórmulas em letras gregas... A existência de pessoas como Buffett tinha sido rechaçada com o emprego de matemática para confundir. E ali, para o alívio dos seguidores de Graham, Buffett estava usando números para refutar a versão da HME.

Mesmo assim, a HME e o modelo de precificação de ativos financeiros que lhe servia de base se enraizaram de forma extraordinária e profunda no mundo dos investimentos. Eles lançaram uma visão do mercado de ações como uma eficiente máquina estatística. Num mercado em cuja eficiência se podia confiar, uma ação era arriscada baseando-se não no preço a que estava sendo negociada versus seu valor intrínseco, mas na sua "volatilidade", ou seja, no quanto era provável que ela fosse se distanciar da média do mercado. Apostando nessa linha de pensamento e do poder recém-desencadeado da computação, economistas e matemáticos começaram a chegar a Wall Street visando ganhar mais dinheiro do que jamais conseguiriam na universidade. (trecho extraído da biografia oficial de Warren Buffett, A Bola de Neve).

Ainda que os modelos de precificação de ativos baseados em volatilidade tenham aflorado, a escola de investimentos de *value investing* continua mostrando resultados superiores e consistentemente extraordinários. Um desses expoentes mais recentes chama-se Joel Greenblatt, um acadêmico americano (professor da Universidade de Columbia), gestor de fundos (fundador do Gotham Capital), investidor e escritor.

Joel Greenblatt e a Magic Formula Investing

Joel Greenblatt foi o autor do livro no qual me referi no capítulo anterior, cujo título é *"The little book that beats the market"*, vendido no Brasil com o título "O mercado de ações ao seu alcance".

Desde quando era estudante universitário, Joel Greenblatt demonstrava interesse em desenvolver um método simples para identificar as melhores opções para investimento em ações. Ao longo do tempo, realizou testes empíricos analisando resultados históricos, visando identificar quais estratégias de montagem de carteiras de ações teriam apresentado resultados consistentes. Com os aperfeiçoamentos que foram sendo realizados ao longo dos anos, chegou finalmente a um método final, que ele chamou ironicamente de *"Magic Formula Investing"*.

A Fórmula Mágica de Greenblatt consiste em identificar, de maneira simples, as empresas listadas em bolsa que tenham alto valor e fundamentos sólidos (ou seja, empresas boas), mas que estejam sendo negociadas a preços mais baixos no mercado naquele momento (ou seja, empresas temporariamente baratas).

Greenblatt cita que os preços das ações oscilam de modo volátil em períodos curtos de tempo. Isso não quer dizer que o valor da empresa tenha mudado tão drasticamente durante esse período. Comprar ações com um grande desconto fornecerá ao investidor uma margem de segurança e o levará a investimentos seguros e consistentemente lucrativos. Para Greenblatt, o negócio bom é aquele que apresenta alto retorno sobre o capital investido.

A identificação destas oportunidades é obtida a partir da criação de dois rankings, que posteriormente serão cruzados para se formar um ranking final. Este ranking final identificará, em ordem crescente, as empresas mais atrativas para investimento do ponto de vista dos indicadores. Para quem deseja elaborar um ranking similar a este e de forma automatizada, existe um tutorial no site Fundamentus.

A Gotham Capital, empresa de gestão de investimentos de Joel Greenblatt, utiliza a fórmula como um filtro para tomada de decisões no mercado acionário americano. Escolhida as empresas, eles verificam se há algum evento não recorrente que tenha afetado o resultado e se há incertezas pairando sobre o futuro da empresa, como o fechamento de capital, a venda ou fusão com outras empresas ou a entrada de novos concorrentes. Dessa forma, é fundamental entender que o método da fórmula mágica não deve ser executado de forma automatizada, sendo necessário realizar análises adicionais sobre cada um dos ativos do ranking.

Para elaborar o ranking das empresas de alto valor, Greenblatt propõe analisar o **ROIC** (Retorno sobre o Capital Investido) ou o **ROE** (Retorno sobre o Patrimônio Líquido). Antes de se criar o ranking, convém eliminar da lista as empresas com baixíssima liquidez, sem crescimento da receita nos últimos anos ou com patrimônio líquido negativo. Pode-se também eliminar empresas extremamente endividadas.

Uma vez eliminadas tais empresas, deve-se ordenar o ranking das empresas de alto valor de acordo com o ROIC ou o ROE de **forma decrescente** (a escolha de um destes dois indicadores fica a critério do investidor, sendo pertinente fazer simulações com ambos os indicadores), conforme exemplo a seguir, extraído de informações coletadas em maio de 2019:

	Ranking ROE	
1	WIZ S.A. (WIZS3)	90,17%
2	SMILES (SMLS3)	63,68%
3	CIELO (CIEL3)	53,65%
4	COMGÁS (CGAS5)	46,56%
5	UNIPAR (UNIP6)	39,19%
6	ENGIE (EGIE3)	34,72%
7	BR DISTRIBUIDORA (BRDT3)	33,68%
8	CRISTAL (CRPG5)	30,58%
9	ODONTOPREV (ODPV3)	26,97%
10	LOJAS RENNER (LREN3)	26,36%
11	GUARARAPES (GUAR3)	25,07%
12	ESTÁCIO (ESTC3)	24,27%
13	CVC (CVCB3)	24,08%
14	MAGAZINE LUIZA (MGLU3)	23,92%
15	INDÚSTRIAS ROMI (ROMI3)	22,52%
...	...	...

	Ranking ROIC	
1	WIZ S.A. (WIZS3)	83,02%
2	PORTO SEGURO (PSSA3)	73,41%
3	ODONTOPREV (ODPV3)	40,84%
4	SMILES (SMLS3)	38,44%
5	TOTVS (TOTS3)	34,90%
6	PETRORIO (PRIO3)	30,36%
7	CIELO (CIEL3)	29,95%
8	UNIPAR (UNIP6)	28,83%
9	QUALICORP (QUAL3)	28,12%
10	CRISTAL (CRPG5)	25,35%
11	LOJAS RENNER (LREN3)	24,42%
12	AMBEV (ABEV3)	22,81%
13	AREZZO (ARZZ3)	21,71%
14	MAHLE METAL LEVE (LEVE3)	20,73%
15	GRENDENE (GRND3)	18,53%
...	...	...

Observem que, dentre as 15 primeiras ações de ambos os rankings, 7 empresas aparecem em ambos os rankings. Assim, percebe-se uma correlação muito positiva entre o ROE e o ROIC, uma vez que a bolsa de valores brasileira possui aproximadamente 400 ativos listados.

Sobre essas diferenças de resultados, empresas que possuem uma necessidade de investimentos de grandes proporções para expandirem suas atividades (como indústrias e empresas de exploração de commodities) normalmente apresentam ROE menores que empresas de outros segmentos, como o de *software* ou de intermediação financeira, que não necessitam de grandes investimentos para expansão, visto que o investimento é composto basicamente de computadores e servidores o que, por consequência, remete ao fato de ter o aumento de seu desempenho dependente em grande parte dos esforços da sua equipe de vendas e não de uma grande base de ativos.

Portanto, a principal diferença entre o ROE e o ROIC é que o ROE mede o quanto de rentabilidade o acionista da empresa pode esperar, enquanto o ROIC mede o quanto os acionistas mais os credores da empresa podem esperar. Ambos são complementares, e a avaliação em conjunto destes dois indicadores podem ajudar bastante no estudo de ativos do mesmo setor.

Para identificar as empresas baratas, Greenblatt propõe analisar o **P/L** (Preço por ação / Lucro por ação) ou o **EV/EBIT** (Valor da firma dividido pelo EBIT). Mais uma vez, antes de se criar o ranking, convém eliminar da lista as empresas com baixíssima liquidez, sem crescimento da receita nos últimos anos ou com patrimônio líquido negativo. Pode-se também eliminar empresas extremamente endividadas. Uma vez eliminadas tais empresas, deve-se, neste caso, ordenar o ranking das empresas baratas de acordo com o P/L ou o EV/EBIT de **forma crescente** (mais uma vez, a escolha de um destes dois indicadores fica a critério do investidor, sendo pertinente fazer simulações com ambos os indicadores).

	Ranking P/L	
1	INDÚSTRIAS ROMI (ROMI3)	3,52
2	BRASIL AGRO (AGRO3)	5,02
3	CRISTAL (CRPG5)	5,24
4	FERBASA (FESA4)	5,69
5	UNIPAR (UNIP6)	6,24
6	ENEVA (ENEV3)	6,64
7	TRANSMISSÃO PAULISTA (TRPL4)	6,96
8	CIELO (CIEL3)	7,10
9	GUARARAPES (GUAR3)	7,19
10	WIZ S.A. (WIZS3)	7,35
11	TELEFÔNICA (VIVT3)	7,63
12	EDP BRASIL (ENBR3)	7,79
13	COMGÁS (CGAS5)	8,05

	Ranking EV/EBIT	
1	PORTO SEGURO (PSSA3)	0,37
2	WIZ S.A. (WIZS3)	3,94
3	UNIPAR (UNIP6)	4,02
4	CRISTAL (CRPG5)	5,02
5	TENDA (TEND3)	5,08
6	BRASIL AGRO (AGRO3)	5,49
7	FERBASA (FESA4)	5,54
8	CIELO (CIEL3)	5,7
9	VALE (VALE3)	5,88
10	SANEPAR (SAPR4)	6,19
11	TRANSMISSÃO PAULISTA (TRPL4)	6,45
12	ENAUTA (ENAT3)	6,47
13	QUALICORP (QUAL3)	6,65

14	SANEPAR (SAPR4)	8,08
15	BR DISTRIBUIDORA (BRDT3)	8,15
...	...	...

14	EUCATEX (EUCA4)	6,73
15	SMILES (SMLS3)	6,87
...	...	...

O ranking final proposto por Greenblatt deverá ser composto, em **ordem crescente**, da somatória das posições dos rankings de alto valor (ROE ou ROIC) e de preços baixos (P/L ou EV/EBIT). Para simplificar, faremos um ranking que combina o P/L com o ROE. Um outro ranking que combina o EV/EBIT com o ROIC também poderia ser desenvolvido, utilizando a mesma lógica. O resultado está a seguir:

Ranking P/L + ROE				
Posição	Empresa	Posição P/L	Posição ROE	Somatória posições
1	UNIPAR (UNIP6)	5	5	10
2	CIELO (CIEL3)	8	3	11
3	WIZ S.A. (WIZS3)	10	1	11
4	CRISTAL (CRPG5)	3	8	11
5	INDÚSTRIAS ROMI (ROMI3)	1	15	16
6	COMGÁS (CGAS5)	13	4	17
7	GUARARAPES (GUAR3)	9	11	20
8	BRASIL AGRO (AGRO3)	2	19	21
9	SMILES (SMLS3)	19	2	21
10	BR DISTRIBUIDORA (BRDT3)	15	7	22
11	FERBASA (FESA4)	4	20	24
12	TRANSMISSÃO PAULISTA (TRPL4)	7	18	25
13	ENEVA (ENEV3)	6	22	28
14	MAHLE METAL LEVE (LEVE3)	26	17	43
15	EDP BRASIL (ENBR3)	12	35	47
...	...	...	...	...

- MAHLE METAL LEVE (LEVE3): Empresa do segmento de listagem do Novo Mercado. Atua em um setor cíclico, mas vem apresentando resultados consistentes;
- EDP BRASIL (ENBR3): Empresa do segmento de listagem do Novo Mercado. Trata-se de uma *holding* que atua no setor elétrico (geração, transmissão e distribuição). Vem apresentando resultados consistentes;

Os comentários anteriores não foram exaustivos, e as empresas listadas não são nenhum tipo de recomendação de compra.

Podemos dizer que o investidor diligente utiliza o *ranking* da Fórmula Mágica de Joel Greenblatt como critério inicial de listagem, devendo, para cada um dos ativos listados, traçar um Raio-X completo da empresa.

Joel Greenblatt recomenda que uma carteira de ações seja formada por um grupo de 12 a 16 ativos, por exemplo. A cada 3 meses, recomenda que se faça uma nova avaliação dos ativos presentes em carteira, visando identificar se alguns destes ativos ficam fora do ranking dos 12 a 16 melhores. Caso isto ocorra, ele recomenda a venda e entrada de novos ativos.

Adaptações à Magic Formula Investing

Como investidor, costumo utilizar as ideias por trás do ranqueamento da Fórmula Mágica, mas não sigo fielmente os seus resultados. O quadro a seguir é um resumo de como elaboro a minha carteira de ações:

Etapa	Descrição	Exemplo	Comentários
1ª	Definir a quantidade de ações em carteira.	20	- Ter entre 10 e 20 ativos.
2ª	Definir os setores de atuação.	- Bancário e intermediação financeira - Energia Elétrica - Seguros/Resseguros - Saneamento	- Escolher setores perenes (anticíclicos, com demanda permanente). - Escolher duas ou três ações de setores cíclicos.

		- Saúde e análises clínicas - Máquinas e equipamentos - Cíclico (commodity, construção civil etc.)	- Escolher de três a cinco ações Small Caps (capitalização de até 3 bilhões de reais) de quaisquer setores.
3ª	Definir o percentual por setor e a quantidade de papéis por setor.	- Bancário e intermediação financeira: 20% - Energia Elétrica: 20% - Seguros/Resseguros: 15% - Saneamento: 15% - Saúde e análises clínicas: 10% - Máquinas e equipamentos: 10% - Commodity, construção civil: 10%	- Não ter mais do que 30% da carteira em um único setor e nem ter mais do que 20% em uma única empresa.
4ª	Elaborar Magic Formula Investing para cada setor.	- Usar os indicadores P/L e ROE ou EV/EBIT e ROIC.	- Para os setores com maior percentual de alocação, pode-se escolher um maior número de ações, desde que o total da carteira respeite o total pré-definido. - Ficar atento às diferenças entre subsetores (exemplo: Energia Elétrica -> Geração, Transmissão e Distribuição).
5ª	Analisar a governança corporativa para cada uma das ações.	- Segmento de listagem - Liquidez das ações - Free float das ações ON e PN - Tag along das ações ON e PN	- Ler os últimos resultados trimestrais e pesquisar por fatos relevantes. Descartar empresas de governança corporativa duvidosa.
6ª	Analisar demais indicadores e comparar com concorrentes.	- Dividend yield, Dividend payout - Margem bruta, Margem EBIT, Margem Líquida	- Verificar se os indicadores apresentam boa margem de segurança e se estão compatíveis com o setor.

		- Dívida Bruta/Patrimônio Líquido - Dívida Líquida/Patrimônio Líquido - P/VP - Disponibilidades - Crescimento da Receita	- Descartar empresas que apresentem inconsistências, como por exemplo, endividamento descontrolável, receitas historicamente decrescentes ou margens historicamente decrescentes.
7ª	Analisar as forças de Porter para cada uma das ações.	- Rivalidade entre os concorrentes - Poder de barganha dos clientes - Poder de barganha dos fornecedores - Barreiras à entrada de novos concorrentes - Ameaça de produtos ou bens substitutos	- Descartar as empresas sem vantagens competitivas claras.
8ª	Analisar perspectivas futuras.	- Quais as previsões futuras de expansão? - Existem especulações sobre fusões, aquisições, vendas de ativos, OPA? - Há perspectivas de atender novos mercados?	- Pesquisar informações diretamente no site de Relacionamento com o Investidor (RI) ou em casas de research independentes. - Descartar empresas sem perspectivas futuras.
9ª	Escolher as ações mais bem ranqueadas por setor e que tenham apresentado informações consistentes para os demais critérios.		
10ª	Se desfazer apenas de empresas que estejam	- Ter uma estratégia de venda diferente para as empresas de setores cíclicos	- Com relação às empresas de setores cíclicos da carteira, analisar

apresentando resultados inconsistentes por pelo menos 4 trimestres consecutivos ou que tenham perdido as suas vantagens competitivas de maneira permanente.		criteriosamente o momento de comprar e o momento de vender. Esta classe de ativos demanda uma gestão mais particular e se justifica a venda dos mesmos no momento de alta do ciclo do setor.

A estratégia apresentada anteriormente apresenta um viés defensivo, compatível com o meu perfil de investimento. As empresas escolhidas em carteira serão empresas necessariamente lucrativas. Esta afirmação, por mais simplista que pareça, não é seguida pela maioria dos investidores.

As empresas que dão prejuízo costumam ter uma maior quantidade de acionistas do que as empresas que dão lucro. Por que isso acontece? Por que a maioria dos investidores possui um viés especulativo, querendo "acertar" as empresas que passarão por um processo de *turnaround* bem-sucedido. O fato é que a grande maioria das empresas que se encontram numa situação de quase falência normalmente vão à falência. Manter uma ou duas empresas na carteira de ações com estas características podem ser parte de uma estratégia mais agressiva, mas nunca a maior parte da carteira deve ser formada por empresas nesta situação.

A estratégia apresentada também se aplica para a avaliação de empresas de outras economias, como a norte americana. Aos investidores que desejam investir em ações americanas por meio de corretora de valores brasileira, há a opção de investir em algumas das empresas mais negociadas na bolsa americana (como Apple, Nike, Facebook, Microsoft etc.) por meio de BDRs (Brazilian Depositary Receipt).

É necessário, contudo, que o investidor entenda que investir em BDRs é diferente de se investir diretamente em ações estrangeiras, pois os BDRs podem ser comparados a "fundos de investimentos" que possuem ações estrangeiras em seu portfólio. Não considero esta uma opção interessante por que as BDRs possuem baixa liquidez e são adquiridas em Reais (ainda que oscile de acordo com o câmbio), ou seja, não há, de fato, a compra do ativo em uma moeda estrangeira e não há a diversificação do risco em múltiplas economias.

Logicamente, todo o trabalho de montar uma carteira de ações somente vale à pena se a rentabilidade a ser alcançada no longo prazo for maior do que a rentabilidade dos principais índices da bolsa (no caso do Brasil, o Ibovespa. Nos Estados Unidos, o S&P-500). Isto tem que ser verdade, pois no caso contrário o investidor poderá pura e simplesmente optar por um tipo de investimento que replique os índices de ações (e de diversos outros tipos), com baixíssimo custo de manutenção. O nome deste tipo de investimento é ETF (Exchange Traded Fund), tema do próximo capítulo.

ETFs

Os ETFs (Exchange Traded Funds) são fundos de investimentos de baixíssimo custo de manutenção que replicam determinados índices ou setores do mercado financeiro de forma passiva.

Conhecido como um dos *investment giants,* John Bogle foi o fundador do grupo Vanguard, uma gestora global que administra mais de U$ 5 trilhões em ativos. Sua maior inovação trazida ao mercado de capitais foi a criação do primeiro fundo de índice (ETF), em 1975.

John Bogle sempre foi um defensor do investimento de baixo custo diversificado em ações, principalmente nos Estados Unidos. Seu argumento era simples e verdadeiro: a maioria dos gestores não merece a remuneração que recebem, pois não conseguem gerar aos cotistas um desempenho acima da média, após as taxas. De fato, são muito raros os fundos de ações que conseguem bater os índices de ações no longo prazo.

Os ETFs são uma opção de investimento cada vez mais procurada por investidores do mundo inteiro, pois não se perde tempo com a pesquisa, a análise dos ativos e com a diversificação da carteira daquela classe de ativos.

Todo ETF possui um código (ou ticker), de forma que a compra de um ETF se dá da mesma forma que se compra ações.

Os ETFs não necessariamente precisam ser compostos por ações. Existem ETFs de REITs, Títulos Públicos etc. Os ETFs mais conhecidos e negociados na bolsa de valores brasileira são:

- **BOVA11**: ETF baseado no Ibovespa, o principal índice de ações do mercado brasileiro. Esse ETF é composto por ações de empresas que correspondem a mais de 80% do volume de negociações da bolsa. A composição desse índice muda a cada quatro meses, mas o BOVA11 já faz uma atualização periódica. A administração é feita pelo Citibank, com gestão da BlackRock Brasil, que faz parte da BlackRock, a maior gestora de ativos do mundo. A taxa de administração do fundo é de 0,54% ao ano e a quantidade mínima a ser negociada na Bolsa (lote padrão) é de 10 cotas.

- **BRAX11**: O BRAX11 baseia-se no Índice Brasil (IBrX 100). Esse índice mede o retorno de investimento de uma carteira teórica formada pelas 100 ações mais negociadas (considerando tanto a quantidade como o volume financeiro) na B3. Os responsáveis por sua administração e gestão são também o Citibank e a BlackRock Brasil. A taxa de administração do BRAX é de 0,20% ao ano, sendo que o lote padrão de negociação também é de 10 cotas. O valor mínimo de investimento, em qualquer um dos ETFs, depende do valor da cota e varia dependendo do índice.
- **SMAL11**: O SMAL11 é um ETF baseado no índice Small Cap, que registra a média de desempenho das ações de menor capitalização da B3, ou seja, a carteira é formada por ações de companhias menores. A administração também é do Citibank e a gestão fica a cargo da BlackRock Brasil. Este ETF tem lote padrão de 10 cotas, com taxa de administração de 0,69% ao ano. Pode ser negociado no mercado à vista ou fracionário (neste caso, podem ser negociadas quantidades entre uma e nove cotas).
- **PIBB11**: O índice de referência do PIBB11 é o IBrX-50, que sumariza as 50 ações mais líquidas no Ibovespa. A taxa de administração do PIBB11 (0,059% ao ano), uma das mais baixas do mercado. É administrado pelo Itaú Unibanco, com lote padrão de 10 cotas.
- **DIVO11**: O DIVO11 é um ETF que espelha o índice IDIV. Esse índice é formado pelas companhias que apresentaram, nos últimos 24 meses, os maiores pagamentos de dividendos (dividend yield). Sua composição se dá, principalmente, por ações emitidas por empresas do setor financeiro, da área de telecomunicações e de serviços públicos. Ao contrário dos fundos de índice citados anteriormente, o DIVO11 é gerido pelo Itaú Unibanco SA e administrado pelo Banco Itaucard SA. A taxa de administração desse ETF é de 0,50% e seu lote padrão, é de 10 cotas.
- **IVVB11**: Ao contrário dos ETFs anteriores, que estão baseados em índices nacionais, o IVVB11 — ou ISHARES S&P 500 — utiliza como espelho o índice norte-americano S&P 500, que engloba as ações das 500 maiores empresas dos Estados Unidos. Com isso, esse ETF busca

retornos de investimentos equivalentes à performance do S&P 500 em reais. Sua carteira conta, basicamente, com cotas do ETF iShares Core S&P 500 ETF (ou IVV), listado nos Estados Unidos. Fazem parte da composição algumas das maiores companhias do mundo, como Facebook, Amazon, Microsoft, Apple, Google, entre outras. O IVVB11 também é administrado pelo Citibank e gerenciado pela BlackRock Brasil. Sua taxa de administração é de 0,24% ao ano e o lote padrão é de 10 cotas.

- **IMAB-11**: O IMAB-11 é um ETF de renda fixa que replica o IMA-B, um índice composto por todos os títulos emitidos pelo governo federal brasileiro indexados pela inflação (Tesouro IPCA+). Apresenta as seguintes características: Investimento mínimo menor do que 100 reais; Liquidez diária (Aplicação D+0, Resgate D+1); Não paga IOF (Imposto sobre Operações Financeiras); imposto de renda fixo em 15%, independente do tempo de aplicação (menor do que renda fixa tradicional); taxa de administração de 0,25 por cento; não tem spread na compra e venda dos títulos, como tem no Tesouro Direto. Administrado pelo Itaú.

Um ponto importante sobre os ETFs no Brasil é que os dividendos não são distribuídos, sendo reaplicados automaticamente. Isto acaba por eliminar a vantagem de se investir os dividendos, que no Brasil até o momento são isentos de imposto de renda, em outros investimentos. Outro contraponto é que qualquer ganho de capital com ETF vendido no Brasil é tributado em 15%, enquanto que nas ações diretamente existe uma isenção de imposto sobre o ganho de capital para vendas de até R$20.000,00 por mês.

A questão tributária acabar por desfavorecer um pouco os ETFs do Brasil em relação ao resto do mundo. Para quem possui conta em corretora de valores que negocie em bolsas estrangeiras, como bolsas americanas, europeias etc., é possível investir em muitos tipos de ETFs, incluindo índices globais, regionais etc. Alguns destes ETFs negociados na bolsa de valores americana são:

- **VOO**: ETF que replica o índica S&P-500, com uma taxa de administração de 0,04% ao ano. Administrado pela Vanguard;
- **VNQ**: ETF que replica o índice de REITs dos Estados Unidos, com uma taxa de administração de 0,12% ao ano. Administrado pela Vanguard;

- **NOBL**: ETF que replica o índice Dividend Aristocrat, composto por empresas que pagam dividendos crescentes e ininterruptos por 25 anos ou mais. Taxa de administração de 0,35% ao ano. Administrado pela Proshares;
- **URTH**: ETF que replica o índice MSCI World, que replica o índice das empresas mais negociadas no mundo, dos países desenvolvidos. Administrado pela IShares/BlackRock;
- **LQDA**: ETF que replica investimentos nos títulos públicos americanos (bonds e bills), domiciliado na Irlanda. Taxa de administração de 0,20% ao ano. Administrado pela BlackRock;
- **IXN**: ETF composto pelas principais empresas de tecnologia do mundo. Taxa de administração de 0,47% ao ano. Administrado pela iShares/BlackRock.

Além destes, existem diversos outros ETFs mais específicos, como por exemplo: ETFs de ações de tecnologia de países asiáticos, ETFs das principais ações dos países emergentes, ETFs das principais empresas de energia da América Latina etc. Muitas informações pertinentes sobre ETF podem ser encontradas em: https://www.etf.com/ e https://www.ishares.com.

Alguns países possuem acordos comerciais com os Estados Unidos que isentam ou diminuem a cobrança de impostos sobre o ganho de capital e/ou dividendos. Um desses países é a Irlanda. Os ETFs domiciliados na Irlanda que reaplicam os dividendos automaticamente (também conhecidos como ETFs acumuladores) possuem uma vantagem tributária sobre o investimento direto na bolsa de valores americana para quem é não-residente fiscal americano, já que neste segundo caso os dividendos recebidos são taxados em 30%. No longo prazo, a reaplicação automática dos ETFs acumuladores pode representar uma vantagem considerável frente ao investimento direto em ações no mercado americano.

O sistema financeiro do Brasil é demasiadamente fechado, não existindo, até o momento corretoras locais que permitam investir diretamente no mercado estrangeiro. O simples fato de ser possível investir em excelentes ETFs apenas em corretoras globais é um incentivo para que qualquer pequeno investidor abra uma conta em uma corretora no exterior. Várias destas corretoras permitem a abertura em um processo 100% online, de forma moderadamente simples.

Sugiro ao leitor pesquisar sobre as diversas opções existentes na internet e realizar este processo.

IV - Carteira de Investimentos

"Busque ter patrimônio, não dinheiro ou status. Patrimônio são ativos que lucram enquanto você dorme. Dinheiro é como nós transferimos tempo e patrimônio. Status é o seu lugar na hierarquia social."

Naval Ravikant
Empreendedor indiano

Passos iniciais

Nenhum conhecimento teórico no mundo, incluindo a leitura deste livro, fará o leitor encontrar uma carteira de investimentos ideal. Para encontrar a sua carteira ideal, será necessário agir. Como dizem, não é possível "ler" experiência. Apenas compreendendo como o seu consciente e o seu subconsciente respondem às emoções que surgem mediante perdas e ganhos é que você encontrará o balanceamento ideal dos seus investimentos. Quanto antes você começar este processo, independente da situação econômica mundial, melhor.

Um primeiro passo primordial é perder alguns minutos do seu dia para abrir uma conta em uma corretora de valores. Apesar de ser possível investir através de bancos, eles não são a melhor alternativa em função dos custos, taxas e ausência de opções de investimento mais favoráveis ao investidor. Para simplificar, escolha uma das cinco maiores corretoras do Brasil em número de clientes e mais bem avaliada.

O próximo passo, já voltado aos investidores um pouco mais experientes, é abrir uma conta em uma corretora de valores do exterior, que preferencialmente tenha exposição às bolsas de valores americanas (ou, eventualmente, demais bolsas globais). Este processo é tão simples quanto abrir em uma conta no Brasil, e é recomendável por que somente esta exposição é que lhe protegerá verdadeiramente de riscos sistêmicos que o Brasil possa vir a apresentar. Não desconsidere esta possibilidade. Pense que o Brasil ainda é um mercado emergente sujeito a instabilidades políticas e econômicas, como as que estão sendo vivenciadas na Venezuela e Argentina no momento em que escrevo este livro.

Com isto posto, é hora de darmos o próximo passo, que é a formação de uma carteira de investimentos.

Sugestões de Ray Dalio

Toda carteira de investimentos bem-sucedida tem alguma exposição a renda variável e é composta por tipos de ativos com correlação negativa, ou ao menos, com baixa correlação. A exposição percentual a estes tipos de ativos pode variar de acordo com a situação macroeconômica da economia mundial.

Nos países desenvolvidos, a situação dominante é a de que a renda fixa não remunera satisfatoriamente os investidores. Mesmo assim, o investimento nestes tipos de ativos faz sentido para controlar a relação risco/retorno. Para exemplificar, exponho a seguir o que Ray Dalio, considerado atualmente o maior gestor de fundos do mundo, chamou de "Portfólio para todas as situações":

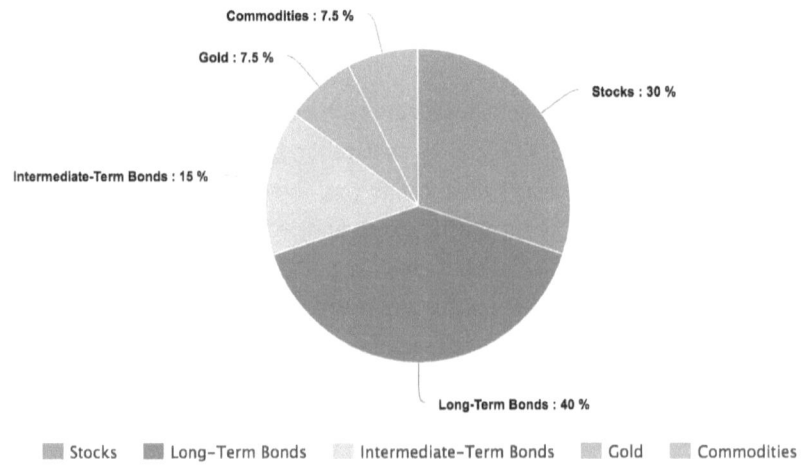

Figura 37 - Portfolio para "todas as situações" de Ray Dalio. (Fonte: Bridgewater)

Observe que mesmo o maior gestor de fundos do mundo sugere uma exposição expressiva em ativos considerados de renda fixa (mas que sofrem de marcação a mercado). Os Long-Term Bonds (40%) são equivalentes ao Tesouro IPCA+ de prazos longos (como o de 2035 e 2045), as Stocks (30%) são as Ações, os

Intermediate-Term Bonds (15%) são os equivalentes ao Tesouro IPCA+ de prazos mais curtos (como o 2024) ou o Tesouro Prefixado, o Gold (7,5%) é o Ouro e as Commodities (7,5%) são investimentos atrelados a empresas ou derivativos que produzem/negociam commodities, como petróleo, celulose, minérios etc.

O intuito desta sugestão de portfólio não é obter a maior rentabilidade, mas sugerir uma carteira que mantenha o portfólio com a menor variação negativa possível, ao mesmo tempo em que procura trazer uma rentabilidade real satisfatória.

De acordo com Ray Dalio, existem basicamente quatro elementos que afetam o valor dos ativos:

- **Inflação**: O aumento nos preços de bens e serviços - e a queda no valor de compra de uma moeda;
- **Deflação**: A diminuição dos preços de bens e serviços;
- **Crescimento econômico crescente**: Quando a economia floresce e cresce;
- **Declínio do crescimento econômico**: Quando a economia diminui e encolhe.

Baseando-se nestes elementos, Dalio informa que a economia pode vivenciar quatro diferentes "estações":

- Inflação acima do esperado (aumento dos preços);
- Menor do que a inflação esperada (ou deflação);
- Crescimento econômico superior ao esperado;
- Crescimento econômico abaixo do esperado.

Baseando-se nestes pilares, o portfólio sugerido é composto por ativos que desempenham bem em cada uma destas estações. O resultado é um portfolio diversificado que pode consistentemente gerar ganhos positivos, mantendo o valor investido relativamente seguro em períodos de crises.

É possível tirar algumas conclusões sobre o portfólio sugerido:

- Há relativa baixa exposição a ações (30%): Isso se deve à alta volatilidade deste tipo de ativo. Se você estiver tentando criar um portfólio o mais livre de riscos possível, é natural que queira minimizar esta volatilidade;
- Bonds (títulos públicos americanos) compõe a maior parte do portfólio (55%). De acordo com Ray Dalio, isto é para contrabalancear a volatilidade das ações. E se você está criando um portfólio que priorize o risco mínimo de ganhar tanto dinheiro quanto possível, essa é a maneira de fazê-lo;
- Há ainda exposição a ouro e commodities (15%): A despeito da alta volatilidade desses ativos, eles se dão bem historicamente em ambientes onde há inflação e risco sistêmico.

Estes ativos combinados formam um portfólio bem equilibrado que pode "resistir" a qualquer "estação", mas quão bem isso realmente aconteceu no passado?

Os testes revelaram que o portfólio sugerido por Ray Dalio fez jus ao seu nome: produziu pouco menos de 10% ao ano de rendimento anualizado e operou positivamente mais de 85% do tempo nos últimos 30 anos (entre 1984 e 2013).

A rentabilidade apresentada pode parecer pouco para o leitor brasileiro, mas é importante lembrar que ela teria sido atingida em moeda forte (dólar) e em uma economia com baixa inflação, como a dos Estados Unidos (aproximadamente de 1,5% ao ano). Isto quer dizer que o portfólio sugerido teria apresentado ganhos reais de aproximadamente 8% ao ano.

Através de ETFs, é muito simples investir em um portfólio deste tipo. Para cada um dos ativos sugeridos, há vários ETFs disponíveis no mercado americano, que infelizmente muitos deles não estão disponíveis ao investidor brasileiro (daí a importância de se ter também uma conta em corretora americana). A lista a seguir é uma seleção de cada um destes ETFs:

- Para as ações (30%), ETF Vanguard Total Stock Market **(VTI)**;
- Para as bonds de longo prazo (40%), ETF iShares 20+ Year Treasury **(TLT)**;
- Para as bonds de médio prazo (15%), ETF iShares 7 – 10 Year Treasury **(IEF)**;

Montando a sua carteira

Suponha que você queira formar uma carteira de investimentos para longo prazo com uma alocação em renda variável. Depois de analisar todos os desempenhos históricos dos índices de ações você está convencido de que se trata de uma excelente decisão. Você, contudo, planeja fazer um grande aporte, pois a sua carteira anterior era formada basicamente por aplicações conservadoras em renda fixa e poupança. Você se encontra com o seguinte dilema: Será que é o melhor momento para eu alocar um grande percentual do meu patrimônio acumulado em renda variável? Será que a rentabilidade da bolsa vai cair nos próximos meses? E se ela subir?

Para ajudar a responder a esta pergunta, suponhamos o cenário em que um investidor tenha um patrimônio líquido de R$200.000,00, todo alocado em renda fixa (Tesouro Selic), mas deseja resgatar metade do valor e alocar em renda variável, de modo a tornar a carteira de investimentos alocada 50% em renda fixa e 50% em renda variável. Ele está em dúvida se deveria fazer um aporte único de R$100.000,00 ou se deveria fazer aportes mensais até se chegar ao valor de alocação pretendido.

Suponha também que nos próximos 25 meses a rentabilidade do Tesouro Selic seja de 0,5% ao mês, ou 13,28% acumulado no período de 25 meses. Projetaremos dois cenários hipotéticos de rentabilidade da renda variável, sendo que ambos renderão exatamente os mesmos 13,28% do Tesouro Selic para o mesmo período:

Tabela 19 - Cenários hipotéticos de rentabilidade em renda variável.

CENÁRIO HIPOTÉTICO 1			
Mês	Variação	Mês	Variação
1	+0,49%	14	-3,3%
2	-2,2%	15	+4,7%
3	-3,3%	16	+3,9%
4	-1,8%	17	-1,2%
5	-1,4%	18	+6,7%
6	+2,1%	19	-1,1%
7	-3,6%	20	+4,9%
8	-5,5%	21	+2,9%
9	+1,6%	22	+6,1%
10	+4,1%	23	-0,6%
11	+1,8%	24	+4,3%
12	+2,8%	25	+1,3%
13	-1,6%	RENTABI. PERÍODO	13,28%

CENÁRIO HIPOTÉTICO 2			
Mês	Variação	Mês	Variação
1	+0,49%	14	-2,3%
2	+0,71%	15	-1,7%
3	+3,29%	16	+1,9%
4	+4,81%	17	-0,5%
5	+3,39%	18	+0,7%
6	+2,1%	19	-3,3%
7	+3,6%	20	+1,9%
8	-0,5%	21	+0,9%
9	+2,6%	22	-6,1%
10	+2,1%	23	-1,6%
11	+2,8%	24	-4,31%
12	+3,8%	25	-0,79%
13	-0,6%	RENTABI. PERÍODO	13,28%

Para ambos os cenários hipotéticos, projetaremos a curva de variação do valor acumulado das seguintes estratégias:

- Manutenção dos R$100.000,00 em Tesouro Selic, durante 25 meses;
- Aporte único de R$100.000,00 em renda variável;
- Aportes mensais de R$4.000,00 em renda variável, durante 25 meses, desconsiderando os rendimentos do saldo residual em renda fixa;
- Aportes mensais de R$4.000,00 + aportes dos rendimentos do saldo residual dos R$100.000,00 iniciais aplicados em Tesouro Selic, durante 25 meses. O objetivo desta estratégia é, com os aportes, realizar uma transição, retirando dos investimentos que já estão em renda fixa e investindo mensalmente o valor de aporte mais os rendimentos do saldo residual da renda fixa;

Para o cenário hipotético 1, as curvas de evolução do valor acumulado seriam assim representadas:

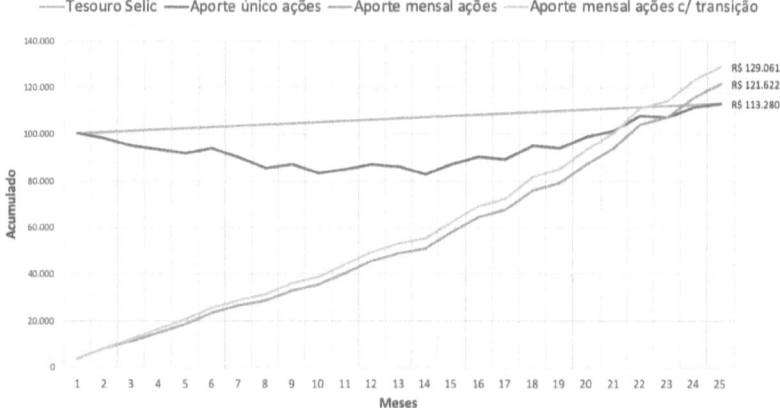

Figura 39 - Projeção do cenário hipotético 1.

Neste cenário hipotético 1, observamos que um cenário de queda de rentabilidade e posterior recuperação favorece o cenário de aportes mensais ao invés do aporte único. Por outro lado, conforme podemos observar a seguir nas curvas de evolução do cenário hipotético 2, os cenários de alta da rentabilidade e posterior correção desfavorece o cenário de aportes mensais:

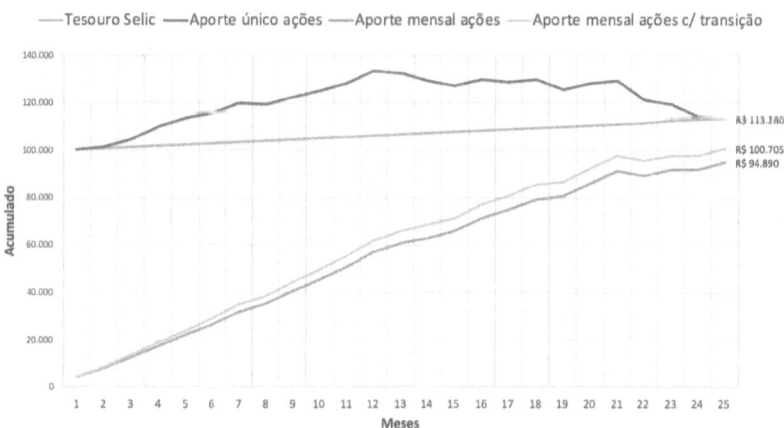

Figura 40 – Projeção do cenário hipotético 2.

Ainda que a renda variável possa render muito mais do que os 13,28% projetados para o período de 25 meses, ela também pode render muito menos. Dessa forma, quando se for montar uma nova carteira de investimentos com um valor inicial significativo, uma forma de reduzir a volatilidade inicial da carteira, sem necessariamente torna-la menos rentável, é fazer o processo de transição da alocação durante um período de tempo, que pode ser entre 1 a 25 meses, dependendo do montante.

Esta estratégia de transição nada tem a ver com a estratégia de balanceamento da carteira utilizando um fator de balanceamento, apresentada em capítulo anterior. Uma vez que a transição para os novos percentuais de alocação da carteira tenha sido efetuada, deve-se, a partir daí, seguir a estratégia de balanceamento de carteira com fator de balanceamento.

Preço de compra dos ativos importa?

Uma afirmação clássica defendida pelos adeptos do paradigma de investimentos *Buy and Hold* é a de que o preço de compra dos ativos pouco importa no valor acumulado no longo prazo. Se o ativo em questão continuar apresentando valor e vantagens competitivas, a tendência é que continue se valorizando. Esta afirmação, de fato, só é verdadeira caso se adote uma estratégia de aportes pequenos e periódicos (exemplo: aportes mensais). Neste caso, o preço de compra dos ativos ao longo do tempo fará pouca ou nenhuma diferença no valor acumulado no longo prazo. Por outro lado, caso se realize um aporte com valor significativo (por exemplo, cerca de 100 vezes o valor que se costuma fazer os aportes mensais), o preço de compra poderá trazer distorções significativas no preço médio de compra.

Pensar sobre isso nos traz algumas reflexões:

- A volatilidade dos ativos em renda variável no curto prazo influencia muito pouco no resultado final quando o patrimônio financeiro ainda está em processo inicial de formação;
- Quando se chega a um patamar de patrimônio financeiro relevante, como cerca de 100 vezes ou mais da capacidade de aportes mensais,

torna-se necessário ser mais diligente nas alocações e nos balanceamentos da carteira;

- O percentual do fator de balanceamento da carteira de investimentos passa a ser um elemento-chave na gestão;
- Quando maior for a rentabilidade histórica de determinada categoria de ativos e quanto maior for a correlação negativa entre os ativos da carteira de investimentos, maior deverá ser o percentual do fator de balanceamento;

Com base nessas considerações, no capítulo a seguir serão apresentadas algumas sugestões de carteira de investimentos de acordo com o perfil de risco do investidor.

Tolerância ao risco

Todo investidor racional, por mais experiente que seja, possui algum grau limítrofe de tolerância ao risco. A tolerância ao risco pode ser traduzida como o grau de exposição da carteira de investimentos a ativos de renda variável, que podem ocasionar a perda permanente de capital.

Como já vimos com Ray Dalio e ao contrário do que se possa pensar, nem mesmo os maiores bilionários do mundo mantêm 100% do seu capital alocado em renda variável. Por exemplo, Warren Buffett possui, em abril de 2019, cerca de 130 bilhões de dólares investimentos em títulos públicos americanos, esperando pacientemente oportunidades de investimentos. Em 2008, no auge da crise dos *subprime*, Warren Buffett também tinha muito dinheiro em caixa, e isso lhe permitiu adquirir ações de diversas empresas a preços bem descontados.

Nesta seção serão apresentadas algumas sugestões de alocação de carteiras de investimento. Estas sugestões foram elaboradas de acordo com a tolerância do investidor ao risco esperado da carteira e também com a experiência anterior em investimentos financeiros.

Os imóveis tradicionais não serão tratados como parte de uma carteira de investimentos. Costumo tratar os imóveis como um tipo de investimento não financeiro, de modo que não faz sentido coloca-los como uma parte de alocação dos ativos. Aos investidores que almejam adquirir imóveis, a recomendação é que se aumente o percentual de investimentos em renda fixa (títulos públicos) visando futuramente resgatar o dinheiro para este fim, seja para pagar a entrada de um financiamento imobiliário, seja para promover reformas ou até mesmo adquiri-los integralmente. Outra visão factível é analisar as alocações em fundos imobiliários e verificar se o percentual em imóveis tradicionais do seu patrimônio está condizente com o proposto.

Alheio à carteira de investimentos em si, todo investidor deve possuir um capital alocado no que é chamado de "reserva de emergência". Este capital pode estar investido em algum Fundo DI de liquidez diária ou mesmo no Tesouro Selic. O seu objetivo é suprir necessidades não planejadas de curto prazo, como, por exemplo, internações hospitalares, conserto de carro, compra de eletrodomésticos, pagamento de tarifas inesperadas, demissões ou até mesmo gastos inesperados em viagens de férias.

A quantidade de capital alocado em reserva de emergência varia de pessoa para pessoa. Eu, pessoalmente, possuo um valor equivalente a 4 meses das despesas mensais estimadas para sustentar a minha família. Qualquer valor que fique entre 3 a 6 meses atenderá as necessidades da grande maioria dos investidores.

Logicamente, todas as carteiras sugeridas estão sujeitas à adaptações e revisões, que podem ocorrer em função da mudança de perfil do investidor. Por exemplo, alguns investidores experientes podem optar por investir em títulos públicos do governo americano. Estes títulos podem ser facilmente acessíveis através dos ETFs, como o LQDA, TLT ou IEF. Outros investidores podem optar por investir em ações de bolsas europeias ou asiáticas. Estas ações também podem ser facilmente acessíveis por meio de ETFs negociados na bolsa americana.

Supondo que o investidor esteja na fase de acumulação de patrimônio, todos os proventos recebidos deverão ser reinvestidos nos próprios ativos que os geraram, de modo a não distorcer o balanceamento da carteira.

Para todas as carteiras sugeridas, recomenda-se a realização de aportes periódicos mensais que respeitem o percentual de alocação pré-definido.

Nas carteiras de ações, FII's e REITs, os investidores deverão realizar os aportes nos papéis com menor participação da classe de ativos, excetuando os papéis que estejam sob avaliação para serem excluídos da carteira.

Sugestões de carteiras

Conservador Iniciante

O perfil de risco conservador iniciante visa refletir o grupo de investidores com baixíssima tolerância a risco e à volatilidade. Se você é uma pessoa cujo humor é afetado pelo simples fato de o valor do patrimônio financeiro oscilar levemente de forma negativa e demonstra um interesse pequeno em ativos de renda variável, este talvez seja o seu perfil de investimento.

Este perfil é indicado para as pessoas que, antes de lerem este livro, investiam majoritariamente em produtos com relação risco/retorno desfavorável, como Poupança, Fundo DI, CDB, Previdência Privada etc. É onde, de fato, se encontra a parte mais expressiva da população brasileira.

Os objetivos desta carteira de investimentos são:

- superar marginalmente o índice CDI;
- proteger o patrimônio contra a inflação no médio e longo prazo;
- gerar rentabilidade superior à grande maioria dos produtos bancários oferecidos por gerentes de bancos;
- gerar um pequeno percentual de proventos mensais, que deverão ser reinvestidos;
- demandar pouco trabalho de acompanhamento.

Apresento a seguir a sugestão da carteira:

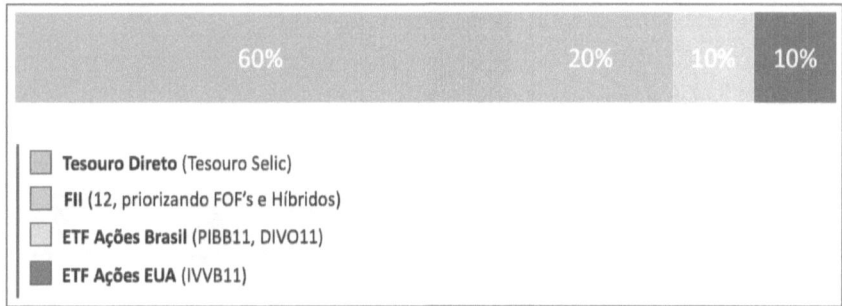

Figura 41 - *Sugestão de carteira de investimentos para investidores conservadores iniciantes*

Para esta carteira, sugere-se 20% de percentual de fator de balanceamento. Dessa forma, as faixas de alocações possíveis antes de se realizar o balanceamento da carteira são:

- Tesouro Direto: 48% a 72%;
- FII: 16% a 24%;
- ETF Ações Brasil: 8% a 12%;
- ETF Ações EUA: 8% a 12%;

Conservador Experiente

O perfil de risco conservador experiente visa refletir o grupo de investidores que conhece o mercado financeiro, e inclusive possui ou pensa em possuir uma conta em corretora que permite investir na bolsa americana, mas que possui baixa tolerância a risco.

Os objetivos desta carteira de investimentos são:

- superar o índice CDI no longo prazo;
- proteger o patrimônio contra a inflação no longo prazo;
- proteger parcialmente o patrimônio da oscilação cambial;
- gerar rentabilidade superior à grande maioria dos produtos bancários oferecidos por gerentes de bancos;
- gerar um pequeno percentual de proventos mensais, que deverão ser reinvestidos;

- demandar pouco trabalho de acompanhamento.

Apresento a seguir a sugestão da carteira:

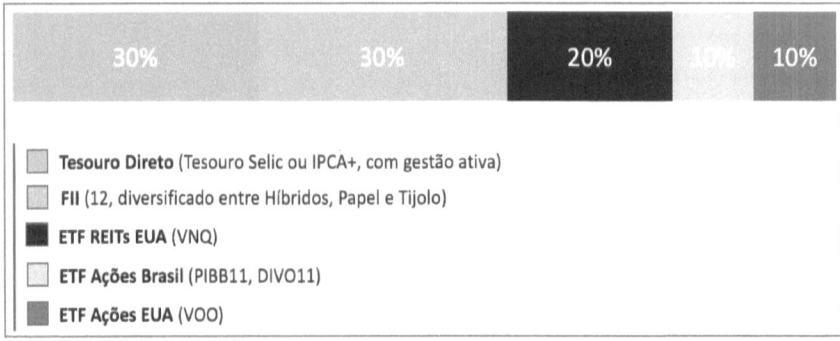

Figura 42 - Sugestão de carteira de investimentos para investidores conservadores experientes

Para esta carteira, sugere-se 20% de percentual de fator de balanceamento. Dessa forma, as faixas de alocações possíveis antes de se realizar o balanceamento da carteira são:

- Tesouro Direto: 24% a 36%;
- FII: 24% a 36%;
- ETF REITs EUA: 16% a 24%;
- ETF Ações Brasil: 8% a 12%;
- ETF Ações EUA: 8% a 12%;

Moderado Iniciante

O perfil de risco moderado iniciante visa refletir o grupo de investidores com moderado apetite a risco, mas que ainda está aprendendo sobre o mercado financeiro.

Os objetivos desta carteira de investimentos são:

- superar o índice CDI no longo prazo;

- proteger o patrimônio contra a inflação no longo prazo;
- proteger parcialmente o patrimônio da oscilação cambial;
- gerar rentabilidade superior à grande maioria dos produtos bancários oferecidos por gerentes de bancos;
- gerar um pequeno percentual de proventos mensais, que deverão ser reinvestidos;
- demandar trabalho médio de acompanhamento.

Apresento a seguir a sugestão da carteira:

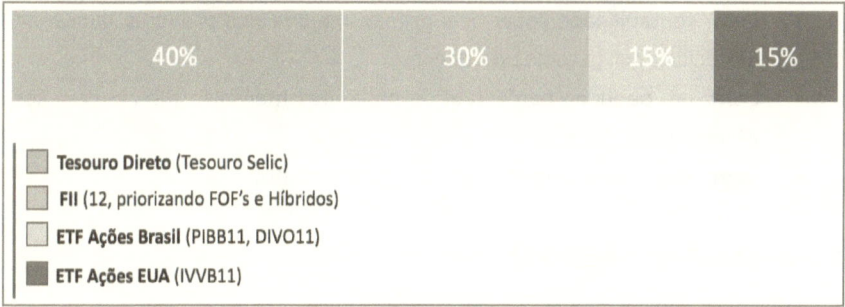

Figura 43 - Sugestão de carteira de investimentos para investidores moderados iniciantes

Para esta carteira, sugere-se 30% de percentual de fator de balanceamento. Dessa forma, as faixas de alocações possíveis antes de se realizar o balanceamento da carteira são:

- Tesouro Direto: 28% a 52%;
- FII: 21% a 39%;
- ETF Ações Brasil: 10,5% a 19,5%;
- ETF Ações EUA: 10,5% a 19,5%;

Moderado Experiente

O perfil de risco moderado experiente visa refletir o grupo de investidores com moderado apetite a risco e que já possui experiência com o mercado financeiro, e inclusive possui ou pensa em possuir uma conta em corretora que permite investir na bolsa americana.

Os objetivos desta carteira de investimentos são:

- superar o índice CDI no longo prazo;
- superar marginalmente o Ibovespa no longo prazo, com menor volatilidade;
- proteger o patrimônio contra a inflação no longo prazo;
- proteger parcialmente o patrimônio da oscilação cambial;
- gerar rentabilidade superior à grande maioria dos produtos bancários oferecidos por gerentes de bancos;
- gerar um pequeno percentual de proventos mensais, que deverão ser reinvestidos;
- demandar trabalho médio de acompanhamento.

Apresento a seguir a sugestão da carteira:

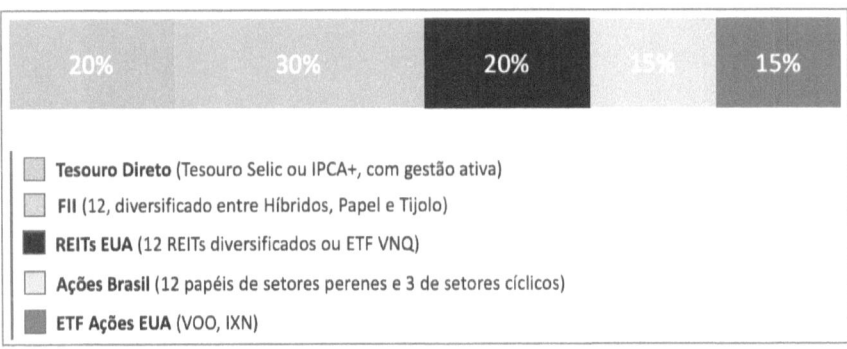

Figura 44 - Sugestão de carteira de investimentos para investidores moderados experientes

Para esta carteira, sugere-se 30% de percentual de fator de balanceamento. Dessa forma, as faixas de alocações possíveis antes de se realizar o balanceamento da carteira são:

- Tesouro Direto: 14% a 26%;
- FII: 21% a 39%;

- REITs EUA: 14% a 26%;
- Ações Brasil: 10,5% a 19,5%;
- ETF Ações EUA: 10,5% a 19,5%;

Agressivo Iniciante

O perfil de risco agressivo iniciante, na prática, não deveria existir. Todo investidor iniciante deveria começar com um perfil de investimentos conservador ou moderado, visando aprender mais sobre o mercado financeiro antes de assumir uma postura agressiva. Mas, supondo que você seja jovem e esteja convencido que os investimentos em renda variável são excelentes opções a longo prazo, poderá experimentar uma carteira como a que será apresentada.

Os objetivos desta carteira de investimentos são:

- superar o CDI no longo prazo;
- superar o Ibovespa e o S&P-500 no longo prazo, com menor volatilidade;
- proteger o patrimônio contra a inflação no longo prazo;
- proteger parcialmente o patrimônio da oscilação cambial;
- gerar rentabilidade superior à grande maioria dos produtos bancários oferecidos por gerentes de bancos;
- gerar um pequeno percentual de proventos mensais, que deverão ser reinvestidos;
- demandar trabalho médio de acompanhamento.

Apresento a seguir a sugestão da carteira:

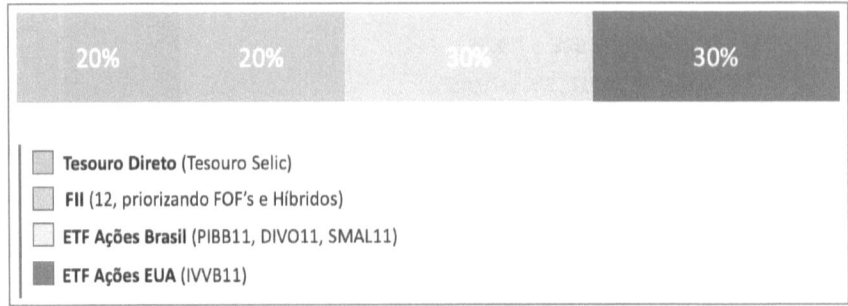

Figura 45 - Sugestão de carteira de investimentos para investidores agressivos iniciantes

Para esta carteira, sugere-se 40% de percentual de fator de balanceamento. Dessa forma, as faixas de alocações possíveis antes de se realizar o balanceamento da carteira são:

- Tesouro Direto: 12% a 28%;
- FII: 12% a 28%;
- ETF Ações Brasil: 18% a 42%;
- ETF Ações EUA: 18% a 42%;

Agressivo Experiente

O perfil de risco agressivo experiente é para aqueles investidores acostumados com a volatilidade do mercado financeiro e que possuam, além da conta em corretora que opere o mercado brasileiro, conta em corretora de valores que permita investir na bolsa americana. Este investidor também possui tempo suficiente para acompanhar fatos relevantes do mercado, ler notícias e relatórios, ouvir conferências, *podcasts* e todas as fontes de informações a respeito dos ativos em renda variável que investe ou pretende investir.

Os objetivos desta carteira de investimentos são:

- superar o CDI a longo prazo;
- superar o Ibovespa e o S&P-500 a longo prazo, com menor volatilidade;
- proteger o patrimônio contra a inflação a longo prazo;

- proteger parcialmente o patrimônio da oscilação cambial;
- gerar rentabilidade superior à grande maioria dos produtos bancários oferecidos por gerentes de bancos;
- gerar um pequeno percentual de proventos mensais, que deverão ser reinvestidos;
- demandará um significativo trabalho de acompanhamento.

Apresento a seguir a sugestão da carteira:

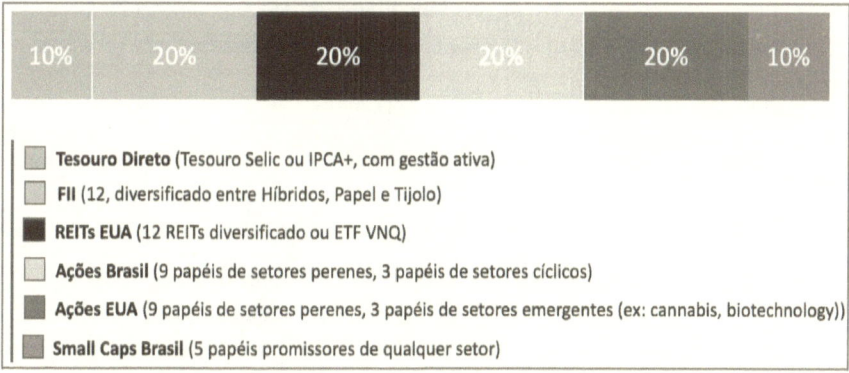

Figura 46 - Sugestão de carteira de investimentos para investidores agressivos experientes

Para esta carteira, sugere-se 50% de percentual de fator de balanceamento. Dessa forma, as faixas de alocações possíveis antes de se realizar o balanceamento da carteira são:

- Tesouro Direto: 5% a 15%;
- FII: 10% a 30%;
- REITs EUA: 10% a 30%;
- Ações Brasil: 10% a 30%;
- Ações EUA: 10% a 30%;
- Small Caps Brasil: 5% a 15%;

Carteira para geração de renda passiva

As carteiras apresentadas até aqui visavam o aumento de patrimônio a médio e longo prazo, ou seja, são voltadas para aqueles que almejam atingir a independência financeira ou que ainda estejam na fase de acumulação de patrimônio.

Caso o investidor já possua um patrimônio significativo ou mesmo já esteja aposentado e objetive complementar a aposentadoria com geração de renda passiva, sem se dedicar tanto ao acompanhamento do mercado financeiro, é pertinente montar uma carteira diversificada com ativos geradores de renda, tais como:

- Ações de empresas pagadoras de dividendos e com bons fundamentos;
- FII's;
- REITs;
- Título Públicos que paguem cupons de juros semestrais;

Os objetivos de uma carteira com este perfil seriam:

- proteger o patrimônio contra a inflação a longo prazo;
- proteger parcialmente o patrimônio da oscilação cambial;
- gerar um percentual de renda passiva expressivo sem desvalorizar o patrimônio contra a inflação;
- demandar um trabalho médio de acompanhamento.

Apresento a seguir a sugestão da carteira:

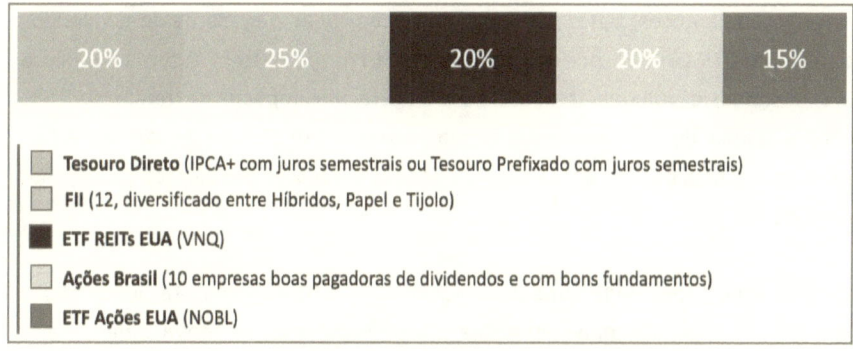

Figura 47 – Sugestão de carteira para geração de renda passiva.

Para esta carteira, sugere-se 20% de percentual de fator de balanceamento. Dessa forma, as faixas de alocações possíveis antes de se realizar o balanceamento da carteira são:

- Tesouro Direto: 16% a 24%;
- FII: 20% a 30%;
- ETF REITs EUA: 16% a 24%;
- Ações Brasil: 16% a 24%;
- ETF Ações EUA: 12% a 18%;

Logicamente, esta carteira apresentará oscilações em sua rentabilidade. Os próprios títulos públicos sugeridos sofrem de marcação a mercado, podendo se desvalorizarem ou valorizarem ao longo do tempo, até a data de vencimento do título. Nesta sugestão de carteira, a estratégia de gestão ativa dos títulos públicos seria descartada, devendo o investidor carregar os títulos até a data de vencimento.

Outro ponto a ser considerado é que, nesta carteira, os FII's deverão ser escolhidos de forma ativa. Isto deve acontecer por que não existem ETFs de FII's no Brasil, existindo, no máximo, FOF's (Fundos de Fundos). Não há nenhum problema em o investidor optar por investir em FOF's, desde que os FOF's escolhidos apresentem diversificação suficiente entre eles.

Com relação às ações, optei por sugerir 10 ações boas pagadoras de dividendos ao invés do ETF DIVO11 por que no Brasil os ETFs reinvestem automaticamente os dividendos, e qualquer resgate do ETF gera um imposto de renda de 15% sobre o ganho de capital. Dessa forma, a melhor opção é investir em ações diretamente, pois até o momento os dividendos recebidos são isentos de imposto de renda.

Sobre as ações boas pagadoras de dividendos, o falecido jornalista, investidor e autor do livro "Faça Fortuna com Ações", Décio Bazin, recomendava como critério mínimo de dividend yield cerca de 6% ao ano. Os critérios estabelecidos por ele em seu livro, quando realizados testes com resultados históricos, mostram-se válidos até hoje, tendo as ações com as características sugeridas no livro apresentado desempenho superior ao Ibovespa no longo prazo. É perfeitamente possível encontrar empresas com este perfil na bolsa brasileira, especialmente em empresas do setor de energia elétrica, saneamento básico, bancos e seguradoras.

Utilização de tipos de ativos de proteção contra crises

Alguns tipos de ativos funcionam como instrumentos de proteção a crises e riscos sistêmicos, pois costumam apresentar valorização expressiva no intervalo de tempo em que a crise existe, para posteriormente perder valor e retornar à sua tendência média de preço. Alguns destes tipos de investimentos clássicos são o ouro e as commodities. Em função disso, muitos investidores optam por manter de 5% a 15% da carteira de investimentos nestes tipos de ativos (por exemplo, Ray Dalio), pois dessa forma, enquanto que os demais ativos desvalorizam, estes tendem a se valorizar, funcionando como um amortecedor de volatilidade da carteira. Esta também é uma estratégia válida.

Há ainda quem defenda que as criptomoedas, como o Bitcoin, são o novo ouro. Clem Chambers, CEO do Portal ADVFN, em matéria veiculada na Forbes.com, apontou que o comportamento das criptomoedas em momentos de crise sistêmica é o de valorização, sendo, inclusive, utilizadas pelos investidores em países com instabilidade econômica como uma reserva de valor. Pelo fato de ser um tipo de ativo relativamente novo e sem qualquer tipo de lastro, não tenho qualquer opinião definitiva sobre o futuro das criptomoedas, mas não descarto uma estratégia de diversificação que contemple no máximo 5% do percentual de alocação nestes tipos de ativos.

Aos investidores que estejam no caminho de se tornarem independentes financeiramente, outras preocupações irão surgir no futuro com relação aos investimentos, sendo a maior parte delas relacionadas à seguinte questão: como manter o tripé da independência financeira em pé.

V – Como manter o tripé em pé

"A sensação de conquista é o veneno mais perigoso que existe. O antídoto é, todos os dias, pensar no que pode ser melhorado amanhã."

Ingvar Kamprad
Multibilionário sueco, fundador da IKEA

O espectro da dependência e da independência financeira

O tripé da independência financeira possui diversos graus de elevação. Depois de determinada altura, os resultados dos investimentos tornam-se tão expressivos que pouca diferença faz o sucesso nos fundamentos de ganhar e guardar dinheiro. Isto acontece atualmente com os maiores bilionários do mundo. Tornar-se bilionário é estar numa situação onde pouco importa o preço de compra de bens materiais. Esta também pode ser uma consequência da independência financeira. A seguinte frase de Charles Munger, sócio de Warren Buffett na Berkshire Hathaway, expressa esta percepção: *"Eu não pretendia ficar bilionário. Eu só queria ser independente."*.

Para Morgan Housel, um dos colaboradores do blog *Collaborative Fund*, existem diversos níveis de dependência e independência financeira, apresentados a seguir:

Tabela 20 - Graus de dependência e independência financeira. (fonte: Collaborative Fund Blog)

0	Completamente dependente da bondade de estranhos que não possuem interesse algum em seu sucesso.	
1	Completamente dependente de pessoas que desejam o seu sucesso.	
2	Completamente dependente de pessoas que possuam interesse em sua ascensão.	DEPENDENTE FINANCEIRO
3	Habilidade de se sustentar parcialmente ao gerar valor para outras pessoas, porém ainda requer suporte externo.	
4	Habilidade de se sustentar ao gerar valor para outras pessoas.	
5	Patrimônio suficiente para lidar com problemas comuns.	

6	Patrimônio suficiente para cobrir problemas maiores e imprevisíveis.	
7	Patrimônio suficiente para aposentadoria e educação dos filhos sem a necessidade de contrair dívidas para adquirir bens de consumo.	
8	Habilidade de escolher um emprego.	
9	Você se torna suficientemente confortável com seu status social.	
10	Habilidade de dizer não para os bancos, cuja dívida você não precisa.	
11	Poucas situações realistas causariam a você um regresso ao nível 5 ou inferior.	
12	Juros e dividendos cobrem mais da metade de suas despesas do dia a dia.	
13	Seus ativos e os retornos obtidos com eles cobrem seus gastos básicos por um período maior do que sua expectativa de vida.	INDEPENDENTE FINANCEIRO
14	Seus ativos e os retornos obtidos deles cobrem mais do que seus gastos básicos.	
15	A independência permite que você diga o que bem entender, sem se preocupar com a opinião alheia.	
16	A única maneira de seu patrimônio crescer menos que seus gastos são grandes atos de filantropia.	

Para os investidores que almejam manter o tripé em pé sem depender dos fundamentos de ganhar e guardar dinheiro, é necessário atingir o nível 13 do espectro.

Alguns investidores que tenham atingido os níveis 10, 11 ou 12 podem se sentir independentes financeiramente, mas a verdade é que, nestes níveis, tudo pode não passar de uma ilusão. Um período de recessão econômica prolongada pode afetar enormemente a busca pela independência financeira, podendo derrubar estes investidores para os níveis 5 ou 6.

Regra dos 4%

Uma outra forma simples de avaliar o grau de independência financeira é utilizar a "regra dos 4%", desenvolvida pelo consultor financeiro Bill Bengen, nos anos 90. Primeiramente, deve-se definir qual o padrão de vida que se deseja obter e verificar se este padrão de vida, no ano, representa gastos menores do que 4% do valor total do portfólio de investimentos.

Para exemplificar: suponha que uma pessoa deseje ter um padrão de vida que contemple gastos equivalentes a R$15.000,00/mês, o que representa um gasto total de R$180.000,00 por ano. Neste caso, qual o valor necessário da carteira de investimentos que o permita ser independente financeiramente? Para se chegar à esta resposta, deve-se simplesmente dividir 180.000 por 0,04 (4%), obtendo o valor total de R$4.500.000,00.

Os 4% podem parecer pouco frente ao valor total do portfólio e até mesmo da eventual média histórica de rentabilidade auferida pelo investidor (por exemplo, podemos supor que essa média seja de 10% ao ano), mas caso se gaste mais do que esta porcentagem, existe um risco substancial de você terminar falido em até 30 anos. Isto pode ocorrer em função dos efeitos inflacionários que agem sobre a economia e dos inevitáveis ciclos de baixa do mercado financeiro.

Fuja das oportunidades de ganho fácil

Uma especial atenção que os investidores deverão ter na caminhada da independência financeira é com relação às chamadas "oportunidades" de enriquecimento rápido.

Invariavelmente surgem, de tempos em tempos, "oportunidades" que vendem possibilidades de ganhos estratosféricos, maiores que a média de rentabilidade de Warren Buffett. Alguns exemplos do passado e do presente são:

- **Fazendas Reunidas Boi Gordo**: Tratava-se de um esquema que dava como garantia de lucro mínimo 42% para um período de um ano e meio de investimento. A empresa foi fundada em 1988, mas começou a comercializar contratos de investimento coletivo a partir dos anos 90. O esquema funcionava com a promessa de aquisição de terras para criação de bezerros e engorda de bois, mas na verdade os lucros eram pagos sobretudo com a entrada de novos investidores na empresa. A Boi Gordo investiu em propagandas apresentados pelo ator Antônio Fagundes nos intervalos da novela "Rei do Gado" da Rede Globo. O grupo chegou a deter mais de 30 mil investidores. Em 2001 a empresa não tinha mais recursos para manter os resgates solicitados. A falência da empresa foi decretada em 2004;
- **Avestruz Master**: A Avestruz Master foi uma empresa que fornecia contratos de compra e venda de avestruzes com a honra de recompra dos animais. Em sete anos de atividade, nenhuma ave chegou a ser abatida. Na teoria, a organização teria comercializado mais de 600 mil animais, mas na realidade, só possuía 38 mil. O grupo chegou a deter mais de 40 mil investidores no Brasil. Para aumentar a base de investidores, foram gastos 4 milhões de reais em publicidade em 2004, e somente 100 mil reais em ração para as avestruzes. Quando o esquema foi descoberto em 2005, a empresa faliu e um de seus sócios fugiu para o Paraguai. Em 2010, a Justiça Federal condenou os dois filhos e o genro do dono da Avestruz Master as penas de 12 a 13 anos de prisão além de serem obrigados a indenizar os investidores em 100 milhões de reais;
- **Agente BR**: Outrora corretora de câmbio, a Agente BR passou a ofertar clubes de investimento sem registro na CVM a partir de 2006. A empresa anunciava retorno mínimo de 5% ao mês com a aplicação em clubes de investimento virtuais. Com a exigência de um aporte que partia de 10.000 reais e da apresentação de convite para participar, o investimento ganhou ares de tesouro escondido. Mas a rentabilidade prometida, e provada via home broker da instituição, não passava de uma armação. Embora a CVM tenha divulgado um alerta ao mercado sobre a irregularidade das operações, a empresa continuou funcionando até janeiro de 2009, quando sofreu intervenção do Banco Central. Estima-se que cerca de 3.000 investidores tenham perdido aproximadamente 100 milhões de reais;

- **Telexfree**: Era o nome fantasia utilizado pela empresa brasileira Ympactus Comercial S/A, que foi acusada de operar uma das maiores fraudes financeiras da história do Brasil. A empresa chegou ao Brasil em 2012. A Telexfree oferecia ligações de longa distância mais baratas pela internet e prometia ganhos de mais de 200% ao ano para quem publicasse anúncios e trouxesse novos clientes. As investigações nos EUA apontaram que menos de 1% do que a empresa recebia vinha dos produtos de telefonia e que a empresa era um esquema de pirâmide disfarçada.
- **Unick Forex**: Trata-se de uma empresa que promete resultados exorbitantes, como 1,5% de retorno ao dia, e que se descreve como uma empresa brasileira que realiza operações no mercado financeiro e com criptomoedas, fundada em 2013. Até o momento, nunca provou de onde vem os lucros, apenas afirmando que se tratam de "operações de trading e criptomoedas", bem como dentro de sua suposta equipe informada no site, não há nenhum especialista em trading, ou mercado financeiro. Impedida pela CVM de operar no mercado de capitais brasileiro.

Todos os casos apresentados funcionavam como pirâmides financeiras revestidas de marketing multinível. A maioria dos esquemas em pirâmide tira vantagem da confusão entre negócios autênticos e golpes complicados, mas convincentes, para fazer dinheiro fácil. A ideia básica por trás do golpe é que o indivíduo faz um único pagamento, mas recebe a promessa de que, de alguma forma, irá receber benefícios exponenciais de outras pessoas como recompensa. Um exemplo comum pode ser a oferta de que, por uma comissão, a vítima poderá fazer a mesma oferta a outras pessoas. Cada venda inclui uma comissão para o vendedor original.

Para ajudar a identificar se estas "oportunidades" são fraudes ou esquemas de pirâmides financeiras, observe a existências das seguintes características:

- Atuação com um forte esquema de autopromoção de líderes;
- Promessa de recompensas grandiosas durante o recrutamento;
- Rentabilidade absurdamente encantadora;
- Remuneração da empresa baseada na entrada de novas pessoas para o negócio;

- Atividades parcialmente ou totalmente ilícitas;
- Ausência da emissão de nota fiscal na compra ou venda de produtos/serviços;
- Utilização de plataformas de pagamento não constituídas legalmente no Brasil;
- Contratos falhos;
- Motivação acima da razão.

Sempre procurei ignorar estas ofertas. Mesmo que de fato elas gerem algum tipo de ganho, não me sentiria satisfeito comigo mesmo ao saber que este ganho foi proveniente de atividades ilícitas. A internet, ainda que seja um meio fenomenal para o aprendizado e aperfeiçoamento financeiro, se tornou também um meio de promessas não cumpridas, promessas de milagres e ganhos infinitos. A recomendação que posso lhe fazer é: fuja destas propagandas.

Considerações finais

"– **Conquistei a independência financeira!**"

Esta foi a primeira coisa que um colega de infância me falou quando passou em um concurso público com salário mensal superior a R$15.000,00 e, de acordo com as suas próprias palavras, com uma estabilidade garantida.

Antes disso, ele frequentemente comentava comigo sobre os desejos de querer morar sozinho e não depender mais dos pais. Sonhava em comprar um carro BMW (*"Bring My Wallet" - traga minha carteira*) e dar entrada em uma bela casa própria. Imaginava tirar duas férias por ano e viajar pelo mundo. E, depois de 30 anos, com a aposentadoria digna garantida pela Previdência Pública, aproveitar ainda mais a vida com o seu tempo livre.

Como este meu colega estava tão animado com a aprovação, não quis comentar nada, e apenas me preocupei em lhe dar os parabéns.

Espero que o leitor, ao final deste livro, tenha percebido que o que este meu colega havia conquistado não tinha relação nenhuma com a independência financeira. Se eu fui bem-sucedido nesta tarefa, o que mais lhe desejo para o seu futuro é que você tenha muito sucesso na conquista da **verdadeira** independência financeira!

Sobre o autor

Rafael Lima Joia é Bacharel em Ciência da Computação pela Universidade Federal do Rio de Janeiro (UFRJ, Brasil), Bacharel em Direito pela Universidade Federal do Estado do Rio de Janeiro (UNIRIO, Brasil) e Mestre em Engenharia de Software pela Universidade do Porto (FEUP/UP, Portugal).

As crises econômicas que o Brasil vivenciou nos anos 80 e 90 afetaram enormemente a realidade econômica da sua família, fazendo com que eles permanentemente vivessem em dificuldades financeiras. Não conseguiam poupar, tampouco investir.

Quando adolescente, almejava mudar a sua condição social através dos estudos, e para isso, dedicou-se a conseguir uma vaga no curso de Ciência da Computação em uma universidade pública, tendo cursado grande parte da faculdade sem um computador próprio. Durante um estágio universitário, no ano de 2003, percebeu que apenas o ensino formal não seria o suficiente para conquistar, um dia, a independência financeira.

Desde então, passou a ler centenas de livros relacionados a investimentos e finanças pessoais, fazendo desta atividade um hobby diário.

Investidor ativo da bolsa de valores desde 2003, vivenciou as mais diversas crises financeiras dos últimos anos, crises estas que foram fundamentais para conquistar e manter a independência financeira de sua família através de investimentos.

Mora, desde 2018, com a sua família na cidade do Porto, Portugal.

- Para o ouro (7,5%), ETF SPDR Gold Shares **(GLD)**;
- Para as commodities (7,5%), ETF PowerShares DB Commodity Index Tracking Fund **(DBC)**.

A popularização dos ETFs no mundo dos investimentos encontra respaldo no fato de que cada vez mais os investidores percebem que é mais fácil balancear o capital corretamente nas classes de ativos do que "acertar" quais ativos irão render mais. Ao contrário do que possa parecer, é muito difícil acertar qual será a próxima Apple ou o próximo Google, mas é perfeitamente prático e possível investir em um ETF de empresas small caps de tecnologia norte-americanas.

Para quem tem a pretensão de querer "acertar" o momento do mercado, vale a pena olhar a abordagem seguida por Ray Dalio. Logicamente, foge da trivialidade operar dessa forma, mas vale a pena entender o racional para associar o comportamento das classes de ativos com relação à "estação" em que a economia se encontra. A abordagem é apresentada a seguir:

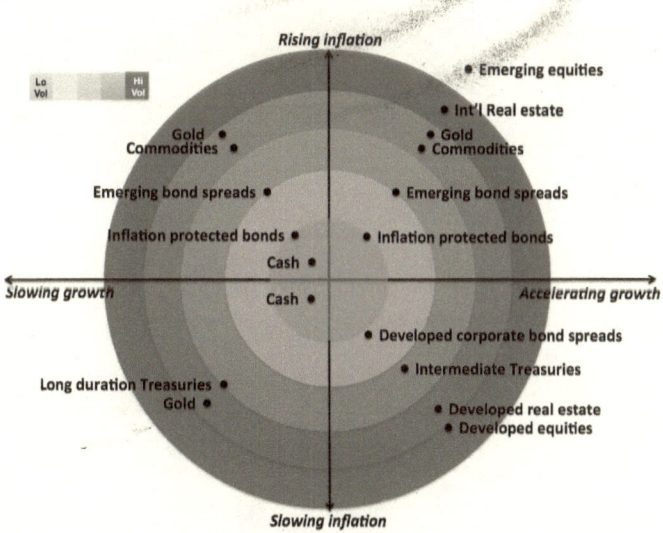

Figura 38 - Abordagem de investimentos do Ray Dalio, de acordo com o momento da economia. (Fonte: Bridgewater)

As cores apresentadas representam o grau de volatilidade dos ativos sugeridos, sendo o mais próximo do núcleo o menor grau de volatilidade e os mais afastados do núcleo os de maior volatilidade. Como curiosidade, observe que Ray Dalio sugere o investimento em ações de países emergentes (*Emerging equities*), como é o caso do Brasil, em períodos de acelerado crescimento e de aumento de inflação. Na visão do investidor estrangeiro, a volatilidade das bolsas de valores de países emergentes é extremamente alta, e de fato é, se comparada com as de bolsas de valores de países desenvolvidos.

Observe também que a abordagem sugere o investimento em imóveis (*real estate*), ou REITs, em períodos de aceleração de crescimento.

Entender a dinâmica de valorização e desvalorização das classes de ativos ajuda a explicar o por quê dos ciclos econômicos. Basicamente, a forma mais prática que o investidor terá para lhe dar com essa situação é através do balanceamento periódico do portfólio.

www.ingramcontent.com/pod-product-compliance
Lightning Source LLC
Chambersburg PA
CBHW031824170526
45157CB00001B/172

em um setor cíclico, onde o melhor momento de compra costuma ser quando os indicadores estão ruins;
- COMGÁS (CGAS5): Empresa do segmento de listagem tradicional, sem tag along nas ações PN e baixo free float de ações ON. OPA já anunciada pelo acionista controlador, a COSAN;
- GUARARAPES (GUAR3): Empresa que está em processo de mudança do segmento de listagem, do Tradicional para o Novo Mercado. Teve um resultado financeiro não-recorrente no período, distorcendo o lucro líquido histórico. Baixo free float de ações ON, que deve aumentar com a mudança para o Novo Mercado;
- BRASIL AGRO (AGRO3): Empresa do segmento de listagem do Novo Mercado. Apesar de atualmente apresentar excelentes indicadores, atua em um setor cíclico, onde o melhor momento de compra costuma ser quando os indicadores estão ruins;
- SMILES (SMLS3): Empresa do segmento de listagem do Novo Mercado. Uma OPA já foi anunciada pelo acionista controlador, a GOL. O papel deve deixar de ser listado em breve;
- BR DISTRIBUIDORA (BRDT3): Empresa do segmento de listagem do Novo Mercado. Existem especulações quanto à venda de uma grande quantidade de ações por parte do acionista controlador, a Petrobras, que está se desfazendo de alguns ativos para diminuir o seu grau de endividamento;
- FERBASA (FESA4): Empresa do segmento de listagem tradicional, sem tag along nas ações PN e baixo free float de ações ON. O acionista controlador é uma Fundação, cujo estatuto não permite a participação de novos sócios controladores;
- TRANSMISSÃO PAULISTA (TRPL4): Empresa do segmento de listagem Nível 1, sem tag along nas ações PN e baixo free float de ações ON. Possui resultados não-recorrentes obtidos em função de benefícios fiscais, melhorando artificialmente os indicadores. Estes não-recorrentes deixarão de existir nos próximos anos;
- ENEVA (ENEV3): Empresa do segmento de listagem do Novo Mercado. Antes conhecida como MPX3 (empresa do grupo EBX, do empresário Eike Batista), passou por um processo de *turnaround* bem-sucedido com a troca do acionista controlador, apresentando resultados consistentes desde então;

O próximo passo é analisar ativo a ativo, de acordo com a ordem no ranking, visando destrinchar todas as informações possíveis. A intenção é selecionar empresas que estão baratas em função da volatilidade do mercado, e descartar as empresas que estão baratas por que de fato existem incertezas graves e conhecidas pelo mercado acerca das suas projeções futuras. Outros indicadores também devem ser analisados para buscar inconsistências e esclarecer resultados.

Por exemplo, neste ranking Top 15, elaborado em maio de 2019, podemos elencar os seguintes fatos relevantes sobre alguns dos ativos:

- UNIPAR (UNIP6): Empresa do segmento de listagem tradicional, sem tag along nas ações PN e baixo free float de ações ON. Passou por um processo de tentativa de fechamento de capital em 2017 por parte do acionista controlador, trazendo volatilidade ao papel, que apresentou alta expressiva após o cancelamento da OPA em função da votação em assembleia. Ainda apresenta múltiplos descontados;
- CIELO (CIEL3): Empresa do segmento de listagem do Novo Mercado. Vem diminuindo a margem líquida para tentar amenizar a perda recorrente de receitas em função da entrada de diversos novos concorrentes no mercado. Além disso, atua em um segmento que sofre com a evolução tecnológica nos meios de pagamentos. Resultado: as vantagens competitivas do passado não estão mais presentes (forças de Porter estão agindo contrariamente), trazendo diversas incertezas quanto aos resultados futuros da empresa;
- WIZ (WIZS3): Empresa do segmento de listagem do Novo Mercado. Apresenta incertezas quanto às suas projeções de receitas futuras, pois as atuais vêm majoritariamente de um único contrato de exclusividade que possui com a Caixa Econômica Federal, que já sinalizou a intenção de criar uma empresa corretora de seguros própria (Caixa Seguridade), o que pode afetar drasticamente as receitas futuras da WIZ;
- CRISTAL (CRPG5): Empresa do segmento de listagem tradicional, sem tag along nas ações PN e baixo free float de ações ON. O papel vem apresentando intensa volatilidade em função dos rumores de fechamento de capital por parte do acionista controlador, a Tronox;
- Industrias ROMI (ROMI3): Empresa do segmento de listagem do Novo Mercado. Apesar de atualmente apresentar excelentes indicadores, atua